PABLO PÉREZ LÓPEZ
PAULO MIGUEL MARTINS

CARTAS ENTRE LAUREANO LÓPEZ RODÓ Y MARCELLO CAETANO: UNA AMISTAD PARA LA HISTORIA

EDICIONES UNIVERSIDAD DE NAVARRA, S.A.
PAMPLONA

Serie: Historia

Cupón para la Biblioteca Virtual

Accede a la versión eBook de este título por solo **1,99 €**. Con la compra de este libro puedes utilizar el siguiente cupón para la lectura en *streaming**** desde la Biblioteca Virtual. **Sigue estas instrucciones** para visualizar tu libro:

1. Dirígete a la web de la Biblioteca Virtual en **https://ebooks.eunsa.es**.

2. En la web ve a **Iniciar sesión** e introduce tu email y contraseña. Si no estás registrado, deberás completar el proceso en **Registrarse**.

3. Tras registrarte, accede a la página del libro o lee el QR de esta página. Bajo el precio podrás **insertar el código oculto en el siguiente cupón** para activar la promoción.

Despegue para visualizar

Acceso directo al eBook

No se admitirá la devolución del libro si el código promocional ha sido manipulado.

Canjéalo en ebooks.eunsa.es

*Con acceso a internet desde cualquier navegador.

© 2024. Pablo Pérez López y Paulo Miguel Martins
Ediciones Universidad de Navarra, S.A. (EUNSA)
Campus Universitario • Universidad de Navarra • 31009 Pamplona • España
+34 948 25 68 50 • www.eunsa.es • eunsa@eunsa.es

ISBN 978-84-313-3946-3
DL NA 964-2024

Imprime: Podiprint

Printed in Spain – Impreso en España

Índice

Principales fechas biográficas

Marcello José Das Neves Alves Caetano	Laureano López Rodó
1906 – Nace en Lisboa, el 17 de agosto.	1920 – Nace en Barcelona el 18 de noviembre.
1927 – Licenciado en Derecho por la Facultad de Derecho de la Universidad de Lisboa, con 21 años.	
– Empieza su colaboración habitual en la prensa.	
– Registrador Civil en Óbidos.	
1929 – Auditor Jurídico en el Ministerio de Hacienda, por invitación de Oliveira Salazar, con 23 años.	
1930 – Matrimonio con Teresa Teixeira de Queirós de Barros, el 27 de octubre.	
1931 – Doctorado en Derecho, rama de Política Económica, por la Facultad de Derecho de la Universidad de Lisboa.	
1932 – Miembro de la Junta Consultiva de la Unión Nacional.	

1933 – Colabora en la redacción de la nueva Constitución.

– Presidente de la Dirección del Gremio de Aseguradoras y su representante en la Cámara Corporativa.

– Aprobado como profesor auxiliar en la Facultad de Derecho de Lisboa.

– Elegido como representante de los profesores auxiliares en la Asamblea General de la Universidad.

– Miembro de la 1.ª Comisión Ejecutiva de Unión Nacional.

1935-1947 – Vocal del Consejo del Imperio Colonial.

1936 – Entrada en vigor del nuevo Código Administrativo, del que fue uno de los redactores.

1936 – Elementos comunistas y anarquistas asesinan a 2 capellanes y 16 profesores (14 religiosos y 2 laicos) de la escuela religiosa en la que estudia. Este incidente, ocurrido al inicio de la Guerra Civil, dejó una profunda huella en Laureano y sus jóvenes compañeros.

1936-1940 – Vocal de la Dirección del Instituto para la Alta Cultura del Ministerio de Educación Nacional.

1936-1939 – Vive refugiado en varias casas de amigos y familiares en Barcelona.

1937 – Publica el libro *Manual de Direito Administrativo*.

1939-1940 – Presidente del Consejo Administrativo de la Caja de Previsión del Ministerio de Educación.

1939 – Ingresa en la Universidad de Barcelona para iniciar la carrera de Derecho, cursándola en semestres intensivos para compensar los años de retraso debido a la Guerra Civil.

1940-1944 – Comisario Nacional de la Mocedad Portuguesa.

1941 – Ingresa en el Opus Dei.

1942 – Licenciado en Derecho por la Universidad de Barcelona. Se va a Madrid a hacer su doctorado.

1942-1944 – Profesor, por acumulación, del Instituto Superior Técnico de Lisboa.

1944-1947 – Ministro de Colonias.

1947-1949 – Presidente de la Comisión Ejecutiva de Unión Nacional.

1948 – Administrador del Banco Nacional Ultramarino.

1949-1955 – Presidente de la Cámara Corporativa.

1952 – Miembro vitalicio del Consejo de Estado.

1953-1958 – Vicepresidente del Consejo Ultramarino.

1955-1958 – Ministro de la Presidencia del Consejo de Ministros.

1959-1962 – Rector de la Universidad de Lisboa; dimite de su cargo en el año 1962 por desacuerdo con la actuación del gobierno hacia los estudiantes.

1944 – Estancia de tres meses como becario en Coímbra. En Lisboa conoce a Marcello Caetano, prestigioso profesor de Derecho Administrativo. Los días 19 y 20 de agosto se queda en su casa de São Martinho do Porto y se encuentra con toda su familia.

1945 – Termina sus estudios de doctorado.

– Inicia la traducción al español del *Manual de Derecho Administrativo* de Marcello Caetano, que se publicará en 1947.

1945-1952 – Profesor en Santiago de Compostela.

1946 – Recibe a Marcello Caetano en Santiago.

1952 – Se traslada a Madrid, donde trabaja como jefe de los Servicios Jurídicos, Administrativos y de Gestión del Consejo Superior de Investigaciones Científicas.

1953 – Asesor del Consejo Superior de Investigaciones Científicas.

1956 – Nombrado secretario general técnico de la Presidencia del Gobierno, por indicación del ministro de Justicia.

1968-1974 – Presidente del Consejo de Ministros, en sustitución de Salazar.

1971 – Muerte de Teresa, su mujer, después de una larga enfermedad.

1974 – Depuesto del cargo de presidente del Consejo de Ministros mediante el golpe militar del 25 de abril de 1974, se exilia a Brasil.

1974-1980 – Profesor de diversas asignaturas de Derecho en la Universidad Gama Filho, de Río de Janeiro, donde funda y dirige el Instituto de Derecho Comparado.

1962 – Comisario del Plan de Desarrollo Económico y Social.

1965 – Ministro del Plan de Desarrollo Económico y Social.

1973 – Ministro de Asuntos Exteriores.

1974 – Tras el asesinato el 20 de diciembre de 1973 del almirante Luis Carrero Blanco, presidente del Gobierno y uno de los principales colaboradores de Franco, se nombra en enero de 1974 un gobierno presidido por Carlos Arias Navarro, en el que no están López Rodó y otros ministros del anterior gobierno.

1974-1976 – Embajador en Viena, Austria.

1975 – Muerte de Franco.

1976 – Funda el partido Acción Regional, que luego pasará a formar parte de la Alianza Popular liderada por Fraga Iribarne.

1977 – Elegido diputado de Alianza Popular por Barcelona, en las primeras elecciones democráticas.

1977-1983 – Presidente del Comité Ejecutivo del Instituto Internacional de Ciencias Administrativas.

1978 – Aprobación de la nueva Constitución Española, en la que participa con numerosas propuestas de enmiendas.

1979 – Abandona la política antes de las elecciones de ese año. Se reincorpora como Catedrático de Derecho Administrativo a la Universidad Complutense de Madrid. Retoma el ejercicio de la abogacía.

1980 – Muere en Río de Janeiro el 26 de octubre, vísperas del aniversario de su matrimonio.

1981 – Asesor del Consejo Internacional de Ciencias Sociales de la UNESCO.

2000 – Muere en Madrid el 11 de marzo.

Introducción

Marcello Caetano y Laureano López Rodó se escribieron a lo largo de 36 años. Sus cartas hablan por sí solas y constituyen fuentes primarias para la investigación histórica. Se trata de una correspondencia privada, redactada casi con seguridad sin que los autores pensaran que sus mensajes alguna vez iban a ser leídos públicamente.

El contenido de las cartas es muy variado, desde asuntos familiares hasta temas sociales, económicos y políticos, pero destaca la confianza y franqueza mutua con la que están escritas, en un tono de creciente amistad entre ambos. Con el paso de los años, su amistad se fortalece, haciéndose buenos amigos, a pesar de la diferencia de edad y el diferente origen social, así como el hecho de que son representantes de dos países entre los que existe cierta rivalidad histórica. La amistad se aprecia desde el inicio, pero la formalidad de los primeros escritos contrasta con la gran intimidad patente en las líneas de los últimos años. Se pueden leer desahogos, comentarios personales sobre situaciones concretas, una armonía de pensamiento y una libertad expresiva que solo puede entenderse a la luz de una genuina y profunda estima.

Primeros contactos

Marcello Caetano destacó desde muy joven en su carrera académica en el campo del derecho. A los 21 años terminó su licenciatura y en 1929, con tan solo 23 años, colaboró, por invitación de Salazar, en los servicios jurídicos del Ministerio de Hacienda. Al poco tiempo, en 1931, culminó su doctorado en la Facultad de Derecho de Lisboa con distinción y la máxima calificación. Colaboró en la redacción de la nueva Constitución portuguesa de 1933, involucrándose más intensamente en la política. En 1937 publicó su *Manual de Direito Administrativo*, que se convirtió en una obra de referencia en esta área y contribuyó a que asumiera importantes funciones en el ámbito jurídico y administrativo del gobierno presidido por el también académico António de Oliveira Salazar. Además, este *Manual de Direito Administrativo* resultó ser uno de los factores decisivos para su primer encuentro, en 1944, con Laureano López Rodó, un recién licenciado español de visita en Portugal.

Laureano López Rodó terminó la carrera de Derecho en la Universidad de Barcelona en 1942, poco después del final de la guerra civil española. En ese momento tenía 22 años y su vocación jurídica le llevó a Madrid con el objetivo de realizar un doctorado en la Universidad Central.

La España de entonces no había terminado de cicatrizar las heridas de la cruel guerra que la desgarró. Las condiciones de estudio en las que los universitarios realizaban sus investigaciones eran deficientes: con varias bibliotecas y archivos destruidos, maltratados o dispersos, escasez de libros recientes y ausencia de revistas especializadas para realizar una investigación científico-académica actualizada. Las posibilidades de intercambio estudiantil con países como Francia, Gran Bretaña, Alemania e Italia eran complicadas debido a la Segunda Guerra Mundial. Aprovechando la neutralidad de la totalidad de la península ibérica ante este conflicto,

Laureano tuvo la ocasión de visitar Lisboa y Coímbra, e integró, en colaboración con varios profesores e investigadores, una Misión Cultural Española. Su función era intentar obtener libros y revistas que enriquecieran la biblioteca universitaria madrileña, que desde 1936 no había adquirido publicaciones legales recientes. Esta visita se realizó desde el 30 de marzo hasta mediados de abril de 1944, meses antes del desembarco aliado en Normandía y el comienzo de la liberación de Francia.

Durante esta estancia en Coímbra y Lisboa, aquellos investigadores que habían viajado desde España fueron recibidos por profesores de sus respectivas facultades. En esa oportunidad, Laureano se reunió y habló personalmente con Marcello por primera vez, momento que aprovechó para hacerle una propuesta audaz: se ofreció para traducir al castellano su *Manual* para poder publicarlo en España, teniendo en cuenta, además, de que se trataba de la materia jurídica que más le gustaba, el derecho administrativo. Marcello aceptó la propuesta con placer, ya que se trataba de un área del derecho que consideraba fundamental y en la que había desarrollado su particular metodología. A partir de esa fecha los dos mantuvieron una correspondencia habitual, la mayor parte sobre temas jurídicos.

Entre los meses de julio y octubre de 1944 Laureano obtuvo una beca que le permitió dedicarse alrededor de tres meses a investigar en la biblioteca de la Facultad de Derecho de Coímbra. Marcello le comunicó que durante ese período disfrutaría de las vacaciones con su familia en una población junto al mar, São Martinho do Porto, y le invitó a visitarlo. Así, en agosto, Laureano acudió a la residencia de vacaciones de su admirado profesor, superando las distancias que en ese momento separaban a maestros y discípulos. Más de treinta años después, en 1977, al escribir su libro *Minhas memórias de Salazar*, Marcello evocó el hecho de la siguiente manera:

«[...] Otro episodio sucedido durante estas vacaciones fue el de la llegada inesperada a São Martinho do Porto de un joven español que yo había conocido tiempo atrás, cuando, en su calidad de profesor asistente de la Facultad de Derecho de Madrid, acompañaba un viaje de estudios liderado por el Decano, don Eloy Montero. Se dedicaba al estudio del Derecho Administrativo y, en esa ocasión, conversó mucho conmigo, se interesó por mis trabajos y nos hicimos amigos. Habiendo obtenido una beca de estudio del Instituto Jurídico de Coímbra, viajó allí para aprovechar la rica biblioteca de que disponía ese Instituto. Y, al enterarse por la correspondencia que habíamos intercambiado que yo estaba en la playa con mi familia, decidió hacerme una visita sorpresa.

Laureano López Rodó, el joven asistente español, fue acogido con júbilo. Pero en São Martinho no había sitio disponible para alojarse en sus hoteles y pensiones. Se alojó, pues, en mi casa. Unas instalaciones arrendadas para la temporada en un viejo edificio, en las que nos metíamos mi mujer y yo y los cuatro hijos, que todavía eran pequeños, y dos criadas, como se decía entonces. No era el alojamiento adecuado para huéspedes de ceremonia.

En aquel tiempo no se exploraba aún la industria del turismo y en playas de pescadores, como aquélla, los bañistas aprovechaban las casas de los habitantes que dejaban vacías para la temporada. Lo importante era proporcionar a los niños la vida de playa y que disfrutasen del aire libre.

Se redistribuyeron las habitaciones y López Rodó compartió nuestra casa. Su espíritu jovial, su alegría franca, se unieron fácilmente con el ambiente animado que era el de nuestra casa de vacaciones. Para los pequeños su presencia fue un acontecimiento: era un compañero mayor que sabía interesarse por las preocupaciones, las discusiones y los juegos en los que se entretenían. Y para los adultos constituyó un placer escuchar las ideas sanas de aquel joven experimentado por las amarguras de la guerra civil de su país, que unía a una inteligencia esclarecida y culta el encanto de su elevada espiritualidad»[1].

---

1. Caetano, M., *Minhas Memórias de Salazar*, Lisboa: Verbo, 2000, pp. 302-303 (la 1ª edición se publicó en: Rio de Janeiro: Record, 1977).

Son eventos de esta naturaleza los que propician el contacto personal y fortalecen las amistades, como lo corrobora uno de los hijos de Marcello, Miguel, un niño en ese momento, quien recuerda este episodio:

«[...] En agosto de 1944, estábamos pasando las vacaciones en São Martinho do Porto, en un piso pequeño, sin habitación para huéspedes, cuando al despertar nos encontramos con un joven de bigote, que había dormido en el sofá del salón y estaba terminando de arreglarse. Nos enteramos después de que se trataba de un jurista que iba a traducir al español un libro de Derecho Administrativo del que mi padre era el autor. No se quedó allí más que dos días, pero en seguida fue adoptado por la familia Caetano. Laureano tenía 23 años y yo 9, pero no se me olvidó el episodio»[2].

Años más tarde, en enero de 1971, cuando murió Teresa, la mujer de Marcello, Laureano —entonces ministro— se personó en su casa, pero esta vez a los hijos ya no les cogió de sorpresa, al ser testigos de la amistad que les unía[3]. El día anterior, Laureano había enviado desde España una nota oficial de condolencia en la que se indicaba que el Gobierno español no se presentaría, respetando el deseo de la familia de que el entierro fuera en la intimidad. Sin embargo, al día siguiente el mismo Laureano voló muy temprano a Lisboa y, como amigo, acompañó a Marcello y su familia en el doloroso trance.

Volviendo a los primeros contactos, dos años después de su visita a la vivienda vacacional de la costa portuguesa, en 1946, se produjo otro episodio que propició una mayor proximidad entre

---

2. Testimonio de Miguel Caetano («Recordações de uma amizade»), publicado en la edición portuguesa de esta correspondencia: MARTINS, P. M., *Cartas entre Marcello Caetano e Laureano López Rodó. Uma amizade com História*, Lisboa: Alêtheia, 2014, p. 16.

3. *Ibid.*, p. 17.

ambos. Laureano era ya profesor en Santiago de Compostela y, además de estar ocupado con sus clases, estaba entusiasmado con la traducción y publicación del *Manual de Derecho Administrativo*. Invitó a Marcello a visitar Santiago para conocer la universidad, impartir algunas conferencias e intercambiar personalmente ideas e impresiones. Aunque en ese momento Marcello era ministro de Colonias, aceptó la invitación y viajó a Santiago. Más de cuarenta años después de los hechos, en las *Memorias* que escribió en 1990, Laureano recordó lo sucedido[4]:

«En 1946 invité al profesor Caetano, entonces Ministro, a visitar Santiago. Estuvo allí el 1 de junio. Fue un día de temporal de agua y viento. Compostela con lluvia tiene un encanto especial. Acompañado por el Rector Legaz Lacambra, el profesor Fuenmayor y por mí, recorrió los principales monumentos compostelanos. Al cruzar la Plaza de la Quintana una ráfaga de viento volvió al revés el paraguas de Luís Legaz; yo perdí el sombrero. Pese a todo, el recorrido por Santiago le encantó al visitante.

A media tarde inició el viaje de regreso en su magnífico coche oficial; yo le acompañé hasta Tuy, pero, cuando faltaban ocho o diez kilómetros para llegar a la ciudad fronteriza, el coche se paró. Arreciaba la lluvia. El chofer, después de comprobar que no era debido a ningún fallo del motor, dijo: "Señor Ministro, nos hemos quedado sin gasolina". Caetano resolvió echarse a andar conmigo carretera adelante, sin paraguas ni gabardina. No circulaba ningún vehículo porque la frontera estaba cerrada en aquella hora. Después de caminar un buen trecho entramos en un mesón y desde allí llamé a Fray José López Ortiz, obispo de Tuy y antiguo catedrático de la universidad santiaguesa, para rogarle que nos enviara su coche con un bidón de gasolina. Mientras aguardábamos en el mesón la llegada de socorro, contemplé un espectáculo nunca visto: el soberbio coche oficial portugués venía remolcado por una carreta de bueyes. Por fin llegó la gasolina y nos pudimos despedir en la frontera con una buena mojadura encima».

4. López Rodó, L., *Memorias I*, Barcelona: Plaza & Janés, 1990, p. 29.

El 3 de junio de 1946, Marcello escribió una carta a su joven amigo recordando aquel viaje con una nota llena de buen humor:

«Llegué a Lisboa sin más novedad, un tanto cansado y con los ojos llenos de Santiago –¡y el corazón desbordando gratitud! –. ¡Espero que Ud. haya encontrado el sombrero y que D. Luis haya reparado el paraguas y que a Fuenmayor no le haya pasado nada! [...] He traído recuerdos muy agradables del día pasado ahí, incluida la aventura vial[5] y todo: por la noche he soñado que Ud. era acogido por el Apóstol en el pórtico de la Gloria para conducirle a altos destinos: *sic itur ad astra!*[6] [...]».

Estas andanzas y peripecias son las que estrecharán los lazos entre Marcello Caetano y Laureano López Rodó. En las cartas intercambiadas entre 1944 y 1948, los temas principales fueron las cuestiones jurídicas, la evolución de la labor de traducción al español y publicación del *Manual*, las solicitudes para impartir conferencias y escribir artículos, además del intercambio de ideas sobre la mejor forma de enseñar el Derecho Administrativo. El interés de ambos por el derecho fue tal que, cuando Marcello dejó el cargo de ministro de Colonias, Laureano inmediatamente le escribió con alegría y felicitándolo, porque dispondría de más tiempo para dedicarse al mundo académico y a la investigación, como se puede leer en una carta del 5 de febrero de 1947: «[...] Ayer supe por los periódicos la reorganización del gobierno portugués y su designación para la Presidencia de la Comisión Ejecutiva de la Unión Nacional. Le felicito por el nuevo nombramiento, deseándole los mejores éxitos en tan elevado cargo. Y celebraré que habiendo sido liberado de las tareas ministeriales pueda reintegrarse a la cátedra

5. En el original «aventura rodoviária».
6. En latín en el original ('¡Así se va a las estrellas!'). Cf. VIRGILIO, *Eneida*, IX, 641.

y seguir trabajando en nuestro Derecho Administrativo que tanto debe y tanto espera de Ud. [...]».

Anteriormente, en una carta fechada el 25 de noviembre de 1945, Marcello había dejado claro cuánto le gustaba la docencia, al felicitar a Laureano por haber ganado su cátedra en Santiago: «[...] Esperando tener noticias suyas y renovando los votos de felicidad en su nueva carrera (a la que tanto desearía regresar) [...]».

Las cartas de este período también eran reveladoras de las dificultades que España atravesaba en la posguerra y del aislamiento político y económico que ejercían sobre ella los países occidentales. Laureano se refirió a los obstáculos que encontraba para publicar el *Manual*, cuya traducción había terminado, por la dificultad en conseguir papel suficiente para imprimir ciertas cantidades, y explicaba además que los cortes de energía eléctrica que paralizaban fábricas y empresas seguían provocándose. Finalmente, advertía de la necesidad de superar los serios obstáculos a la salida de divisas y pagar los derechos de autor. Por este tema, que conllevaba retrasos en los pagos, Laureano escribió a Marcello una carta el 13 de febrero de 1948, con la finalidad de agilizar todos los trámites: «[...] lo único que debemos lamentar, y yo soy el primero en hacerlo, es que no se hayan realizado con la rapidez que todos deseamos. Pondré a contribución todos mis conocimientos del procedimiento administrativo para dejar en buen lugar la burocracia española. [...]».

Una característica que resalta de inmediato en estas primeras cartas es la extrema cortesía, que quizá en pleno siglo XXI es difícil de entender en su verdadero significado. Cuando se conocen, Marcello Caetano ya es profesor catedrático de Derecho, ha publicado varias obras y ha desempeñado cargos gubernamentales. Le inspira gran respeto y admiración a Laureano, que es más joven y siempre le tratará con mucha consideración y de un modo especial en estos primeros contactos. No es fácil ponerse en el lugar de un extranjero de 24 años que de repente se encuentra con un eminente profesor universitario que destaca por su currículo profesional y el trabajo producido.

Hay otro aspecto curioso que capta Laureano en su primera visita a Lisboa y Coímbra: su asombro ante la importancia que en Portugal se atribuye a los títulos académicos y profesionales. Acostumbrado al estilo español, en el que es frecuente una simple utilización del «don» antes del nombre y, ya entonces, incluso del tuteo, al llegar al país vecino, Laureano ve necesario reforzar su atención a las fórmulas de cortesía en el trato hablado y escrito con los portugueses. En una carta a sus padres desde Coímbra, el 16 de agosto de 1944, poco antes de visitar São Martinho do Porto, escribe con ironía[7]:

«Estoy muy ofendido por vuestro tratamiento "despectivo". Estoy ya tan acostumbrado a las costumbres de aquí, que el simple Sr. D. me ofende. Tenéis que saber que en las cartas que me escriben dentro del país ponen: Excmo. Sr. Prof. Dr. D. Laureano López Rodó. [...] No sé cómo se habrá tomado tía M.ª Luisa, M.ª Asunción y el Sr. Molins, el Excmo. que les puse en las postales de felicitación».

El fortalecimiento de una amistad

Lo que comenzó como una mera relación profesional con intereses comunes en torno al área de los estudios jurídicos, en particular el derecho administrativo, rápidamente se extendió a gestos concretos de confianza y amistad. Uno y otro comenzaron a recomendar libros y a enviar material que consideraban útil a su nuevo amigo. Laureano compró y envió rápidamente todas las obras que

---

7. Cartas personales de Laureano López Rodó, depositadas en el Archivo General Universidad de Navarra (AGUN).

Marcello le pedía y Marcello ofreció a Santiago de Compostela libros y artículos que consideraba útiles. Los dos corresponsales estaban realmente atentos el uno del otro y trataban de demostrarlo con actitudes concretas de mutua estima.

Sus intereses pronto se expandieron, concretamente, al ámbito cultural. La preocupación por el buen rendimiento académico de los alumnos y también por darles una sólida formación y abrirles horizontes más allá de lo estrictamente académico, hizo que ambos trataran temas culturales y científicos pensando en los jóvenes estudiantes. Marcello había ocupado el cargo de jefe máximo de la Mocedad Portuguesa, una organización del régimen análoga al Frente de Juventudes español, por lo que estos temas naturalmente le interesaban.

Una iniciativa en la que ambos colaborarían pronto fue en facilitar que estudiantes portugueses participaran en los cursos de verano de la Escuela de Estudios Hispanoamericanos, en La Rábida, cerca de Huelva, en el sur de España[8]. Laureano realizó diversas gestiones para la obtención de becas para los jóvenes universitarios interesados y Marcello daría a conocer este proyecto entre sus estudiantes, según la adecuación del perfil de cada joven al objetivo formativo del curso (cf. carta del 13 de julio de 1944). De hecho, consultando los nombres de todos los participantes en estos cursos de verano, desde 1944 se pueden identificar los nombres de varios portugueses en años sucesivos.

En un plano más académico, Laureano le pidió a Marcello que colaborase en varias revistas culturales españolas y le ofrecía ejemplares a Marcello, que este recibía encantado, comentándoselo en varias cartas (1 de junio de 1944, 10 de junio de 1948 y 26 de enero de 1955).

---

8. FERNÁNDEZ RODRÍGUEZ, F. (coord.), *El espíritu de la Rábida: el legado cultural de Vicente Rodríguez Casado*, Madrid: Unión Editorial, 1995.

La amistad de Laureano se extendería también al resto de la familia Caetano, como se puede comprobar ya desde el viaje a São Martinho do Porto. Así, en muchas cartas van surgiendo referencias concretas a Teresa, la esposa de Marcello, ya sea cuando le agradece el envío de dulces desde España, ya sea cuando en diversas cartas, en las despedidas, aparecen menciones a esposa e hijos, quienes a su vez corresponden a las muestras de simpatía[9]. Por ejemplo, en otra carta de febrero de 1945, Marcello agradecía a Laureano el envío de libros que «tuvo la amabilidad de comprarme, ¡además de esa *dulce literatura* destinada a mi mujer que tanto la aprecia y agradece!». También, después de visitar Lisboa, en 1948, Marcello escribió en una carta fechada el 30 de marzo de 1948: «[...] Con mucho placer he recibido su visita, sólo lamentando su brevedad [...]. Mi mujer le manda muchos saludos y mis hijos recuerdan también afectuosamente su visita [...]».

Asimismo, el español agradeció el obsequio de «especialidades gastronómicas», desde el café con origen en el Ultramar portugués hasta los dulces del Algarve que Marcello había enviado a los padres de Laureano[10].

Los dos también se consolaron mutuamente sobre las enfermedades que padecían sus familiares. La historiadora Helena Matos, en el prefacio a la edición portuguesa de estas cartas, resalta la confianza con la que Marcello se refiere, por ejemplo, a la enfermedad de su mujer[11]. Después de una primera referencia al asunto en una carta del 28 de abril de 1960, la enfermedad de Teresa

---

9. Véanse, por ejemplo, las cartas del 14 de noviembre de 1947, 9 y 13 de febrero de 1948, 27 de marzo de 1953, 25 de marzo de 1960 y 13 de junio de 1969.

10. Cf. cartas del 12 de junio de 1969 y del 3 de abril de 1972.

11. Cf. la aportación de Helena Matos en el «Prefácio» de la edición portuguesa de esta correspondencia: MARTINS, P. M., *Cartas entre Marcello...*, p. 12.

estará cada vez más presente: véanse las cartas de enero de 1961, enero y junio de 1963 y septiembre de 1970.

De hecho, Marcello estuvo muy agradecido a Laureano, como ya se mencionó, por su presencia en el funeral de Teresa en 1971[12]. Más tarde, ya exiliado en Brasil, fue Marcello quien se interesó por el estado de salud del padre de Laureano, alegrándose por las mejoras que estaba logrando[13]. La última carta que cierra este libro, escrita por Laureano el 29 de octubre de 1980 y que va dirigida a los hijos de Marcello Caetano, nada más enterarse de su muerte, revela la buena relación mantenida con toda la familia. Se había convertido, él mismo, casi en parte de la familia. Quizá una de las cartas más expresivas en este sentido sea la del 4 de enero de 1974, cuando Marcello, entonces presidente del gobierno portugués, al enterarse de que su amigo Laureano dejará el cargo de ministro en España, le invita a viajar hasta Estoril: «[...] La constitución del nuevo gobierno español fue una sorpresa en muchos aspectos y nunca pensé que Ud. fuera excluido de la cartera que tan brillantemente estaba desempeñando». Y concluye: «Con mi abrazo afectuoso, quiero decirle que, si Ud. desea descansar unos días, en este cambio de vida, sería para mí un enorme placer tenerlo en Portugal como mi invitado. El clima de Estoril es ahora muy agradable y es propicio al reposo físico y moral. Disponga siempre de su seguro amigo [...]».

Esta carta es un ejemplo entre muchos de la gran confianza que se había desarrollado entre los dos. De paso, merece la pena aclarar que a partir del momento en que ambos ya no ocupan cargos de gobierno, ni funciones políticas ejecutivas, se acentúa el más íntimo contenido personal de las cartas, con una transparencia y autenticidad notables. Esto prueba que la antigua relación no

---

12. Cf. cartas del 28 de enero y del 26 de diciembre de 1971.
13. Cf. cartas del 22 de abril, 8 de agosto y 9 de septiembre de 1974.

dependía de intereses o intercambio de favores sino que en realidad se trataba de una amistad fortalecida y consolidada en los tiempos difíciles. Son dos personas que no tienen nada que esconderse.

Otra característica que se aprecia en las cartas es el buen humor y el sentimiento de comodidad que se van intensificando. En una de las misivas iniciales, Marcello reconoció la importancia de participar en congresos internacionales, pero a veces los describe pintorescamente como una ocasión para «mucho turismo y poca ciencia»[14]. Posteriormente, en una carta fechada el 3 de agosto de 1972, mes en que se celebraron los Juegos Olímpicos de Múnich (del 26 de agosto al 11 de septiembre), Marcello comparó este evento deportivo con su próxima visita de Estado a Brasil: «[...] Infelizmente no puedo pensar en descansar este mes. Tengo que ir a Brasil al comienzo de septiembre: ¡un maratón de tres días con una decena de discursos! ¡Auténticos juegos olímpicos, que me obligarán a "entrenar" todo el mes de agosto! [...]».

En otras ocasiones se hacen desahogos más graves, solo posibles gracias a la plena confianza en el interlocutor. Es el caso de la carta del 31 de octubre de 1970, en la que Marcello se queja de la actitud del gobierno español, y en particular de su ministro de Asuntos Exteriores, por no votar en contra de la resolución de la ONU sobre la guerra en África:

«[...] Y en la reunión del Consejo de Seguridad tampoco nos pareció amistosa su actitud. [...] Le cuento estos hechos, a título particular, sin querer que los explique, pues se trata de un desahogo de amigo y no un diálogo de gobiernos —en este siempre se encuentran explicaciones, hasta jurídicas, que se aceptan por diplomacia... no se trata de eso—. Apenas [se trata] de decir qué difícil me resulta, en tales condiciones, vencer prejuicios, obstáculos, sentimientos o resentimientos para que se entre en una colaboración franca, abierta y leal, como es nuestro de-

14. Carta de Marcello Caetano, 3 de octubre de 1947.

seo y propósito». Y prosigue: «Creo que está anunciada para el próximo mes la visita a Portugal de López-Bravo con quien personalmente tanto simpatizo y que se me figura una personalidad de primera categoría por su inteligencia y dinamismo. ¡Cuánto me gustaría que esa visita tuviese lugar en un ambiente sin reticencias! Lo que, infelizmente, no es el caso en este momento [...]».

Los hechos del 25 de abril de 1974 mostraron la verdadera preocupación de Laureano por su amigo. Intentó ponerse en contacto con Lisboa por teléfono, pero luego decidió dirigirse al embajador de Portugal en Madrid: pretendía tener noticias más concretas y le entregó una carta dirigida a Marcello, fechada el 27 de abril:

«Mi muy querido amigo:
Estoy con el ánimo desolado. Los acontecimientos de Portugal y la suerte que Ud. corre me han conmovido profundamente.
Anteayer por la noche, ante el rumor de su venida a Madrid, estuve esperando para acudir a recibirle en Barajas o en Getafe. No hace falta que le diga que cuenta Ud. en mí con un amigo incondicional que desearía hallarse a su lado en estos momentos trágicos [...]».

En la respuesta de Marcello, enviada ya desde Río de Janeiro (Brasil), en carta fechada el 6 de junio y escrita durante su estancia en el Monasterio de San Benito, que duró unas semanas, le demuestra el gusto que tiene de mantener el contacto, lamentando en ese momento la dificultad de poder hablar cara a cara, como lo habían hecho tantas veces:

«Mi querido amigo:
No imagina Ud. cuánto he apreciado su carta del 27 de abril y los mensajes transmitidos por intermedio del Embajador de Portugal. La presencia de su amistad en las horas sombrías me dio grandes consuelos. Me gustaría inmensamente conversar con usted para que sacáramos la lección de los acontecimientos, pero ahora el Océano se interpone entre nosotros [...]».

Conversaciones «en vivo»

Muchas cartas, en repetidas ocasiones, registran el deseo de poder verse y hablar personalmente. Laureano, de hecho, insistió desde el primer momento en invitar a Marcello como ponente a Santiago de Compostela y Madrid. Quería aprovechar la experiencia académica del catedrático portugués y que de ella se beneficiaran sus alumnos y el resto de profesores de las instituciones españolas, que se estaban reconstruyendo tras la Guerra Civil. Esto explica por qué Marcello fue a Santiago a impartir varias conferencias en 1948 y envió después artículos a revistas españolas. También en 1948, López Rodó fue a Lisboa para hablar en la Facultad de Derecho. Ambos disfrutaban de las conversaciones mantenidas y buscaban participar en actividades conjuntas, proporcionando así ocasiones para poder intercambiar impresiones personalmente. Las conferencias internacionales eran una buena oportunidad, aunque no siempre realizada, como se puede ver, por ejemplo, en estas sucesivas cartas enviadas por Marcello en 1947:

«[...] El 12 de junio cuento con ir a Suiza donde me demoraré hasta el final de julio, asistiendo allí al Congreso Internacional de Ciencias Administrativas de Berna: ¿no irá Ud. también a la reunión? Sería magnífico si fuera [...]» [Lisboa, 7 de mayo].

«[...] Me dio mucha pena no verle aquí. El Congreso no tiene gran interés: su presencia, en cambio, sí la hubiera tenido. Cordiales recuerdos» [Berna, 25 de julio].

«De regreso de Suiza, donde esperaba verlo en el Congreso de Ciencias Administrativas, quiero tener noticias suyas: ¿qué es de Ud.? ¿Adónde para? ¿Cuándo tendremos el placer de verle? Escriba cuanto antes [...]» [Carcavelos, 23 de agosto].

«Con mucho placer recibí su carta del 25 de septiembre y deseo que haya tenido unas vacaciones agradables. [...] El Congreso de Berna tuvo poco interés: mucho turismo y poca ciencia. [...] ¡Cuánto placer tendré en ver a Rodó de nuevo en Lisboa! ¡Dios quiera que no abandone su proyecto! [...]» [3 de octubre].

El 6 de agosto de 1948 Marcello le escribió una postal a Laureano desde Copenhague, donde había ido para participar en otro Congreso de Derecho, y recuerda con agrado a su amigo. Será una práctica recíproca, enviar postales desde ciudades y lugares en los que, por el motivo que sea, se recuerdan mutuamente[15]. En otra carta fechada el 9 de octubre de 1948 Marcello anunció que viajaba a España, en los siguientes términos: «[...] Le doy la noticia de que he decidido asistir a las Conmemoraciones del Centenario de Suárez, incorporándome a ellas en Madrid, el día 18 de octubre –y ¡cuánto placer tendría en encontrarle allá!– [...]».

López Rodó también tuvo presente a su amigo cuando fue a un congreso en Estambul, lamentando que no pudieran encontrarse en esa ocasión, según la carta del 31 de agosto de 1953: «[...] Antes de salir para Estambul quiero dirigirle un cariñoso saludo y expresarle cuánto lamento que no vaya Ud. este año al Congreso de Ciencias Administrativas pues hubiera sido para mí una ocasión magnifica de convivir unos días con Ud. y poder charlar ampliamente [...]».

A partir de mediados de la década de 1950, los contactos en vivo y los encuentros directos se hicieron más frecuentes y regulares. El interés común por los temas jurídicos y administrativos aumentó, ya que a partir de este momento creció el intercambio de ideas y proyectos sobre cuestiones teóricas y prácticas relacionadas con la actividad política que ambos iban desarrollando. Hay

---

15. Se conservan varias postales enviadas desde lugares tan diferentes como Berna, Copenhague, Salamanca, Estambul o Barcelona, y que aparecen transcritos en este libro. De otras postales solo nos quedan las referencias, como las enviadas desde París en 1950 y desde Macao en 1975.

muchas cartas que lo atestiguan, por lo que citaremos solo algunos ejemplos:

«[...] He sabido por el Embajador en Madrid que fue Ud. nombrado Secretario General Técnico de la Presidencia del Gobierno y quiero decirle cuánto me alegro [...]. ¡Cuánto desearía conversar con usted! ¿Podría Ud. plantear la hipótesis de un salto hasta Lisboa? [...]» [21 de diciembre de 1956].

Unos meses después, Marcello proponía una nueva reunión: «[...] El Embajador Nosolini me telefoneó hoy y me dijo que usted deseaba venir a Lisboa para conversar conmigo. Yo tendría el mayor placer en eso y propongo lo siguiente: a) aproveche el fin de semana del 22 al 25 de marzo; b) venga en avión; c) en Lisboa será huésped de la Presidencia del Consejo; d) venga *solo*, es decir, *no venga con el Embajador de Portugal* pues la venida de este creará de inmediato una expectativa o le dará un carácter a su visita que quizá sean inconvenientes [...]».

En 1970 Marcello Caetano realizó una visita oficial a Madrid. Tuvo varios encuentros con diversas autoridades políticas, en una agenda repleta de eventos. Una vez en Lisboa, le escribió a Laureano una extensa carta fechada el 25 de mayo, en la que lamentaba la falta de tiempo que había dispuesto para hablar largo y tendido con su amigo. La finaliza así: «[...] Infelizmente hemos conversado poco los dos. Espero que pueda venir de incógnito a Estoril en unas semanas para que entonces comentemos con extensión los acontecimientos [...]».

Los días previos al Domingo de Resurrección, que normalmente constituyen un período de relativo descanso, serán aprovechados por ambos como ocasiones propicias para reunirse unos días, visitar algunos lugares y mantener conversaciones informales que luego se mencionan en las cartas. Curiosamente, la Semana Santa de 1974, del 10 al 13 de abril, escasos días antes del golpe militar de 25 de abril, fue una de esas semanas en las que estuvieron juntos y visitaron, entre otros lugares, la ciudad de Viseu. Aquí tuvo lugar un episodio que Laureano evocaría en 1980, en un artículo publicado en el diario *Ya*, a propósito de la muerte de Marcello:

> «Recuerdo que al ser reconocido Caetano en la Plaza Mayor de Viseu, el día de Jueves Santo, se agolpó una gran multitud que le aclamaba al grito de *"Viva o nosso presidente"*. Mas Caetano sabía perfectamente lo tornadizas que son las masas y me comentó: "No hay que olvidar que después del Domingo de Ramos vino el Viernes Santo". Sin duda presentía el golpe de Estado que había de derrocarle».

Si exceptuamos las reiteradas veces que ambos coincidieron en Lisboa o Estoril y en Madrid, aún es posible confirmar a través de su correspondencia que hubo otros encuentros en varios puntos de Portugal y España. Se trataban de visitas privadas, algunas de larga duración, que les permitían hablar con tranquilidad y conocer diferentes zonas de ambos países. En concreto, en Portugal se encontraron en la zona litoral no lejos de Lisboa, especialmente en Óbidos, situada un poco al Norte; en otra ocasión pasearon por el Sur, en el Algarve; y finalmente, en abril de 1974, visitaron el centro del país, alojándose en el Hotel Buçaco, donde mantuvieron conversaciones que siguieron desarrollando en las cartas escritas durante el exilio de Marcello en Brasil.

Marcello, por su parte, fue varias veces a España a título privado para estar con Laureano. Más allá de los encuentros en Santiago de Compostela, visitaron juntos la zona de Segovia; en otro viaje conocieron más de cerca la región extremeña de Badajoz y Mérida, con los planes industriales que allí se llevaban a cabo; en la Semana Santa de 1973 visitaron Andalucía y Extremadura. Algunos planes que finalmente no se realizaron fueron los viajes de Caetano a Baleares y Canarias; y el de López

Rodó a Angola, que Marcello en varias cartas le recomendaba con insistencia[16].

Este verdadero interés por hablar personalmente, sin barreras ni intermediarios, siguió siendo evidente y de manera muy expresiva en las dos últimas cartas enviadas por Marcello desde Río de Janeiro, el 9 de agosto de 1980, en respuesta a una carta de Laureano que le anunciaba un viaje a México:

> «[...] ¡Qué pena que, viniendo a México, no pueda pasar por Río en el regreso! Sería un gran placer verlo y abrazarlo.
> Mientras no lo pueda hacer personalmente, por esta vía va el abrazo afectuoso de la vieja amistad [...]».

Veinte días después Marcello volvió a escribirle y al final de la carta insistió en la posibilidad de reunirse en Brasil. Sin que ellos lo supieran, esta sería la última carta intercambiada entre ellos: «[...] Cuando Ud. regrese de México, ¿no conseguirá hacer una escala en Río? ¡Cuánto me gustaría abrazarle! [...]» [29 de agosto de 1980].

La diversidad de temas abordados en las cartas

Pasión por el derecho

Todo lo relacionado con cuestiones jurídicas, procesales, administrativas, la redacción de constituciones y la redacción de leyes, serán temas debatidos, analizados, comentados y ampliamente referidos en la mayoría de las cartas, incluido el intercambio de impresiones sobre libros publicados en estas materias. A veces, se

---

16. Cf. cartas del 31 de octubre de 1970, 19 de mayo y 1 de junio de 1973.

reducen a detalles de un rigor legal para no dejar lugar a dudas, como en la carta del 6 de enero de 1947, donde Marcello explicaba el significado que tienen ciertos conceptos en lengua portuguesa y que deben mantenerse cuando se traducen al español: «[...] He leído con atención sus notas. Sobre una u otra me gustaría un día intercambiar impresiones con usted. Así, por ejemplo, la nota 1 de la pág. 32: el hecho de que yo emplee la expresión *función judicial* en lugar de *jurisdiccional* no significa una preferencia por la terminología antigua, es consecuencia de que yo distingo las funciones desde un punto de vista *orgánico* o *formal* (función de los jueces) y no desde un punto de vista material (la función de jurisdicción) [...]».

Especialmente al inicio de su correspondencia, se ofrecieron mutuamente libros y artículos científicos, además de realizar algunas peticiones de compra de publicaciones por parte de uno de ellos, que serán enviadas diligentemente a su amigo. A lo largo de los años, hubo muchos proyectos de ley, dictámenes legales, discursos, etc., que se enviaron el uno al otro, con absoluta confianza y luego comentarían con gran franqueza lo que consideraban más oportuno. Las nuevas constituciones (la portuguesa de 1976, posrevolución, y la española de 1978, tras la muerte de Franco) fueron objeto de análisis y comentarios entre ambos, a pesar de que en ese momento ninguno de los dos tenía cercanía a los gobiernos de sus países. Pero el interés por el derecho se mantuvo, lo que hizo que, por ejemplo, en una carta fechada el 18 de diciembre de 1978, Laureano le comunicara el envío del texto de la nueva Constitución española para que su amigo pudiera leerlo y evaluarlo. Aunque ya le hubiera dado su opinión en cartas anteriores, Laureano le envió el texto para que Marcello pudiera analizarlo por sí mismo, como lo había hecho tantas veces antes, a lo largo de su vida.

En estas cartas del período del exilio de Marcello, también hubo referencias amistosas y nostálgicas a antiguos compañeros con los que se habían relacionado, incluidos algunos extranjeros. El lado humano de los contactos académicos nunca se había olvidado y brotaba en ese momento con nostalgia[17]. Durante los seis años y varios meses, aproximadamente, que vivió en Brasil, Marcello siguió dedicándose al estudio del derecho y publicó varios trabajos científicos, pero terminó contando, en un tono casi confidencial, que gran parte de ese trabajo era solo una forma de mantenerse ocupado y que ya no sentía esa pasión de antaño por los estudios jurídicos, como manifestaba en la carta del 11 de abril de 1979: «[...] Voy viviendo y trabajando, ahora preferentemente en la Historia del Derecho. Es una evasión [...]».

En cualquier caso, es innegable la aportación de ambos en las investigaciones y aplicaciones de las Ciencias Jurídicas al mundo profesional y académico. Un corolario de esta dedicación al derecho y a su enseñanza serán los homenajes que ambos promueven. En enero de 1961 Marcello recibió su doctorado *honoris causa* por la Universidad de Madrid y en septiembre de 1970 por la Universidad de Santiago de Compostela. Laureano recibirá el doctorado *honoris causa* por Coímbra en noviembre de 1973.

Como resultado de sus estudios, Marcello Caetano, al momento de su muerte, había publicado más de cien libros, artículos y trabajos de investigación sobre derecho administrativo, historia del derecho y otras áreas jurídico-políticas. Por su parte, Laureano López Rodó, cuando muere, también deja editados varios centenares de artículos, así como más de una docena de libros sobre materias de derecho, política e historia.

17. Cf. cartas del 17 y 25 de diciembre de 1979, y del 5 y 18 de mayo de 1980.

Cuestiones de ámbito político

De 1944 a 1956 la relación epistolar se centró esencialmente en asuntos académicos y personales, pero a partir del año en que López Rodó comenzó a tener responsabilidades políticas al ser nombrado secretario general técnico de la Presidencia del Gobierno, la política empezó a ocupar cada vez más espacio en sus misivas. Esta tendencia se reforzó doce años más tarde cuando Marcello Caetano accedió a la presidencia del Consejo de Ministros de Portugal. Además de las cartas oficiales y de cortesía propias del ejercicio de los cargos de gobierno, varias misivas recogen clara y sinceramente el juicio que ambos compartían sobre temas políticos. A modo de ejemplo, es elocuente la carta escrita por Marcello el 22 de enero de 1963:

> «[...] Veo siempre con placer sus noticias y voy siguiendo su carrera. Además, la política española me interesa profundamente, en este momento sobre todo en el que veo que se pone en práctica, con notable éxito, la política de distensión y flexibilización del régimen que yo he preconizado para Portugal en 1955 y que no logré hacer efectiva, con disgusto mío y perjuicio general [...]».

Otra carta en la que se comentan con total lealtad cuestiones políticas y diplomáticas es la enviada por Marcello el 24 de noviembre de 1969, en la que se mencionan el caso Palma Inácio, los votos de la ONU, los terroristas de ETA y también el papel de la censura:

> «[...] Hace días hice venir a Lisboa al Embajador de Portugal en Madrid para que retomemos el diálogo peninsular y convirtamos en efectivo el intercambio iniciado con su memorable visita a Lisboa.
> Hemos hecho planes en ese sentido y hemos sopesado los problemas pendientes para acelerar la resolución de lo que dependiera del lado portugués.

Infelizmente, enseguida han surgido dos casos que me han dolido mucho. Uno, el rechazo de la extradición de un criminal de derecho común, bajo disfraz político, Palma Inácio, rechazo decidido a propuesta del Ministerio Público, es decir, del Gobierno.

Otra, el cambio de voto en la ONU, en la moción relativa a los territorios portugueses, pues España después de haber votado en contra en la 4.ª comisión, se abstuvo en la Asamblea General, lo que fue más desagradable para Portugal que si se hubiera abstenido ambas veces.

El caso Palma Inácio, presentado mundialmente como victoria de las presiones izquierdistas sobre el Gobierno español, fue chocante para la opinión portuguesa y solamente gracias a la censura de prensa fue posible evitar comentarios muy desagradables.

Una vez más parece haber en España quien esté empeñado en destruir en la práctica las afirmaciones de amistad y de solidaridad de los gobiernos.

¿Cómo procederemos en Portugal, en el futuro, en relación con los terroristas españoles que sean capturados aquí?

Disculpe, mi querido amigo, este desahogo, pero es necesario hablar con franqueza entre nosotros, como amigos que somos [...]».

También existen algunas cartas de carácter casuístico, dedicadas a problemas específicos. Hay varias, pero una de las más interesantes es la que escribe Laureano el 21 de junio de 1969, donde propone la construcción de un puente sobre el río Guadiana (que acabaría construyéndose dos décadas después, siendo inaugurado en agosto de 1991), así como la presentación de medidas de cooperación entre las compañías aéreas TAP e Iberia, por el peso de los gastos de estas empresas, o incluso la importación de vino de Oporto por parte de España:

«[...] El Memorándum que tuve el placer de entregarle el pasado lunes, día 9, a propósito de las relaciones socioeconómicas entre España y Portugal, fue el marco en el que se inscribieron mis diversos contactos con los Ministros Económicos de su Gobierno.

Llegamos a una serie de acuerdos, de principio, de los cuales quiero darle cuenta, al mismo tiempo que manifestarle las actuaciones que desde mi regreso de Lisboa, el pasado viernes, se han llevado a cabo, por parte del Gobierno Español [...].

En la reunión que tuvimos en la Secretaría de Estado de Comercio [...] quedaron resueltas algunas dificultades. Posteriormente, del Ministerio de Comercio Español, me informan que una de las aspiraciones portuguesas, concretamente la que se refiere a la compra de vinos de Oporto por España, quedará satisfecha en los días inmediatos, mediante la convocatoria de un primer cupo de importaciones de estos vinos, al amparo del convenio comercial existente entre ambos países [...].

Tanto en mis conversaciones con el Ministro de Negocios Extranjeros, Dr. Franco Nogueira, como en las que sostuvo el Comisario Adjunto con el Ministro de Obras Públicas, Ing. da Silva Sanches, se puso de manifiesto el deseo de su Gobierno de que se proceda rápidamente a la construcción de un puente sobre el río Guadiana, entre las ciudades de Ayamonte y Villarreal de Santo Antonio.

Para ultimar los detalles técnicos y administrativos de esta cuestión, y manifestar especialmente el deseo del Gobierno español de proceder, en el plazo más breve posible, a la construcción de dicho puente, acudirá a Lisboa, el próximo día 4 de julio, nuestro Director General de Carreteras, Ing. D. Pedro de Areitio [...].

En la entrevista que sostuve con el Ministro de Comunicaciones, Brigadier Alberto de Oliveira, coincidimos plenamente en la conveniencia de estrechar las relaciones entre Transportes Aéreos Portugueses y la Compañía IBERIA. Ambos estuvimos de acuerdo en que esta colaboración es necesaria para hacer frente a la escalada que a las dos compañías les plantea la compra de los grandes reactores que saldrán al mercado en los años inmediatos [...]».

En respuesta a la carta del Memorándum, Marcello reconoció con franqueza, en una carta fechada el 22 de julio de 1969, lo siguiente: «La burocracia portuguesa es lenta: siempre que puedo, intento acelerarla».

A veces se preguntaron sobre la idoneidad de una u otra medida, hablando con confianza sobre los temas en cuestión, como, por ejemplo: sobre la mejor manera de avanzar con las negociaciones para el ingreso en el Mercado Común[18]; sobre la utilidad de promover reuniones bilaterales entre ministros[19]; o, incluso, sugerir el estilo con que debían abordar determinado tema con algún ministro en particular, como, entre otros, Franco Nogueira[20] o López-Bravo[21].

Un asunto que recorre como una corriente subterránea todas las cartas es la amistad luso-española como realidad y su posible concreción, siempre enfrentada a dificultades. Marcello es hispanófilo y Laureano, lusófilo, pero la realidad es la que es, como escribe el primero el 17 de julio de 1970: «Continuamos trabajando en el estrechamiento de las relaciones luso-españolas. Habrá que vencer incomprensiones y obstáculos (de los que Ud. puede hacerse alguna idea…) pero estoy seguro de que llegaremos a nuestros objetivos».

Merece la pena señalar cómo los corresponsales miraron la situación institucional de sus países con una serena expectativa de estabilidad que parece dar por descontado su continuidad. Portugal vivió una reforma constitucional en 1971 de la que se trata en la correspondencia, López Rodó mencionó una «renovación de las instituciones en España» en su carta de 26 de diciembre de ese mismo año. Podría dar la impresión de que no percibieran los peligros que acechan a sus dos regímenes y su excepcionalidad en Europa. Las cartas de años sucesivos indicaron, sin embargo, que no eran ajenos a esos riesgos, pero que vivían sus políticas día a

18. Cf. cartas del 5 de abril, 26 de julio, 17 de agosto y 24 de agosto de 1972; y del 5 y 27 de enero de 1973.

19. Cf. cartas del 25 de noviembre de 1971 y 17 de agosto de 1972.

20. Informe del 5 de abril de 1972.

21. Cartas del 18 y 23 de mayo de 1972. Sobre el papel del ministro López-Bravo, puede leerse el libro: ÁLVAREZ MORALES, M. (coord.), *Gregório López-Bravo visto por sus amigos*, Madrid: Laredo, 1988.

día con la actitud de quien trabaja en primer lugar sobre hechos consumados, al que de nada serviría poner en cuestión su propia obra. Es una perspectiva interesante para entender qué papel tuvo la política de ese tiempo para sus protagonistas.

Las dificultades no son ajenas a sus misivas. Marcelo trató solo parcialmente del problema que era clave para Portugal: mencionó el acoso exterior que vivió Portugal en ultramar promovido por potencias extranjeras más que por la propia población autóctona. No hizo mención alguna a las dificultades internas en el Ejército, a las que solo aludió después de la «revolución de los claveles». Varias veces, como ya comentamos, insistió a López Rodó en que debería viajar a Angola para hacerse cargo de qué era aquello y qué se jugaba allí[22].

Los últimos años de la vida política del portugués fueron difíciles. El 29 de noviembre de 1973 escribió: «En los días de hoy, gobernar un país es siempre fuente de cuidados y preocupaciones: pero en las circunstancias en que se encuentra mi país, objeto de una campaña odiosa en el mundo entero, el gobierno es una constante amargura». Pocas semanas después fue López Rodó quien escribió, el 9 de enero de 1974: «Desde el 20 de diciembre en que fue asesinado el Almirante Carrero Blanco he pasado unos días muy amargos».

A partir de 1975, la situación militar, política, económica y social de Portugal y España fue muy comentada en su correspondencia, desde los resultados de las sucesivas elecciones hasta la independencia de las colonias portuguesas. Allí también se mencionó la actuación de muchas personalidades en la vida pública de ambos países, como la situación del rey Juan Carlos tras la muerte de Franco o el papel de Fraga Iribarne, Adolfo Suárez, Oliveira Salazar, Américo Thomaz, Sá Carneiro y tantas otras personalida-

---

22. *Vid.* cartas del 31 de octubre de 1970 y 19 de mayo de 1973.

des conocidas de la vida pública de ambos países. También abordaron temas de política internacional y comentaron problemas de diferentes países, apareciendo nombres de políticos europeos y su posición en relación con las naciones ibéricas.

Un tema recurrente en estas cartas finales es el de las autonomías españolas y, por analogía, las autonomías de los archipiélagos portugueses de Azores y Madeira. Marcello en una carta va adelantar la posible evolución futura:

«[...] Pero en las alturas de la vida en que estoy, ya no me impresiona mucho la corrección jurídica de los textos constitucionales: la práctica es lo que vale. Creo que ya le comenté mi temor de que la cuestión de las autonomías regionales venga a ser para el nuevo régimen español lo que el Ultramar fue para el régimen portugués como señal de contradicción interno y fuente de conflictos y violencias que inevitablemente obligarán al Gobierno a usar su autoridad [...]» [5 de marzo de 1978].

Sobre la autonomía de Cataluña y la elaboración de su Estatuto, Laureano hizo los siguientes comentarios, a pesar de ser él mismo un catalán auténtico y de disfrutar usando su lengua junto al castellano[23]:

«[...] El proyecto de Estatuto va incluso más allá de la Constitución y configura la Generalidad de Cataluña como un casi Estado. Lo peor es que este Estatuto va a servir de pauta a los de las otras "Comunidades Autónomas" (14) y ninguna de ellas querrá ser menos que Cataluña; por el contrario, pedirá un poco más [...]» [18 de diciembre de 1978].

23. En marzo de 2000 la emisora de televisión Canal+, en España, emitió una entrevista de fondo con Laureano López Rodó, realizada para su programa «Epílogo» con la condición expresa de que solamente sería emitida después de la muerte del entrevistado. En esa ocasión queda bien clara su posición como catalán, pero contraria a una independencia total.

En la que será su última carta a Marcello, Laureano resumió este asunto con la siguiente afirmación: «[...] Entre todos los problemas que tenemos planteados en España, el más grave a mi juicio es el de las autonomías [...]».

En respuesta a estas cartas, Marcello Caetano hizo algunos comentarios, pero en la última que escribió, el 29 de agosto de 1980, se refirió específicamente a la situación en las Azores y Madeira, aludiendo a las autonomías españolas:

«[...] Infelizmente, en Portugal, las Azores y Madeira no han querido quedarse atrás de las regiones españolas y ¡también han reivindicado sus estatutos de autonomía cuya actividad no pueden sufragar! Y entonces, los derechos son de los archipiélagos pero quien paga los gastos son los portugueses del continente [...]».

Con respecto a España, no obstante, el juicio del portugués sobre la transición a la democracia fue benévolo y hasta elogioso, como se ve en la carta del 11 de abril de 1979:

«Veo que la situación política en España transcurrió por un camino que en las condiciones actuales del mundo es lo mejor que se puede desear: el gobierno por un centro equilibrado bajo la égida de una monarquía prestigiada. *Pourvu que ça dure...*».

Puede que contribuyera a ello la actitud posibilista y activa de su corresponsal, que acabó por confesarle que en 1979 votó al partido de Adolfo Suárez, la Unión de Centro Democrático[24].

En algunas cartas hay referencias negativas al comunismo y, en menos ocasiones, a la masonería. Esto es porque ambos los consideraban como contrapuestos a los valores que defendían, ya que el marxismo se presenta como ateo y contrario

---

24. Carta del 20 de abril de 1979.

a la relación personal con Dios, mientras que los masones se presentan como agnósticos laicistas y proclives a una práctica de intercambio de favores personales contraria al mérito personal. Además, las experiencias de países que habían aplicado estas ideologías no habían dejado buenos recuerdos. Basta con recordar que López Rodó, a los 16 años, en 1936, durante la guerra civil española, se quedó sin 16 profesores de la escuela religiosa donde estudiaba, asesinados a manos de marxistas y anarquistas. Este hecho y las persecuciones que él y su familia sufrieron[25] marcarán para siempre su opinión sobre el comunismo. En cuanto a la masonería, Marcello había visto con sus propios ojos cómo durante la Primera República (1910-1926) diversas corrientes masónicas fomentaban el odio a la práctica religiosa e interferían en la vida familiar y civil de la población.

Como síntesis respecto a la variedad temática de esta correspondencia, vale la pena reproducir unas líneas de la historiadora Helena Matos, donde queda muy claro que los temas abordados van desde los más elevados hasta los más prosaicos, hablando de situaciones tan banales como la exportación de juguetes españoles a Portugal: «[...] Es, además, impresionante —a la vista de los testimonios recurrentes y la correspondencia de tantos gobernantes— que los hombres que oficialmente ostentan el poder no solo terminan a menudo derrotados por la burocracia y la inercia político-administrativa, sino que acaban tratando de cosas tan triviales como el comercio de muñecas»[26].

---

25. LÓPEZ RODÓ, L., *Memorias I...*, pp. 16 y ss.

26. Cf. la aportación de Helena Matos en el «Prefácio» a la edición portuguesa de esta correspondencia, MARTINS, P. M., *Cartas entre Marcello...*, p. 10. Carta del 23 de septiembre de 1970 y otra de fecha posterior al 24 de septiembre de 1970.

En torno a las creencias y a Dios

Cuando se conocieron, Marcello y Laureano eran creyentes y en las líneas que intercambiaron había signos de su pertenencia a la fe católica. Es una dimensión que sustenta la forma de ser y de enfocar la realidad cotidiana, y esto se ha ido confirmando en sus cartas a lo largo de los años. Sin embargo, durante el período del exilio de Marcello en Brasil, en 1974, esta cuestión reviste un carácter diferente. Gracias a la confianza y franqueza entre ambos, llegamos a conocer con más detalle cómo vivió cada uno la experiencia espiritual.

Laureano López Rodó nació en el seno de una familia de raíces católicas. Durante la guerra civil española, y en su juventud, había crecido su deseo de ser un buen cristiano. En 1940 continuó sus estudios en Barcelona. Es allí, con 20 años, donde un día conoció al sacerdote Josemaría Escrivá, fundador del Opus Dei, y a algunos de los jóvenes que seguían a este joven sacerdote. Este afirmaba que se puede ser santo en medio del mundo, es decir, en la propia vida cotidiana, convirtiendo el trabajo en una oportunidad de encuentro con Dios. Para el Opus Dei cada uno puede identificarse con Cristo, viviendo las virtudes cristianas precisamente en el ámbito familiar y profesional de la vida cotidiana. Laureano apreció tanto este mensaje que pidió ser admitido en esta institución de la Iglesia Católica en enero de 1941[27].

López Rodó había explicado desde el inicio de su relación con Caetano cuál era el sentido de la vocación en su vida, y, por eso, su entrega a Dios está siempre presente en su forma de actuar. El grado de confianza es, pues, de tal fortaleza que al final de su vida Marcello se desahogó con su amigo respecto a una situación

---

27. Díaz Hernandez, O., *Expansión. El desarrollo del Opus Dei entre los años 1940 y 1945*, Madrid: Rialp, 2020, pp. 56-59.

delicada, que describe con las siguientes palabras en una carta enviada desde Río de Janeiro el 11 de abril de 1979: «Yo perdí la fe. Paciencia».

Desde el otro lado del Atlántico, Laureano le respondió de inmediato en una carta fechada el 20 de abril, sugiriendo otra hipótesis e indicando que tal vez la fe «más bien que perdida, la tendrá escondida y habrá que buscarla». Añadió que rezaría por él y le envió un texto de Manuel García Morente y un libro de André Frossard, dos conversos a la fe y, en el caso de Frossard, un hombre proveniente del Partido Comunista. Al recibir estas manifestaciones de cariño y preocupación por él, Marcello Caetano también respondió casi de inmediato, con una extensa carta fechada el 6 de mayo, que comenzaba así: «[...] He recibido de usted muchas pruebas de amistad. La mayor, quizá, fue esta de haberse inquietado tanto con lo que le dije, de paso, respecto a la pérdida de la fe, enviándome el texto de García Morente y el libro de Frossard [...]».

Marcello sintió que debía explicarse. Desde su punto de vista, hacía mucho que las personas que se decían católicas y con autoridad en la Iglesia no actuaban con coherencia, buscando sus intereses personales y no el amor de Dios. Además, le resultaba chocante que Dios pudiera permitir toda la situación por la que estaba pasando. Era una perplejidad que le dejaba en suspenso. No era un problema de ahora, pero, ¿por qué lo estaba revelando solo ahora? Él mismo indicó una pista: «[...] Ni creo en Dios ni en la inexistencia de Dios: reconozco que hay un dominio que no consigo penetrar y me paro ante la puerta suya con respeto. ¿Agnosticismo? Sí, si Ud. quiere. Fruto, sincero, de una incapacidad de ir más allá de ciertos límites de comprensión [...]». No se trataba de un problema de aquel momento. Pero, entonces, ¿por qué razón solamente entonces lo revelaba? Él mismo explicó un motivo: «[...] Entre las razones que me han llevado a ocultar largos años mi crisis estaba el terror –digo bien: el terror– de influenciar a alguien en el mismo sentido. No desearía sacudir la fe de nadie, mucho menos destruirla, y por eso evito, aún hoy, las discusiones [...]». Al final de la misiva se despidió de manera más personal, algo poco frecuente en su correspondencia: «[...] Querido Laureano, perdóneme si le doy algún disgusto. Y acepte el abrazo amigo y agradecido [...]».

Laureano respondió desde Madrid, el 17 de mayo, tratando de consolar y ayudar a su amigo en lo que consideraba una «crisis de Fe»: «[...] Ud. sí que me ha dado una gran prueba de amistad al abrirme su alma y contarme el proceso de su crisis religiosa. Me hago perfecto cargo de su situación por la que siento un enorme respeto [...]». En esa carta, expone algunas consideraciones de carácter personal y doctrinal, junto con reflexiones más generales, tratando de presentar motivos de esperanza en el entonces recién elegido papa Juan Pablo II, procedente de un país dominado en ese momento por un régimen comunista: «[...] Creo que su crisis se explica principalmente por el largo período de prueba que está atravesando la Iglesia en el cual no pocos eclesiásticos han sembrado la confusión y han puesto en duda los fundamentos mismos del dogma y de la moral. Pero las aguas volverán a su cauce. Tengo mucha confianza en Juan Pablo II que sabrá poner fin a esta prueba [...]».

En ese año de 1979, Marcello respondió a la felicitación navideña de Laureano, escribiéndole una carta en la mañana del mismo día 25 de diciembre, cuyo significado solo puede entenderse en un ambiente de profunda amistad.

Aparte de esta fase en la que nos es posible conocer más profundamente el lugar que Dios ocupa en sus vidas, el tema religioso en la relación epistolar aparece como revelador de un trasfondo cultural y como inspirador de gestos en la vida de cada uno. Marcello supo muy pronto que Laureano era un católico perteneciente al Opus Dei y por lo tanto firmemente comprometido en vivir su fe con coherencia en la vida cotidiana, siempre respetando la libertad de acción personal en lo que la Iglesia llama «cuestiones temporales», donde cada uno defiende sus opciones y preferencias. En la década de 1960, este tema se convirtió en disputa pública en España, debido a la atención de los medios sobre qué tipo de libertad política tendrían los miembros del Opus Dei. ¿Estarían a favor o en contra del régimen político de ese momento? En este contexto aparece la carta del 16 de junio de 1969, en la que Laureano, como continuación de una conversación que tuvo con Marcello sobre este tema, mencionó claramente que cada miembro del Opus Dei es libre y responsable en su acción política, siendo capaz de ser ministro como él del régimen franquista o bien como defensor de una solución de gobierno opuesta a la vigente, como proponía Rafael Calvo Serer[28], que también pertenecía a la Obra.

Las cartas y su origen

La característica principal de estas cartas es que son de carácter privado. No han sido escritas para ser leídas por otras personas, ni ninguno de sus autores pensó nunca, seguramente, que podrían ser publicadas. ¿Cómo llegaron a la actualidad? ¿Dónde están los originales en papel? ¿En qué idioma fueron escritos? Para responder a estas preguntas, presentamos algunos datos concretos a continuación.

La totalidad del fondo que contiene esta correspondencia se encuentra depositado en dos archivos: el Archivo Nacional de la

---

28. Véanse: DÍAZ HERNÁNDEZ, O., *Rafael Calvo Serer y el grupo Arbor*, Valencia: Publicacions de la Universitat de València, 2008; DÍAZ HERNÁNDEZ, O., MEER LECHA-MARZO, F. de, *Rafael Calvo Serer: la búsqueda de la libertad (1954-1988)*, Madrid: Rialp, 2010.

Torre de Tombo[29] (en adelante ANTT), en Lisboa, y el Archivo General de la Universidad de Navarra (en adelante AGUN), en Pamplona.

Tras la muerte de Marcello Caetano, su hijo Miguel procedió a inventariar y organizar el archivo de su padre. La labor consumió mucho tiempo, le tomó años de trabajo. Gracias a su sentido de la historia, Marcello había guardado y cuidado miles de cartas y otros documentos recibidos a lo largo de su vida de innumerables personas y copias de lo que él mismo había enviado. Toda esta colección se encuentra depositada en Torre de Tombo. En concreto, las cartas recibidas y enviadas «de» y «a» López Rodó están contenidas en el apartado 34 del Archivo Marcello Caetano (AMC).

El AGUN es el depositario de todo el extenso fondo documental de Laureano López Rodó. A partir de 1990, Laureano publicó cuatro volúmenes de *Memorias* basadas en sus cartas y numerosos documentos que conservó a lo largo de su vida. Él mismo ordenó y clasificó todo este material, y donó en vida más de 600 cajas con todo este material a la Universidad de Navarra.

La colección de cartas intercambiadas con Marcello está incluso más completa en este archivo que en el portugués, pues Laureano le pidió a Miguel Caetano una fotocopia de las cartas que había enviado a su padre, razón por la que en Navarra están depositadas más cartas enviadas y recibidas que en el archivo de Lisboa. La correspondencia con Marcello Caetano se encuentra en las cajas 425 y 576 del Fondo López Rodó en ese archivo.

Hemos decidido publicar íntegramente en este libro la totalidad de la correspondencia entre ambos. No se ha hecho ninguna selección, ni elección predefinida. Hay una búsqueda de imparcialidad a lo largo de este proyecto para que se conozca realmente

---

29. En portugués, «Arquivo Nacional da Torre do Tombo».

se escribieron entre ellos. Por esta razón, aquí se transcribe la totalidad de la documentación que se envían y que se ha encontrado.

La mayor parte de la documentación se compone de cartas, pero también constan telegramas, postales enviadas desde diferentes lugares, tarjetas de felicitaciones por Navidad y alguna por Semana Santa y, por último, dedicatorias en dos libros. La primera carta es de 1944, año en que se conocieron, y la última es de 1980, año en que murió Marcello Caetano.

Es importante señalar que hay algunos años en los que no constan documentos: por ejemplo, los años 1951, 1964, 1966 y 1976. No hemos podido saber con certeza por qué no se mantuvo correspondencia en estas fechas. Tal vez se escribieron menos o enviaron sus cartas junto con un libro o una revista, como hacían a menudo, y estas cartas se pudieron olvidar dentro de esos libros o revistas... Otro motivo de la desaparición de estos documentos puede haber sido durante el asalto a la casa de Marcello Caetano ocurrido después del 25 de abril de 1974, en el que su biblioteca y oficina fueron vandalizadas, dejando tirados por el suelo innumerables papeles, cartas y documentos que estaban archivados en carpetas y cajones. De hecho, se aprecia la ausencia de algunas cartas, ya que aparecen referenciadas en otras en donde se hace alusión a esas. En general, los documentos que solo están mencionados, pero de los que no queda soporte físico, son casi siempre de Laureano a Marcello: por alguna de las razones mencionadas, no se conservan en ningún archivo.

Marcello Caetano escribió todas sus cartas en portugués. Cerca de la mitad son manuscritos originales, el resto fueron mecanografiadas; en estos casos, casi siempre se conservan los borradores escritos del puño y letra de Marcello. Vale la pena enfatizar dos aspectos: primero, dichos borradores siempre están en hojas antes usadas, para ahorrar papel. En segundo lugar, en las hojas mecanografiadas que envió a Laureano, Marcello siempre agregaba la firma y una fórmula de despedida cortés escritas a mano. El estilo de las cartas de Marcello es siempre en un portugués directo, utilizando palabras comunes para facilitar la lectura de su amigo español. Llega incluso a utilizar alguna forma gramatical que no es la más correcta pero sí más comprensible para un lector español.

Por su parte, Laureano López Rodó escribió sus cartas siempre en español, también en un lenguaje sencillo y accesible. Más de la mitad de sus cartas están escritas a mano y solo a partir del momento en que asume funciones gubernamentales aparecen las cartas mecanografiadas.

Todas las cartas más personales del período de exilio en Brasil entre uno y otro están manuscritas, excepto la del 24 de junio de 1977, enviada por Laureano desde Madrid.

Es necesario reiterar que el tono general de las misivas es de gran cortesía en el trato mutuo, cuidando el respeto y no dejando pasar ninguna ocasión para enfatizarlo cuando se trata de felicitar o lamentar algún acontecimiento o situación importante en la vida de ambos.

El formalismo de refinada cortesía es más cuidado en los saludos iniciales y en las despedidas. Al principio, Laureano utiliza la habitual fórmula española de «Querido amigo» (paralela al inglés «Dear friend»), por lo que Marcello comenzará, poco a poco, a dirigirse también a él como «Querido amigo», algo poco común en Portugal (dónde se suele utilizar, por ejemplo, «Caro amigo»).

Respecto a las despedidas finales, el uso de fórmulas preestablecidas a veces hace muy difícil traducirlas en su verdadero significado. Por ejemplo, Laureano terminará algunas cartas con la expresión «q.e.s.m.», abreviatura en castellano de «que estrecha su mano» (aunque en portugués quizá no se diría entonces «que aperta a tua mão»). En cuanto a las fórmulas utilizadas por Marcello en el original, como «muito atento e grato» («muy atento y agradecido»), son difíciles de traducir a su contexto real.

Si hacemos un inventario cuantitativo de la correspondencia conservada, sin contar las cartas referenciadas pero cuya localización no ha sido posible, se consignan los siguientes datos:

- Total de cartas de Marcello Caetano: 114
- Total de cartas de Laureano López Rodó: 106
- Telegramas de Marcello Caetano: 7
- Telegramas de Laureano López Rodó: 5
- Postales de Marcello Caetano: 3
- Postales de Laureano López Rodó: 1

En el caso de los telegramas, existe un mayor número de ellos en el AGUN, pero como nos resultó imposible de determinar la fecha de estos, no los hemos contabilizado ni publicado aquí. En el caso de las postales, hay varias que se referencian pero cuya existencia no llegó a la actualidad, por lo que tampoco se han contabilizado. Las tarjetas de felicitación se mencionan a menudo pero no se han conservado: en algunos casos solo aparece el sobre o, por ejemplo, la tarjeta oficial con una fotografía del Palacio de San Benito, sede del jefe de gobierno portugués, por lo que tampoco fueron tenidos en cuenta en este inventario.

Finalmente, merece la pena señalar que no todas las cartas tienen la misma extensión; de hecho, son muy variadas.

Al leer cada una de ellas en el contexto de la totalidad de la correspondencia, es posible comprender mejor la personalidad de sus autores, así como el marco económico, cultural, social y político en el que se movieron. Constituyen, por tanto, «fuentes históricas» y un punto de partida para futuras investigaciones. Pero, al mismo tiempo, al ser cartas privadas, revelan la *petite histoire* y la materia de la que están hechos los seres humanos. En este caso específico, las cartas demuestran cómo es posible construir una verdadera amistad a lo largo de la vida. De ahí que este libro pueda leerse en un doble sentido: una amistad para la historia, pero también… la historia de una amistad.

Correspondencia

Facultad de Derecho

Madrid, 21 de abril de 1944

Excmo. Sr. Marcelo Caetano
Lisboa

Mi querido y respetado profesor:

Quiero, ante todo, en este primer saludo a mi regreso de Portugal significarle el profundo agradecimiento que guardo a todas aquellas personas que tanta amabilidad derrocharon con ocasión de nuestra visita, singularmente a Ud., pues tengo de su gentileza numerosas y finas pruebas. Guardo un recuerdo imborrable de cuantas impresiones recibí en su país, todas a cual más grata.

Conforme Ud. me dijo, he entregado esta mañana en la Embajada Portuguesa un paquete con los dos volúmenes del *Derecho Administrativo* del profesor García Oviedo de Sevilla para que se lo envíen por valija. Espero que lo recibirá Ud. en breve. También he dado orden de que le remitan un ejemplar de la Revista *Arbor* del Consejo Superior de Investigaciones Científicas de la que ya le hablé, recomendándole la lectura del artículo titulado «Síntesis», donde se refleja el pensamiento filosófico español del momento presente.

Esperando tener el honor de saludarle en breve en Madrid y reiterándole una vez más mi ofrecimiento incondicional, junto con el testimonio de mi consideración más distinguida, quedo de Ud. afmo. s. s.[30]

L. López Rodó

---

30. Abreviaturas de «afectísimo» y «seguro servidor».

Mocedad Portuguesa[31]
Gabinete del Comisario Regional

17 de mayo de 1944

Mi estimado Rodó:

He recibido su apreciadísima carta y los volúmenes de *Derecho Administrativo* de Oviedo que mucho le agradezco[32].

Tuve un gran placer en conocerle, pues si no yerro, mi estimado amigo, está Ud. destinado a ser un gran nombre en el medio jurídico español. Mantendré por todos los motivos –y no es el menor la simpatía personal– las relaciones iniciadas en Lisboa, con la mayor satisfacción.

No recibí todavía *Arbor*, ni tampoco los números 12 y 13 de la *Revista de Estudios de la Vida Local*, que espero con impaciencia.

De D. Eloy[33] recibí un telegrama pidiéndome un artículo con urgencia: pero mi vida en este final de año ha sido tan complicada que me falta totalmente el tiempo para escribirlo. Enviaré el artículo tan pronto como pueda.

El libro de Oviedo no es malo, pero está aún muy preso a la orientación descriptiva del Derecho Administrativo y a la confusión con la Administración Pública.

---

31. La «Organização Nacional Mocidade Portuguesa» o «Mocidade Portuguesa» fue creada en 1936 como organización juvenil del Estado Nuevo. Para facilitar la lectura, se han traducido los nombres de instituciones que figuran impresos en el papel de carta y también los que aparecen en el texto epistolar, registrando en nota, en su primera aparición, el nombre original.

32. Marcello Caetano se refiere probablemente a las *Instituciones de Derecho Administrativo*, obra publicada en 2 volúmenes por Carlos García Oviedo (1884-1955).

33. Eloy Montero Gutiérrez (1887-1972).

Mucho me gustaría saber su opinión sobre el método de mi *Tratado*[34].

Infelizmente no podré ir a España antes de octubre o noviembre, y entonces espero que nos encontremos de nuevo.

Acepte, mi estimado amigo, la expresión de la mucha simpatía y el aprecio de su

Marcello Caetano

---

34. Se refiere a: CAETANO, M., *Tratado elementar de direito administrativo*, Coimbra: Coimbra Editora, 1943.

Universidad Central
Seminario General Derecho

Madrid, 27 de mayo de 1944

Excmo. Sr. Marcelo Caetano
Lisboa

Mi querido y respetado amigo:

Con algún retraso por parte del correo, recibí su apreciadísima carta fechada el día 17. No sabe Ud. cuánto le agradezco su deseo de Ud. de mantener por correspondencia las relaciones personalmente iniciadas en Lisboa y que resultan para mí un grande e inmerecido honor. Deseo poder prestarle cualquier servicio que Ud. me mande, para lo cual me ofrezco nuevamente.

Supongo que ya habrá recibido Ud. la Revista *Arbor* porque tengo noticia de haber llegado a Coímbra las que salieron juntamente con la de Ud. En cuanto a la de *Estudios de la Vida Local* van a serle remitidos enseguida los números 12, 13 y 14.

En el próximo número de la *Revista de la Facultad de Derecho de Madrid*, dedicado a Portugal, en el que colaboran algunos de sus colegas de Ud., se publicará una nota mía con el título «La obra del profesor Marcelo Caetano», de cuyo original, que está en la imprenta, le envío a Ud. una copia. En ella verá Ud. mi opinión sobre su magnífico *Tratado* que ya le anticipo es excelente. Es tanta la importancia que le concedo que sería mi deseo tener autorización de Ud. para traducirlo al español. Espero que pueda Ud. indicarme las condiciones bajo las cuales podría hacer la traducción. Yo por mi parte creo que lo realizaría en un plazo relativamente breve aunque no puedo comprometerme a fecha fija porque todo depende de la proximidad de mis oposiciones, cuya preparación absorbe la mayor parte de mi tiempo.

Aparte del *Tratado*, y por sugerencia de D. Carlos Ruiz del Castillo, desearíamos traducir varias obras jurídicas portuguesas, entre ellas alguna de Ud. D. Carlos me encargó de preguntar las condiciones en que esto podría hacerse. Si Ud. no tiene inconveniente traduciríamos el estudio sobre Fr. Serafim de Freitas, el *Sistema Corporativo*, el *Municipio en la Reforma Administrativa* y algún otro. Para ello convendría tener aquí un ejemplar de las obras de Ud., que sólo tenemos del *Poder Disciplinario*, la *Codificación* y el *Municipio* y nos faltan las restantes.

Lamento el aplazamiento que ha sufrido de nuevo su viaje a España y deseo que por lo menos en otoño se realice.

Esperando sus noticias, le reitero el testimonio de mi consideración más distinguida

Su afmo. s. s.

L. López Rodó

«Mocedad Portuguesa»
Gabinete del Comisario Regional

1 de junio de 1944

Mi apreciado amigo:

Tengo presente su carta del 27 de mayo que mucho le agradezco. Ya he recibido *Arbor*[35], que me dio un profundo placer leer. Me parece excelente el principio de publicar una revista donde se reúnan y fusionen las contribuciones de las diversas ramas del saber humano, templando la tendencia de excesiva especialización y procurando la *reductio ad unum*. Y *Arbor* satisface plenamente por el carácter y altura de sus artículos. Destaco entre ellos el excelente estudio sobre Sert[36]. Mucho me gustaría continuar recibiéndola.

D. Eloy estará ofendido conmigo por no haberle mandado un original para la *Revista de la Facultad de Derecho de Madrid*: pero mi vida en este mes ha sido terrible y no he podido hacer nada mejor[37].

De buen grado le autorizo a mi estimado Laureano a que traduzca el *Tratado de Derecho Administrativo*. ¿Condiciones? Las que Ud. quiera. En buenas manos se encuentra el asunto y con plena confianza en ellas deposito mis intereses.

Voy a enviar las obras que desea para la Facultad de Madrid. Respecto a traducciones, el trabajo sobre Serafim de Freitas es una

35. Se refiere al primer número de *Arbor*, revista general de investigación y cultura publicada en enero-febrero de 1944 por el Consejo Superior de Investigaciones Científicas.

36. Se refiere al pintor Josep Maria Sert y al texto de José María Sánchez de Muniáin (1909-1981) publicado en *Arbor*: «Estudio de los valores estéticos de la pintura de Sert», *Arbor*, 1 (1944), 57-84.

37. El original se destinaría, probablemente, al número extra 13.º de la *Revista de la Facultad de Derecho de Madrid*, dedicado a Portugal. En este mismo número Laureano López Rodó publicó (pp. 167-181) un texto sobre «La obra del profesor Marcelo Caetano».

obra de juventud que no considero que merezca la pena[38]. De entre las cosas corporativas, el libro que más aprecio es un volumencito llamado *Problemas da Revolução Corporativa*[39]. En todo caso, si Ud. prefiere el *Sistema* de buen grado le autorizo[40].

Respecto al *Município*, tendría más interés la traducción de un texto refundido y ampliado expresamente, ya que el folleto contiene una conferencia de ocasión[41]. Estoy dispuesto a preparar ese texto especial de cara a la traducción española.

Para todas las traducciones que por ventura vengan a hacerse no pongo condiciones, aceptando las que mis amigos me establezcan.

A propósito de Serafim de Freitas: sé que en Valladolid fue publicada una traducción española de la obra *De justo imperio...* que nunca pude obtener[42]. ¿Será posible que D. Laureano me la adquiera? ¿Acaso las pesetas que me dijo que existían de la remuneración de mi artículo en *Estudios locales* podrían ser suficientes? Si no lo son, le pido que me diga de cuánto le quedo deudor.

Mis cordiales saludos a D. Eloy, a D. Carlos Ruiz del Castillo y a D. José Gascón y Marín[43]. Le pido que acepte los saludos afectuosos del amigo

Marcello Caetano

R. Fernão Lopes, 8 – 2.º esq. – LISBOA

38. Marcello Caetano se refiere a un ensayo que publicó con diecinueve años: *Um Grande Jurista Português: Fr. Serafim de Freitas* (Lisboa, 1925).

39. Lisboa: Acção, 1941.

40. CAETANO, M., *O sistema corporativo*, Lisboa: SPN, 1938.

41. CAETANO, M., *O Município na reforma administrativa portuguesa*, Lisboa: Empresa Universidade Editora, 1936. Tip. de «O Jornal do Comércio e das Colonias».

42. Se refiere a la obra de Fray Serafim de Freitas (1570-1633), *De Iusto Imperio Lusitanorum Asiatico* ('Sobre el justo imperio asiático de los portugueses'), contestación a la tesis del *Mare liberum* de Hugo Grocio.

43. Eloy Montero Gutiérrez (1887-1972), Carlos Ruiz del Castillo (1896-1984) y José Gascón y Marín (1875-1962).

«Mocedad Portuguesa»
Gabinete del Comisario Nacional

18 de junio de 1944

Mi apreciado amigo:

Muchas gracias por sus molestias con Serafim de Freitas. Debe haber sido un engaño mío, pensar que Valladolid hubiera traducido *De justo imperio*[44]. No se canse más.

He recibido los *Estudios de la Vida Local* y visto la noticia tan amable de D. José. Le pido que le presente mis agradecimientos. El breve estudio sobre *Municipalización* está muy bien traducido[45]. Mis saludos a D. Carlos.

He propuesto a la Facultad de Derecho de Lisboa que ofreciera a la de Madrid los libros de sus profesores. Ya he entregado allí los míos, que seguirán brevemente con los de los restantes colegas. De algunos libros agotados, envío ejemplares ya usados, pero ¡es lo que se puede conseguir!

Su noticia sobre mi obra jurídica me conmovió, por la amistad que en ella revela D. Laureano. ¡Le estoy muy agradecido! El resumen del *Tratado* está fiel, y tan solamente noto la confusión entre mi definición de *servicio administrativo* (género) y la de *servicio público* (especie). He distinguido esas dos categorías. La definición de servicio administrativo viene en la pág. 148; la de servicio público, en la pág. 149.

¿Necesita Ud. algunos ejemplares del *Tratado* a efectos de la traducción? Le enviaré los que quiera.

---

44. Efectivamente, la Universidad de Valladolid publicó *De Iusto Imperio Lusitanorum Asiatico*, con traducción de José Zurita y un prólogo de Fernández Prida (Valladolid: Imp. de la Casa Social Católica, 1925).

45. Caetano, M., «La municipalización de servicios en el Derecho Administrativo portugués», *Revista de Estudios de la Vida Local*, 14 (marzo-abril de 1944), 193-201.

No he recibido aún el n.º 2 de *Arbor*, pero seguramente está para llegar.

Envié al *Anuario de Historia del Derecho Español* un estudio que publiqué hace dos años sobre la antigua organización corporativa de la ciudad de Lisboa y que mucho me gustaría ver criticado en esa excelente publicación[46]. Le pido que se informe sobre si ya ha sido recibido.

¿Y sus trabajos de oposición?

Disponga siempre de su muy afecto y agradecido

Marcello Caetano

---

46. Marcello Caetano se refiere a su trabajo titulado *A antiga organização dos mesteres da cidade de Lisboa* (Lisboa: Imprensa Nacional, 1942).

«Mocedad Portuguesa»
Gabinete del Comisario Nacional

                                                    11 de julio de 1944

Mi estimado amigo:

He recibido sus últimas cartas, a las que no he respondido aún debido al servicio de exámenes.

Las peticiones de «becas» han seguido ya y no olvidaré su interés por la representación portuguesa, un buen servicio prestado a Portugal.

Mucho me alegró la noticia de su próxima venida a Portugal. El día 15 de julio, con todo, mi familia va para S. Martinho do Porto, una playa cerca de Alcobaça, por lo que sólo de vez en cuando estaré en Lisboa.

Ojalá me encuentre aquí cuando Ud. pase por acá. Pero no me dispenso de verle en S. Martinho do Porto, donde espero su visita.

Como entonces conversaremos, no alargo esta carta.

Afectuosos saludos del amigo

        Marcello Caetano

P.S. Pedí de inmediato a la Policía las facilidades en el visado.

Facultad de Derecho

Madrid, 13 de julio de 1944

Excmo. Sr. Dr. Marcelo Caetano
Lisboa

Mi querido y respetado profesor:

A mi regreso de Barcelona, donde estuve la semana pasada, me encontré con el pliego de instancias que Ud. me mandó, solicitando las becas de La Rábida. Inmediatamente les di curso y tengo la seguridad de que serán favorablemente resueltas. Celebro que haya encontrado acogida entre los estudiantes de Lisboa la invitación de trasladarse a España para asistir a los cursillos de verano en la Escuela de Estudios Hispano Americanos. Es un nuevo acto de estrechamiento de relaciones culturales entre nuestros dos países. Agradezco a Ud. cuanto interés se ha tomado para la selección de los muchachos.

Por fin, después de varias gestiones directas del Ministerio de Educación Nacional cerca del Consulado Portugués, se logró evitar el trámite del informe de Lisboa y tenemos ya visado el pasaporte. El próximo sábado salimos en el Lusitania Exprés. Espero tener el gusto de saludarle a Ud. nuevamente a mi paso por Lisboa.

Reciba una vez más el testimonio de mi consideración más distinguida

L. López Rodó

«Mocedad Portuguesa»
Gabinete del Comisario Nacional
S. MARTINHO DO PORTO

29 de julio de 1944

Apreciado amigo:

Regresando hoy de Lisboa encontré con mucho placer su carta y me alegro de saberlo ya trabajando en la Universidad de Coímbra[47]. Tengo un gran deseo de verle. Pero sólo después del 15 de agosto tendré aquí estabilidad. El día 6 voy para el Campamento Nacional de la Mocedad Portuguesa, por lo que sólo podré recibirlo en S. Martinho antes del día 5 o después del día 16.

Siga enviándome sus noticias. Galvão Teles[48] ya me había dicho que almorzará con usted en Lisboa.

Afectuosos recuerdos,

Marcello Caetano

---

47. Ese mismo año publica Laureano López Rodó, en el *Boletim da Faculdade de Direito da Universidade de Coimbra*, 20 (1944), 183-239, el estudio «Intervencionismo administrativo en materia de subsistencias».
48. Se refiere al jurista Inocêncio Galvão Teles (1917-2020).

«Mocedad Portuguesa»
Gabinete del Comisario Nacional

17 de agosto de 1944

Mi apreciado amigo:

Acá le espero el día 20. Le pido que me avise de la hora de llegada con la finalidad de esperarle.
Afectuosos saludos,

Marcello Caetano

Ministerio de las Colonias[49]
Gabinete del Ministro
Particular

27 de septiembre de 1944

Mi apreciado amigo:

¡Imposible ir a España!
Le pido que lo transmita a D. Carlos. Espero verlo a su paso por Lisboa para poder abrazarlo.
Disponga siempre del amigo, muchas gracias

Marcello Caetano

---

49. Marcello Caetano fue «Ministro das Colónias» de 1944 a 1947.

Ministerio de las Colonias
Gabinete del Ministro
Particular

28 de diciembre de 1944

Mi apreciado amigo:

Tengo presentes, para responderle, sus cartas del 3 y 21 del corriente que mucho le agradezco.

Hago votos por fiestas felices y un año nuevo lleno de prosperidades para Ud., para su familia y para su Patria.

Hasta ahora no he recibido aún los libros anunciados, por lo que le pido pregunte en la Embajada qué hay.

Respecto a las 500 pesetas, mucho le agradecería que recibiera y comprara libros. Me interesan especialmente las ediciones del Instituto de Estudios Políticos: de Javier Conde (formas políticas), Álvarez-Gendín (servicio público), Unzueta (Guinea española), Cordero Torres (Derecho colonial español)[50]. Además, otros volúmenes de carácter histórico, político o jurídico que Ud. juzgue interesantes.

Aguardo con interés el resultado de sus oposiciones, aunque tengo una gran confianza en el triunfo de sus méritos.

¿Cuándo vuelve a Portugal?

Le pido [dar] muchos saludos a D. Eloy, a D. José y a D. Carlos, y créame amigo muy atento

Marcello Caetano

---

50. CONDE, F. J., *Teoría y sistema de las formas políticas*, Madrid: Instituto de Estudios Políticos, 1944; ÁLVAREZ-GENDÍN, S., *El servicio público: su teoría jurídico-administrativa*, Madrid: Instituto de Estudios Políticos, 1944; UNZUETA, A. de, *Guinea continental española*, Madrid: Instituto de Estudios Políticos, 1944; CORDERO TORRES, J.-M., *Tratado elemental de derecho colonial español*, Madrid: Editora Nacional, 1941.

Ministerio de las Colonias
Gabinete del Ministro
Particular

18 de enero de 1945

Mi estimado Laureano:

Ya he recibido los volúmenes que Ud. me envió en diciembre por la Embajada. He apreciado mucho el estudio de D. Carlos Ruiz del Castillo al que pido transmita mis agradecimientos, y he releído con placer su reseña sobre el libro de Abbott. Aún no pude leer el libro de Royo-Villanova[51]. Hago votos de que los trabajos de sus oposiciones marchen bien. Nosotros vamos trabajando con fe en Dios y en los destinos de Portugal.

Un abrazo muy afectuoso,

Marcello Caetano

---

51. Se refiere probablemente al libro: ROYO-VILLANOVA, S., *Problemas del régimen jurídico municipal*, Madrid: Instituto de Estudios de Administración Local, 1944.

Ministerio de las Colonias
Gabinete del Ministro
Particular

Lisboa, 21 de febrero de 1945

Mi estimado Rodó:

Júlio Caiola me trajo los libros que Ud. tuvo la bondad de comprarme –y más aquella *dulce literatura* destinada a mi mujer[52], ¡y por
ella tan apreciada y agradecida!–.

Bien haya por todos los obsequios, y le pido que agradezca a D.
Carlos el envío de las conferencias sobre el centenario de los administrativistas.

Hace ya bastante tiempo que había enviado los libros coloniales al Instituto Hispano-Americano y espero sean ahora recibidos y
apreciados.

Le ruego me informe de sus oposiciones. Su carta en la que daba
noticia de la jubilación de D. José llegó ya después del día 14, por lo
que no he podido telegrafiarle mis saludos.

Respecto a libros, si aún tiene pesetas, le pido que vaya com-
prando: Historia y Derecho. Poseo los vols. II y III de la *Historia de
España* de Menéndez Pidal: ¿habrá salido ya algún volumen más?
También me interesan los estudios de Historia del Derecho. ¿Habrá
ahí los más recientes de C. S. Albornoz?

Disponga de su amigo, muy atento y agradecido,

Marcello Caetano

52. Teresa Teixeira de Queirós de Barros (1906-1971) se casó con Marcello Caetano el 27 de octubre de 1930.

Madrid, 10 de abril de 1945

Excmo. Sr. Prof. Dr. Marcelo Caetano
Lisboa

Mi distinguido amigo:

Aprovechando el viaje a Portugal del Prof. D. Amadeo de Fuenmayor, catedrático de Derecho Civil de la Universidad de Santiago,
que pronunciará en Coímbra una conferencia, le envío un cordial
saludo, junto con algún libro de reciente publicación.

El profesor Fuenmayor es un antiguo e íntimo amigo que ha
oído hablar mucho de Ud. y tendrá mucho gusto en poderle conocer
personalmente.

Sigo en la espera de la celebración de mis oposiciones que parece
van a celebrarse por fin en el mes de Junio.

Le ruego me ponga Ud. a los pies de su señora y reciba el testimonio de mi consideración más distinguida.

Su afmo. s. s.

L. López Rodó

Ministerio de las Colonias
Gabinete del Ministro
Particular

Lisboa, 16 de abril de 1945

Mi estimado amigo:

He recibido su carta del 21 de marzo y los libros que en ella me anunciaba. Ahora tuve el placer de la visita del simpático Fuenmayor que me entregó dos volúmenes más. Por todo, muchas gracias. Me temo, con todo, que las 500 pesetas ya se hayan agotado: le pido que me advierta cuando así sea. De hecho me interesa la *Historia* de García-Gallo[53].

Lamento que Ud. esté tanto tiempo ocupado en la expectativa de sus oposiciones. Tendrá con todo más tiempo para completar y pulir su tesis que seguramente será una obra de entidad.

Me gustó mucho conocer a Fuenmayor, inteligente, culto y vivo, magnífico representante de la joven generación universitaria de España[54].

Con tanto trabajo que tengo hoy sobre mí, apenas puedo ir acompañando las cosas jurídicas hacia las que me tira el corazón. Hago lo posible para no desactualizarme y sigo con vivo interés el movimiento cultural, tan intenso, de su país. A propósito, temo dejar de recibir *Arbor*, una vez que es enviada a la Facultad: ¿no podría Ud. pedir que me la enviaran a mi residencia?

Mi mujer le agradece todas sus gentilezas, que tantas han sido. Le pido me recomiende a D. Eloy, D. José Gascón y D. Carlos, y me crea, su amigo muy agradecido

Marcello Caetano

---

53. Se refiere a la *Historia del derecho español*, de Alfonso García-Gallo.
54. Se refiere a Amadeo de Fuenmayor Champín (1915-2005).

Universidad de Santiago
Facultad de Derecho
Profesorado

Santiago, 21 de noviembre de 1945

Excmo. Sr. Prof. Marcelo Caetano
Lisboa

Mi distinguido amigo:

Al tener noticia por los periódicos de su regreso a la metrópoli me apresuro a escribirle a Ud. para reanudar el contacto epistolar que veníamos manteniendo.

He seguido con gran interés el curso de su transcendental viaje y he leído con satisfacción los discursos pronunciados por Ud. en las principales ciudades visitadas, que han tenido repercusión mundial. Reciba por todo ello mi más cordial enhorabuena.

También despertó en España gran interés el desarrollo de la campaña electoral portuguesa y se ha celebrado el triunfo de las listas gubernamentales, que viene a consolidar la actual situación y a eliminar el motivo de inquietud que para vosotros hubiera significado un triunfo izquierdista.

Desde principios de curso me encuentro en Santiago regentando la cátedra de Derecho Administrativo que obtuve en las oposiciones celebradas en el pasado mes de junio. Estoy muy contento de haber podido elegir la cátedra de Santiago porque esta Universidad es de las más importantes después de Madrid y Barcelona y concretamente su Facultad de Derecho está en tercer lugar por el número de alumnos.

Cada día estoy más convencido de mi vocación universitaria, puesto que las mejores satisfacciones las encuentro en el desempeño de la cátedra.

Una vez cancelado el período de oposiciones la primera labor que he emprendido es la de traducir su *Tratado*, traducción que deseaba realizar hace tanto tiempo. Por fin he podido dedicarme a ello y pienso que el mes que viene podrá quedar terminado. Si encuentro una oportunidad me trasladaré a Lisboa para cambiar impresiones con Ud. sobre algunos detalles de la traducción, notas, etc. Si no fuera pedir demasiado, me atrevería a solicitarle un prólogo especial para la edición española. Aquí se echa de menos una obra clara y sistemática de Derecho Administrativo como la de Ud. Mi programa, que le envío, se ajusta más a la sistemática de Ud. que a la de los libros españoles.

Con recuerdos para su esposa y para sus hijos, le saluda atentamente

Su afmo. s. s.

L. López Rodó

Ministerio de las Colonias
Gabinete del Ministro
Particular

Lisboa, 25 de noviembre de 1945

Mi apreciado amigo:

Fue con gran alegría que supe de tan esperado triunfo en el concurso para catedrático y de su colocación en Santiago.

Le felicito muy vivamente, augurándole en el desempeño de las funciones docentes, a las que tanto honrará, las mayores prosperidades y venturas.

Le agradezco mucho sus palabras de bienvenida. Mi viaje fue lento y trabajoso, no obstante creo haber prestado en él algunos servicios a Portugal y a su Imperio.

Vine a encontrar aquí la agitación electoral al máximo, pero el país se manifestó a favor de Salazar y aunque la oposición haya revelado combatividad estoy seguro de que el Estado Nuevo proseguirá.

He sabido con satisfacción que está Ud. trabajando en la traducción de mi *Tratado* (que aquí se encuentra ya agotado) y será con el mayor placer que le veré en Lisboa cuando pueda venir hasta aquí. También aprecié muchísimo su excelente programa de curso.

He recibido por medio de Júlio Caiola los libros que tuvo la bondad de remitirme.

Esperando tener noticias suyas y renovando los votos de felicidad en su nueva carrera (a la que tanto desearía regresar), le pido que acepte los saludos de mi mujer y los del amigo muy atento

Marcello Caetano

Universidad de Santiago
Facultad de Derecho
Profesorado

Redondela de Galicia
1 de junio de 1946

Mi querido y respetado amigo:

Aprovecho una parada del tren que me conduce a Santiago de vuelta de Tuy para enviarle mi más cordial saludo y contarle el desenlace de nuestra aventura de ayer, que no pudo ser más feliz.

Al tener noticia el Sr. Obispo[55] por el chofer de lo ocurrido me obligó bajo pena de excomunión a que me hospedara en su palacio. Cené con él y comentamos ampliamente las incidencias del viaje. Lamentó que su chofer hubiera llegado tarde a traernos la gasolina, cuando ya la habíamos adquirido del surtidor. Además ha tenido la amabilidad de enviar a su coche en busca de mi sombrero que está ya nuevamente en mi poder. Todo ha terminado pues muy bien, como en las novelas.

Celebraré que también el final de su viaje haya sido bueno, sin nuevas incidencias. Sólo lamento que saliera Ud. de España sin cenar. Fue una debilidad mía imperdonable.

Le saluda afectuosamente su buen amigo

s. s.

L. López Rodó

---

55. Monseñor José López Ortiz (1898-1992), catedrático de Historia del Derecho de las Universidades de Santiago de Compostela y Central de Madrid, fue obispo de Tuy de 1944 a 1959 y de Tuy-Vigo de 1959 a 1969.

Ministerio de las Colonias
Gabinete del Ministro
Particular

Lisboa, 3 de junio de 1946

Estimado Rodó:

Llegué a Lisboa sin más novedad, un tanto cansado y con los ojos llenos de Santiago –¡y el corazón desbordando gratitud!–. ¡Espero que Ud. haya encontrado el sombrero y que D. Luis haya reparado el paraguas y que a Fuenmayor no le haya pasado nada! ¡Y acá le espero en Lisboa con ánimo ansioso y un crédito de 100 pesetas, al cambio del día!

He traído recuerdos muy agradables del día pasado ahí, incluida la aventura vial[56] y todo: por la noche he soñado que Ud. era acogido por el Apóstol en el pórtico de la Gloria para conducirle a altos destinos: *sic itur ad astra!*[57].

Afectuosos saludos a D. Luis y a Fuenmayor y un abrazo afectuoso y reconocido del amigo muy agradecido

Marcello Caetano

56. *Vid.* nota 5.
57. *Vid.* nota 6.

Ministerio de las Colonias
Gabinete del Ministro
Particular

Lisboa, 23 de octubre de 1946

Mi querido amigo:

¡Su carta del 20 del corriente me llenó de alborozo! Más de una vez había pensado escribirle, pero la incerteza sobre si estaría Ud. en Cataluña o en Santiago me inhibió de hacerlo. Quería saber de Ud., y mostrarle que no se le olvida a orillas del Tajo y del Atlántico…

Asimismo, ¡las noticias que me da me han dejado perplejo! ¡No me imaginaba que la traducción del *Tratado* y la edición respectiva estuvieran tan adelantadas! Sigue adjunto el prefacio, que espero vaya aún a tiempo. Me pareció que lo mejor sería explicar en él los objetivos y métodos que proseguí y usé en la escritura del *Tratado*. Si aún llega a tiempo, muy bien, si no, paciencia.

Respecto a los derechos de autor creo preferible, por ahora, mantenerlos ahí en depósito. En primer lugar sacará Ud. el importe de mi deuda que creo andar por 200 pesetas pero cuyo importe exacto Ud. no quiso decirme por ocasión de mi visita a Santiago. Detesto tener deudas, porque pienso constantemente en ellas, y es el caso de esta. Después veremos si podré, con mi mujer, dar un paseo hasta Galicia y será el momento de aprovechar las pesetas.

¿Cuándo aparece Ud. por aquí?

Voy a insistir con el Ministerio de Exteriores para que se cree un consulado en Santiago: pero los diplomáticos van despacio y las formalidades son múltiples.

Quedo esperando nuevas noticias suyas y le pido me crea, amigo muy atento y agradecido

Marcello Caetano

Universidad de Santiago
Facultad de Derecho
Profesorado

Santiago, 27 de octubre de 1946

Mi querido amigo:

Ayer recibí su carta con el prólogo, que mucho le agradezco. Mañana lo enviaré traducido a la imprenta. Me han dicho que desde luego llega a tiempo.

Espero que dentro de quince días podré enviarle la obra y que será de su agrado.

He transmitido a la Editorial su deseo sobre los derechos de autor y le reservan el dinero en depósito. Me alegro de que sea ocasión para poderles ver por aquí de viaje. ¡Por fin su mujer conocerá aunque sólo sea un rincón de España! Espero que esta vez no surgirán dificultades y tendremos el gusto de saludarles.

En cuanto a su deuda, estoy preparando las cuentas del Gran Capitán[58].

Con recuerdos a su mujer e hijos, le saluda muy afectuosamente su buen amigo

L. López Rodó

---

58. Referencia a Gonzalo Fernández de Córdoba (1453-1515), el «Gran Capitán», y a la contestación que este habría dado al rey Fernando el Católico cuando fue preguntado por los grandes gastos en la campaña de Nápoles (1506).

Ministerio de las Colonias
Gabinete del Ministro
Particular

Lisboa, 28 de noviembre de 1946

Mi querido amigo:

Estoy aguardando con impaciencia la noticia de la aparición de la traducción del *Tratado*. Fue Ud. quien creó en mí este estado de espíritu, al anunciarme para pronto la publicación.

Cuando me habló de la transferencia de los derechos de autor, quise ahorrarle las molestias del pedido de autorización que sé es difícil de conceder. Hace días, con todo, unos amigos de Madrid han insistido conmigo para que les dejara hacerse cargo del asunto, prometiéndome que conseguirían sin costo obtener la transferencia de las pesetas para Portugal: les pedí que, en ese caso, se pusieran en contacto con Ud., y que Ud. les podría dar todas las aclaraciones necesarias.

Aquí tiene cómo las cosas han pasado, sin que hubiera un pedido de mi parte a otras personas: simple narrativa, en una conversación, de la próxima publicación de la traducción española del *Tratado* y la pregunta de parte de ellos de si ya me habían pagado aquí los derechos de autor. Lo demás siguió por su propio pie...

¿Cuándo pasa por Lisboa? Me gustaría mucho verle aquí de nuevo.

He tenido muchísimo trabajo de todas las especies. Me gustaría conversar aquí con usted.

Afectuosos saludos a todos nuestros amigos de Santiago, especialmente a Legaz y Fuenmayor[59]. Y créame, amigo muy atento y agradecido

Marcello Caetano

59. Además del ya antes mencionado Amadeo de Fuenmayor, se refiere a Luis Legaz y Lacambra (1906-1980).

Universidad de Santiago
Facultad de Derecho
Profesorado

Santiago, 4 de diciembre de 1946

Mi querido y distinguido amigo:

Acabo de recibir su carta del 28 de noviembre. Comparto su mismo estado de ánimo ante las sucesivas dilaciones que sufre la aparición del *Tratado*, cuyas pruebas se hallan ya totalmente corregidas, incluso las del prólogo que tuvo Ud. la amabilidad de enviarme.

Resulta muy molesto en estos tiempos tratar con editores e imprenta porque se escudan siempre en razones de fuerza mayor: irregularidades en el suministro de papel, cortes de energía eléctrica, etc.

El contratiempo mayor que ha retrasado la aparición del libro ha sido la falta de papel. Tuve que hacer personalmente unas gestiones en Barcelona para conseguirlo. Pero así y todo no ha habido más remedio que fragmentar los quinientos primeros ejemplares de la obra en tres fascículos, uno de los cuales aparecerá inmediatamente y los otros en enero y en marzo. Ha sido el único modo de evitar que se retrasara la publicación y que se perdiera la venta de este curso. Los mil quinientos ejemplares restantes se publicarán en marzo y contendrán el volumen completo.

En cuanto al primer fascículo, que comprende toda la introducción, no creo que tarde más de ocho días en salir a la venta, si he de fiarme de las formales promesas del editor. Espero que esta vez se cumplirán y que no tardaré en tener el gusto de enviarle los primeros ejemplares.

Acerca del envío de los derechos de autor a Portugal no he tenido más noticias que las de Ud., pues sus amigos de Madrid aún no se han puesto en contacto conmigo. Con mucho gusto daré orden el editor para que les entregue las primeras cinco mil pesetas y deseo que, sin embargo, no desista Ud. de su proyectado viaje a Galicia con su familia.

De momento no tengo en perspectiva ningún viaje inmediato a Lisboa. Este curso estoy sobrecargado de trabajo en la Universidad porque, debido al nuevo plan de enseñanzas, la asignatura de Derecho Administrativo se ha desdoblado. Y además explico un cursillo monográfico a los alumnos del Doctorado. Sin embargo, las ganas no faltan y aprovecharé la primera oportunidad para llegarme a la «Capital de Galicia».

Fuenmayor está estos días en Valencia, con motivo del fallecimiento de su padre. Espero que regrese esta misma semana.

D. Luis Legaz corresponde a sus saludos a los que uno los mis más afectuosos, extensivos a su mujer y a los niños.

Su afmo. amigo y s. s.

L. López Rodó

Universidad de Santiago
Facultad de Derecho
Profesorado

Santiago, 18 de diciembre de 1946

Mi querido amigo:

Por fin han llegado hoy a mi poder los primeros ejemplares de la edición española de su *Tratado de Derecho Administrativo* y me apresuro a enviarle por correo urgente un volumen, rogándole me indique si los otros nueve que la Editorial le reserva quiere Ud. recibirlos también ahora, por fascículos en sucesivas entregas (enero y marzo) o bien esperar a que aparezca la obra completa.

Espero que la traducción sea de su agrado, así como las notas que le he añadido para acoplarla al Derecho español. No dudo que la obra será muy bien recibida por el público, que sabrá disculpar la publicación fraccionada en atención a las actuales circunstancias. Ya le tendré a Ud. al corriente de los comentarios y recensiones que aparezcan en las distintas revistas jurídicas.

No he tenido, hasta la fecha, noticia alguna de las gestiones de que Ud. me hablaba para conseguir la transferencia a Lisboa de los derechos de autor. Espero sus instrucciones.

Estando próximas las fiestas de Navidad le envío mi más cordial felicitación, deseando toda suerte de prosperidades para Ud., para su familia y para Portugal en el próximo año 1947.

En España, pese a la UNO[60], miramos con confianza al porvenir porque, como decían algunas pancartas de las grandiosas manifestaciones de protesta celebradas días pasados, recordando un viejo refrán castellano, «la UNO propone y Dios dispone».

---

60. UNO o ONU (United Nations Organization / Organización de las Naciones Unidas).

Lo más característico de estas reacciones populares fue el buen humor reinante. Los españoles hemos tomado a broma todo lo ocurrido. Fue todo una farsa, pero «una farsa en lo que se oía demasiado al apuntador» (copio de otra pancarta). Y nuestra protesta burlona era la única reacción seria y digna que cabrá. ¿Qué eco han tenido en el extranjero estas imponentes manifestaciones? Me temo que, en general, las grandes agencias informativas habrán tratado de silenciarlas o quitarles importancia. Estamos acostumbrados a esto.

Repitiéndole mi felicitación de Pascuas le envío un cordial saludo.

Su buen amigo,

L. López Rodó

Ministerio de las Colonias
Gabinete del Ministro
Particular

Lisboa, 6 de enero de 1947

Mi querido amigo:

Recibí su carta del 18 de diciembre anunciándome la remisión por correo urgente de un ejemplar del primer fascículo del *Tratado*: quedé a la espera, para acusar el recibo, hasta que ayer, 5 de enero, llegó ¡por fin! el fascículo.

La edición está muy bien y me satisface plenamente, y de mi primera lectura me pareció fiel y elegante la traducción que mi querido amigo tan inteligentemente hizo. Algunos puntos me han merecido un reparo, pero en general son insignificantes. He leído con atención sus notas. Sobre una u otra me gustaría un día intercambiar impresiones con usted. Así, por ejemplo, la nota 1 de la pág. 32: el hecho de que yo emplee la expresión *función judicial* en lugar de *jurisdiccional* no significa una preferencia por la terminología antigua, es consecuencia de que yo distinga las funciones desde un punto de vista *orgánico* o *formal* (función de los jueces) y no desde un punto de vista material (la función de jurisdicción). Pero dejemos esto. Tengo de agradecerle el magnífico prefacio (prólogo del traductor), muy claro y lúcido, aunque generosísimo para el autor. Le estoy muy agradecido por tanta amistad y por todo su interés.

Aguardo con impaciencia la llegada de los restantes fascículos y tan pronto como la obra esté completa promoveré que le sea concedida, a Ud., una condecoración portuguesa, por su labor en pro de la difusión de nuestra literatura jurídica en España.

Es mejor que Ud. me envíe los ejemplares restantes una vez completa la obra. Sería mi deseo recibir algunos más, que serán pagados mediante mis derechos de autor: unos 30 ó 40. Acordaremos después el envío por intermedio de la Embajada de Portugal en Madrid.

Creo que mis amigos madrileños no han descuidado el asunto de las transferencias.

Le deseo a Ud. y a toda su familia un nuevo año lleno de cristianas alegrías y prosperidades. No lo deseo menos a su Patria: sobre España se desencadenó una tempestad de insensatez y estulticia, soplada por el comunismo y la masonería internacionales, no para hacer la felicidad del pueblo español, pero para mayor grandeza del Zar de todas las Rusias… soviéticas. El hidalgo, caballeresco y generoso carácter español no se dejará seguramente conmover por las cómicas votaciones de la ONU –la más desacreditada asamblea internacional que jamás reunió en el orbe–. ¡En el mundo sopla un viento de insania! ¿Hasta cuándo?

¿Conseguirá la península detener esta ola más de infieles que amenaza a Europa?

Un abrazo muy afectuoso del amigo, muy agradecido

Marcello Caetano

P.S. Tengo aquí algunos libros que quiero ofrecerle: si tengo una manera práctica de enviarlos, ahí llegarán.

Universidad de Santiago
Facultad de Derecho
Profesorado

Santiago, 5 de febrero de 1947

Mi querido y distinguido amigo:

Hace ya días que deseaba contestar su carta del 6 de enero pero un viaje a Madrid y las muchas ocupaciones me han impedido hacerlo hasta hoy. No sé cómo agradecerle todas sus amabilidades. La traducción de su excelente *Tratado* la consideré siempre un deber, pues no es lícito que el público español desconozca una obra de esta naturaleza.

Está actualmente en curso la impresión del segundo fascículo, después de recibirse el cupo de papel. Espero que, a no tardar, tendré el gusto de remitírselo.

Hasta ahora no he recibido noticias de las gestiones relativas a la transferencia de sus derechos de autor.

Ayer supe por los periódicos la reorganización del gobierno portugués y su designación para la Presidencia de la Comisión Ejecutiva de la Unión Nacional. Le felicito por el nuevo nombramiento, deseándole los mejores éxitos en tal elevado cargo. Y celebraré que, habiendo sido liberado de las tareas ministeriales, pueda reintegrarse a la cátedra y seguir trabajando en nuestro Derecho Administrativo que tanto debe y tanto espera de Ud.

Con afectuosos recuerdos a su familia, le envía un cordial saludo su afmo. s. s. y amigo

L. López Rodó

Lisboa, 24 de febrero de 1947

Mi estimado Rodó:

Muchas gracias por su carta. El Dr. Salazar[61] me confió el lugar por ventura más difícil del Estado Nuevo, y yo, disciplinadamente, cumplí. ¡Dios me asista!

Espero con ansiedad el 2.º tomo del *Tratado*. Ahora en la imposibilidad de publicar ya el 2.º volumen, y porque todos mis libros de *Derecho Administrativo* están agotados, accedí a la solicitud de las editoriales de preparar una 2.ª edición de mi *Manual*[62].

Desde Madrid recibí hace días el impreso y la carta que adjunto. Le pido el favor de cumplimentar el impreso y enviarlo a D. Emilio Usala – Cedaceros 10 – Madrid.

Un abrazo afectuoso de su amigo muy dedicado

Marcello Caetano

61. António de Oliveira Salazar (1889-1970) fue presidente del Consejo de Ministros de Portugal desde el 5 de julio de 1932 hasta el 27 de septiembre de 1968, fecha en la que Marcello Caetano le sucedió en el cargo. Antes de esta fecha, Marcello Caetano colaboró con Salazar en varios cargos, entre los que se cuenta el de ministro de las Colonias, de 1944 a 1947, al que implícitamente se refiere en esta carta a propósito del cese de sus funciones.

62. Se refiere al *Manual de direito administrativo*, cuya 1.ª edición había sido publicada diez años antes (Lisboa: Empresa Universidade Editora, 1937).

Lisboa, 7 de mayo de 1947

Mi estimado amigo:

Mi vida, cada vez más complicada, me impidió de ir hasta San Sebastián desde donde acabo de recibir su amable telegrama. Sólo hace días me llegó también el 2.º fascículo del *Tratado* cuya traducción sigo apreciando muchísimo. Vengo a agradecerle todas las gentilezas y decirle que estoy ansioso por poder conversar con usted y abrazarlo en Lisboa.

Desde que reanudé la docencia empecé a trabajar en la 2.ª edición de mi *Manual de Derecho Administrativo*, agotado hace mucho, y que espero sea publicado a finales del mes de mayo[63]. Tendré mucho gusto en enviárselo.

El 12 de junio cuento ir a Suiza donde permaneceré hasta el final de julio, asistiendo allí al Congreso Internacional de Ciencias Administrativas de Berna: ¿no irá Ud. también a la reunión? Sería magnífico si fuera.

Ya he recibido de mis amigos de Madrid la noticia de haber sido autorizada por el Instituto Nacional del Libro Español la transferencia de divisas para pago de los derechos de autor. Una vez más le agradezco todos los trabajos e incomodos que este asunto le ha dado; y vamos a ver si de esta vez se hace la transferencia.

Estoy impaciente por recibir el volumen completo de su traducción del *Tratado*, para presentarlo al Jefe de Estado[64] al que pediré que recompense los méritos y servicios del traductor.

---

63. CAETANO, M., *Manual de direito administrativo*, 2.ª edición, enteramente refundida, Coimbra: Coimbra Editora, 1947.

64. El jefe del Estado portugués, desde la instauración de la República (5 de octubre de 1910), es el presidente de la República, cargo desempeñado en 1948 por el mariscal Óscar Carmona. No se confunda con el cargo ejecutivo de presidente del Consejo de Ministros, equivalente al de «primer ministro» o «presidente del Gobierno», y entonces desempeñado por el catedrático António de Oliveira Salazar.

Recomiéndeme a nuestros amigos de Santiago y créame, amigo muy atento y dedicado

Marcello Caetano

Universidad de Santiago
Facultad de Derecho
Profesorado

Santiago, 15 de mayo de 1947

Excmo. Sr. Prof. Dr. Marcelo Caetano
Lisboa

Mi querido amigo:

Realmente los periódicos no son de fiar. La mayor parte de las veces reseñan los actos a la vista de los programas. La prensa habló de su presencia en San Sebastián y por eso le envié el telegrama, aunque ya me extrañó que, a la ida o a la vuelta, no pasara Ud. por Santiago. A ver si la próxima vez no deja Ud. de venir... aunque sólo sea para no desmentir a los diarios.

Y la próxima vez puede ser este verano. Va a celebrarse en el mes de septiembre en Vigo un Congreso Preparatorio de Historia del Derecho y he dado el nombre de Ud. para que le envíen la invitación oficial. Espero que será de su agrado la asistencia a este Congreso y que tendremos el gusto de verle nuevamente en Galicia con este motivo. Son sobradamente conocidos y apreciados sus trabajos históricos y todos deseamos, muy de veras, que Ud. tome parte en las reuniones de Vigo.

De todos modos, probablemente nos veremos antes en Suiza pues, si no me surge nada imprevisto, pienso también asistir al Congreso Internacional de Ciencias Administrativas. Desearía saber las fechas exactas de su viaje y el tema que piensa Ud. desarrollar.

Hace unos días me comunicó el Editor que ha transferido ya las cinco mil pesetas correspondientes a la primera entrega de sus derechos de autor. Supongo que no tardará en recibir el dinero.

La imprenta me asegura que a fines de este mes o principios del próximo saldrá el otro fascículo del *Tratado*. Yo también tengo muchas ganas de ver el volumen completo. Han salido ya las primeras

recensiones de la obra, que, como Ud. verá, ha tenido una magnífica acogida. Le envío un ejemplar del último número de la *Revista
Crítica de Derecho Inmobiliario*, que publicó una nota bibliográfica
interesante.

Con recuerdos de Fuenmayor y de los demás colegas de la Facultad de Derecho, le envía un cordial saludo a Ud. y a su familia, su
afmo. s. s. y buen amigo

L. López Rodó

Tarjeta postal desde Suiza

Berna, 25 de julio de 1947

Mi estimado amigo:

Me dio mucha pena no verle aquí. El Congreso no ha tenido gran interés: su presencia le daría mucho para mí. Cordiales recuerdos

Marcello Caetano

Para: D. Laureano López Rodó
Catedrático de Derecho
Univ. de Santiago
ESPAGNE

Carcavelos, 23 de agosto de 1947

Mi apreciado amigo:

De regreso de Suiza, donde esperaba verlo en el Congreso de Ciencias Administrativas, quiero tener noticias suyas: ¿qué es de Ud.? ¿Adónde para? ¿Cuándo tendremos el placer de verle? Escriba cuanto antes.

Muchos saludos de mi mujer y un abrazo del amigo muy dedicado

Marcello Caetano

Lisboa, 3 de octubre de 1947

Mi estimado amigo:

Con mucho placer recibí su carta del 25 de septiembre y hago votos de que haya tenido unas vacaciones agradables.

Espero con la impaciencia que calcula la salida del último fascículo de la traducción del *Tratado*. Me gustaría obtener unos 30 ejemplares de la obra completa, pagándolos, claro está. Si es necesario ir a recogerlos, de buen grado iré a Santiago. Pero discúlpeme que, al efecto, le haga una pregunta *práctica*: ¿qué hay acerca de los derechos de autor? Si en verdad es muy difícil transferirlos, incluso con todas las autorizaciones administrativas, iré ahí y compraré libros, como además, en cualquier caso, tanto deseo hacer.

El Congreso de Berna tuvo poco interés: mucho turismo y poca ciencia. España estuvo muy bien representada por Jordana de Pozas[65].

¡Cuánto placer tendré en ver a Rodó de nuevo en Lisboa! ¡Dios quiera que no deje de lado su proyecto!

Por estos días seguirá un ejemplar de la 2.ª edición de mi *Manual de Derecho Administrativo*: el primer volumen del *Tratado* está agotado y tengo aún de trabajar algún tiempo antes de publicar el segundo volumen.

Me gustó mucho la conferencia de Legaz y Lacambra publicada en el último fascículo del *Boletim* de Coímbra, sobre la Filosofía del Derecho en España[66]. ¡Es un excelente espíritu, el de su Rector!

También vi un artículo de Rodó en la *Revista de Estudios Locales* que mucho me interesó. Sigo con mucho interés el movimiento cultural español. La *Revista de Estudios Políticos* y *Arbor* son de lo mejor que se publica en Europa.

65. Luis Jordana de Pozas (1890-1983).

66. «Situación presente de la filosofía jurídica en España», *Boletim da Faculdade de Direito da Universidade de Coimbra*, 22 (1946), 381-425.

Aguardo sus noticias. Recomendaciones afectuosas de mi familia y un abrazo muy cordial de

Marcello Caetano

Universidad de Santiago
Facultad de Derecho
Profesorado

Santiago, 16 de octubre de 1947

Mi querido amigo:

Me dio Ud. una gran alegría con su carta del día 3 al decirme que está dispuesto a hacer una escapada a Santiago.

No quiero dejar pasar esta ocasión. Ya sabe Ud. las ganas que todos tenemos de verle por aquí. Mi deseo sería que pudiera darnos una conferencia aprovechando su visita. Hablé de esto con Legaz y Lacambra y le encantó el proyecto. Me encargó que le invitara en su nombre a dar la conferencia y que pusiera a su disposición el coche del rectorado para recogerle en Tuy si es preciso.

En cuanto a la fecha de su viaje creemos que la más oportuna sería la de mediados de noviembre por cuanto hasta entonces el curso no marcha con normalidad, toda vez que aún están pendientes de examen los alumnos de la Milicia Universitaria para los que existe una convocatoria especial a fines de octubre.

De un día a otro espero la salida del último fascículo del *Tratado*. Falta la encuadernación, que es cosa que no lleva mucho tiempo. Tan pronto aparezca se lo enviaré por correo urgente.

He hablado con la Editorial de los derechos de autor y por lo visto aún no habían ingresado en la cuenta del Instituto de Moneda Extranjera la cantidad correspondiente. Le indiqué que no lo hicieran hasta recibir instrucciones de Ud., pues quizá le interese disponer de estas pesetas cuando venga aquí. En caso contrario puede incluso telegrafiarme y se le abonarán enseguida, pues los trámites burocráticos están ultimados.

Se cruzó con la carta de Ud. el envío de una separata de mi artículo sobre la discrecionalidad, que supongo habrá recibido.

Tengo ganas de ver la 2ª edición del *Manual* que no dudo habrá de gustarme mucho.

Esperando la confirmación de su viaje y rogándole encarecidamente que haga lo posible por aceptar la invitación del Rector, le envía, junto con cariñosos saludos para su mujer e hijos, un fuerte abrazo su buen amigo y s. s.

L. López Rodó

Lisboa, 4 de noviembre de 1947

Mi apreciado amigo:

He recibido su carta del 16 de octubre a la que aún no respondí en el deseo de darle una respuesta positiva sobre la ida a Santiago.

Me es difícil, con todo, salir en este momento de Portugal –y veo, además, que tampoco es una buena ocasión para circular en automóvil en España–. Siendo así, la visita podría ser en principio acordada para la próxima primavera (marzo o abril) si esto no perturba ahí.

Continúo esperando con impaciencia la traducción completa del *Tratado* y por estos días recibirá Ud. el *Manual*.

Respecto a los derechos de autor, y considerando la posposición del viaje, le pido que dé instrucciones al editor para efectuar la transferencia –y ¡ojalá no haya caducado la autorización obtenida del Instituto de Moneda Extranjera!–.

He recibido su separata que mucho he apreciado y le agradezco. ¿Cuándo tendré el placer de verle en Lisboa?

Afectuosos saludos de mi mujer y créame, amigo muy atento

Marcello Caetano

Universidad de Santiago
Facultad de Derecho
Profesorado

Santiago, 14 de noviembre de 1947

Excmo. Sr. Prof. Dr. Marcello Caetano
Lisboa

Mi querido amigo:

Ante todo quiero darle la tan esperada noticia de la publicación del último fascículo de su *Tratado*. El libro ha salido ya de la imprenta y se lo he enviado por correo urgente. No sé si cuando reciba esta carta estará ya en su poder. En las últimas semanas vinieron a dificultar la terminación de la obra las restricciones eléctricas, que han llegado en La Coruña al extremo de permitir el trabajo sólo un día a la semana. Pero, por fin, se han vencido todas las dificultades. Ya verá Ud. que los últimos cuadernillos son de otra calidad de papel, pero no hubo más remedio, dada la escasez actual. Al ver por fin el libro me parece que he salido de una pesadilla. Menos mal que tantas dilaciones las aproveché para añadir algunas citas relativas a las disposiciones más recientes.

Recibí hace unos días su carta del día 4 de los corrientes. Aunque esperábamos verle a Ud. por aquí este mes, nos alegramos de que se confirme la noticia de su viaje. Ya comuniqué al Sr. Rector que Ud. acepta su invitación y hoy he visto la noticia en el periódico, cuyo recorte le acompañará.

Ayer me llegó el *Manual*. Lo he estado hojeando y me ha gustado mucho. Expone con gran claridad y sentido pedagógico lo más fundamental de nuestra disciplina. Le agradezco mucho el envío.

El pasado lunes, día 10 y de acuerdo con sus deseos, se ingresaron en el Banco de La Coruña las primeras 5.000 ptas. correspondientes a los derechos de autor. Espero que no tardará en recibir el equivalente en escudos.

Al saber su propósito de venir a España, escribí a D. Carlos Ruiz del Castillo para que tuviera noticia de ello y aprovechara la oportunidad para reiterarle la invitación de pronunciar una conferencia en el Instituto de Estudios de Administración Local. Me contestó D. Carlos diciéndome que le había escrito a Ud. y que seguramente también le invitaría D. Eloy para hablar en la Facultad de Derecho de la Universidad Central. Termina D. Carlos diciéndome que coopere en el logro de su propósito y que no deje de insistirle para que vaya Ud. también a Madrid. Excuso decirle con qué gusto lo hago y cuánto me agradaría que visitara la capital.

Deseando sea de su agrado el último fascículo del *Tratado*, le envía muchos recuerdos para su familia y un cordial saludo su buen amigo

L. López Rodó

Lisboa, 22 de noviembre de 1947

Mi estimado amigo:

He recibido el ejemplar completo del *Tratado* traducido gracias a su magnífica diligencia y amistad, y enriquecido con numerosas notas bibliográficas y de adaptación al Derecho español. Renuevo mis agradecimientos por todo el trabajo empleado y por todos los esfuerzos para dar a conocer mi libro en España. ¡Muchas y muchas gracias!

Mucho desearía recibir de 20 a 30 ejemplares –cuyo precio será deducido en mis derechos de autor–. Si no hay otra forma cómoda, la transferencia podría hacerse por intermedio de la Embajada de Portugal.

Voy a preparar las cosas para la prometida visita al comienzo de la primavera.

Créame, amigo muy atento y agradecido

Marcello Caetano

Lisboa, 20 de enero de 1948

Mi estimado amigo:

Después de su última carta, en la que me refería la dificultad de venir a Portugal por falta de invitación oficial, acordé con el Prof. Rui Ulrich que le fuera formulada una invitación por la Facultad de Derecho de Lisboa[67]. Sé que la invitación fue enviada y que ya llegó su respuesta, de lo que me alegro mucho. La buena ocasión para venir será a finales de febrero, o comienzo de marzo, pudiendo su actuación constar de una lección de Derecho Administrativo y una conferencia pública sobre cualquier tema (por ejemplo, protección oficial al estudiante universitario en España, residencias de estudiantes, etc.).

Le acogeré con vivo placer y, conmigo, todos nuestros amigos de la Facultad.

Por ahora solamente recibí 3 ejemplares de la traducción del *Tratado*. Nada sé respecto a los derechos de autor transferidos: ¿acaso tiene alguna noticia?

Quedo aguardando sus noticias sobre la fecha exacta de su venida. Y le pido me crea siempre amigo muy atento y agradecido

Marcello Caetano

---

67. Rui Ennes Ulrich (1883-1966).

Universidad de Santiago
Facultad de Derecho
Profesorado

Santiago, 1 de febrero de 1948

Mi querido amigo:

Recibí su carta del día 20 en la que me habla de la fecha de mi viaje a Lisboa. Me parece muy bien la que Ud. me indica. Tengo ya resueltos los trámites de mi pasaporte y espero llegar ahí a fines de febrero. En mi próxima carta le diré el día en que emprenda el viaje. Tiene Ud. que ir pensando también en su próxima visita a Santiago. Tal vez coincida con Ud. aquí D. Luis Jordana de Pozas al que también he invitado a dar una conferencia. Si puede, vendrá, porque guarda muy buen recuerdo de su encuentro en Berna. Supongo que le habrá enviado su discurso de ingreso en la Academia de Jurisprudencia sobre «Las tendencias europeas actuales del Régimen Local»; en la pág. 36 le cita a Ud. como artífice de la reforma portuguesa.

Me dice la Editorial que siguen enviándole en pequeños lotes los ejemplares del *Tratado* que Ud. pidió. Celebraré que lleguen sin novedad. En cuanto a los derechos de autor, hace más de dos meses que fueron depositados en el Banco de La Coruña pero por lo visto el Instituto Español de la Moneda Extranjera carece de divisas y aunque ha autorizado la transferencia a Portugal no acaba nunca de soltar los escudos. Por mi parte, haré todo lo posible para que se resuelva enseguida este asunto.

Tengo verdaderos deseos de abrazarle pronto y de charlar con Ud. de mil cosas.

Con muchos recuerdos para su mujer y los niños, reciba un cordial saludo de su buen amigo

L. López Rodó

Facultad de Derecho

9 de febrero de 1948

Mi estimado amigo:

Sin noticias suyas a las que responder, le escribo para transmitirle las informaciones recibidas de mis amigos de Madrid respecto a la transferencia de 5.000 pesetas de mis derechos de autor.

Según ellos, el Dr. Rodó depositó el dinero sin declarar que se destinaba a ser transferido, de lo que resultó la demora hasta hoy. Todavía, yo le había mandado el impreso con la autorización del Instituto de la Moneda, ¿no es así?

Le pido que vea este asunto, pues para mí esta transferencia, pedida por sugerencia de amigos españoles, tiene sobre todo un valor simbólico, una vez que ya he ofrecido el importe a la Facultad de Derecho para que pueda invitar y recibir a profesores españoles.

No comprendo cómo ha habido tan gran dificultad y demora, incluso interesándose por el caso personas como el Dr. Rodó y otras influyentes en Madrid.

Pero espero que el asunto de esta vez se resuelva con brevedad.

Prepararé todo lo mejor posible para su visita, cuya fecha marcaremos tan pronto como haya noticias que lo permitan.

Del *Tratado* sólo recibí hasta ahora tres ejemplares.

Muchos saludos de toda mi familia y créame amigo muy atento y agradecido

Marcello Caetano

P.S. La revista *O Direito* hizo ya referencia a la traducción. Le enviaré un ejemplar.

Santiago, 13 de febrero de 1948

Excmo. Sr. Prof. Dr. Marcello Caetano
Lisboa

Mi querido amigo:

Acabo de recibir su carta del día 9, que se cruzó con una postal mía del día 10 relativa a mi viaje.

Participo de su extrañeza al enterarme por su carta, de que aún no le ha sido abonado en escudos el equivalente de las primeras cinco mil pesetas de sus derechos de autor. Es realmente lamentable que los expedientes se dilaten de este modo; ¡no podía tener peor introducción la conferencia sobre «El procedimiento administrativo en España» que pienso pronunciar en Lisboa!

A la vista de sus noticias me he informado cuidadosamente en la Editorial y en el Banco de La Coruña (sucursal de Santiago) del estado en que se halla este asunto. La situación actual es la siguiente:

Existe un informe favorable del Instituto Nacional del Libro para que se le paguen a Ud. los derechos de autor. Pero con este informe no se agotan los trámites, sino que es sólo el punto de partida para que, a través de un banco, se haga la petición de las divisas. Dicha petición se realizó en noviembre último por mediación del Banco de La Coruña y aunque, normalmente, las divisas se conseguían enseguida (puesto que lo importante era justificar el pago y esto lo había hecho ya el Instituto del Libro) en la actualidad, debido a la crítica situación monetaria española, la concesión de divisas se hace muy dificultosa y los expedientes se demoran indebidamente. No obstante, creo que no puede tardar en despacharse favorablemente la petición relativa a sus derechos de autor y por mi parte haré cuanto esté de mi mano para que se resuelva con la máxima rapidez. A mi paso por Madrid pienso hacer una gestión personal cerca del Instituto de Moneda Extranjera.

En cuanto a las noticias según las cuales yo hice el depósito de las 5.000 pesetas sin declarar que debían serle transferidas, se deben, sin duda a una mala interpretación por cuanto, de una parte, yo no hice depósito alguno en ningún banco, ya que no he cobrado sus derechos de autor sino que es la Editorial la que trata de abonárselos directamente, y de otra parte, me consta que la Editorial hizo el depósito con la indicación expresa de debía transferirse a Portugal, pues así me lo ha comunicado el Director del Banco y además así resulta del expediente que ha promovido en solicitud de las correspondientes divisas.

Los trámites que hasta ahora se ha seguido son, pues, los procedentes, y lo único que debemos lamentar, y yo soy el primero en hacerlo, es que no se hayan realizado con la rapidez que todos deseamos. Pondré a contribución todos mis conocimientos de procedimiento administrativo para dejar en buen lugar la burocracia española.

Han aparecido recensiones de su *Tratado* en diversas revistas españolas. Supongo que ya habrá visto el n.º 36 de la *Revista de Estudios de la Vida Local*. Ya le llevaré yo ejemplares de otras revistas.

Me dice el encargado de la Editorial, que aparte de los tres que Ud. ha recibido, le envió en el mes de enero otro ejemplar del libro y que hoy le remite otros tres ejemplares. Hay que procurar distanciar los envíos para que no los detengan en la frontera. Yo le llevaré varios ejemplares más.

Esperando sus noticias, le envía, con muchos recuerdos para su mujer y sus hijos, un saludo muy cordial de su buen amigo

L. López Rodó.

Lisboa, 30 de marzo de 1948

Mi apreciado amigo:

Fue con mucho placer que he recibido su visita, lastimando tan sólo la brevedad de la demora. En la Facultad la impresión dejada por sus lecciones no podía ser mejor, tanto entre profesores como entre estudiantes: me congratulo por tan lisonjera opinión que no hace más que confirmar el juicio que hace mucho hago de sus méritos y posibilidades.

No respondí hace más tiempo a sus cartas porque aguardaba la oportunidad de decirle alguna cosa sobre mi proyectada visita a España. Las reservas que de inmediato hice respecto a la época de la «Pascoela»[68] venían de que tenía trabajos urgentes para concluir en la Pascua, y efectivamente las vacaciones están terminando y no conseguí ultimarlos para poder preparar el viaje. El mes de abril también será para mí muy ocupado, una vez que el 27 se celebra el XX aniversario de Salazar en el gobierno y yo estoy encargado de las conmemoraciones. No sé, por tanto, cuándo podré ir a España, como tanto deseaba: pero tan pronto como me sea posible, le avisaré.

Mi mujer le manda muchos saludos y mis hijos recuerdan también afectuosamente su visita.

Créame, siempre amigo muy atento y agradecido

Marcello Caetano

68. Por «Pascoela» se denomina tradicionalmente en Portugal la semana inmediatamente posterior a la Pascua de Resurrección.

Universidad de Santiago
Facultad de Derecho
Profesorado

Santiago, 8 de abril de 1948

Mi querido amigo:

Recibí su carta del día 30 de marzo y siento muy de veras que no pueda, de momento, realizar su proyectado viaje por España. Espero, no obstante, que el mes que viene, si no hay novedad, tendremos el placer de verle en Santiago.

Hace unos días estuve con el Alcalde de Vigo y tiene gran interés en conocerle a Ud. y en que visite la ciudad en calidad de huésped de honor. También el Sr. Obispo de Tuy tiene muchas ganas de verlo de nuevo... En fin, todos estamos deseando que cruce pronto la frontera para tenerle entre nosotros. D. Carlos Ruiz del Castillo habrá sentido también mucho el aplazamiento del viaje: me había escrito varias cartas interesándose por su llegada.

El mes de mayo es buena época para viajar y aún no es demasiado tarde para las conferencias.

Hace unos días le mandé por correo certificado, como papeles de negocio, una copia mecanografiada del Reglamento de Procedimiento del Ministerio de la Gobernación, por el que Ud. se interesó. Supongo que ya lo habrá recibido.

Recuerdo aún con frecuencia los agradables días de mi estancia en Lisboa y las muchas atenciones que tuvo Ud. conmigo. Deseo tener ocasión de poder modestamente corresponderle.

Esperando la confirmación de su venida en mayo, le envía un afectuoso saludo y muchos recuerdos para su familia, su buen amigo q. e. s. m.[69]

L. López Rodó

---

69. Abreviatura de «que estrecha su mano».

Universidad de Santiago
Facultad de Derecho
Profesorado

Santiago, 8 de junio de 1948

Mi distinguido y querido amigo:

Hace unos días recibí su excelente estudio sobre el problema metodológico, junto con el *Diário do Governo*[70], que tuvo la atención de enviarme. Perdone el retraso en acusarle recibo, del que sólo tienen la culpa los exámenes, pues hace dos semanas que me absorben totalmente el tiempo: ¡son más de trescientos los alumnos, oficiales y libres, a quien he tenido que examinar de Derecho Administrativo!

No he de repetirle la gran satisfacción que me produjo la honrosa distinción que he recibido. Una vez más se ha puesto de relieve la proverbial cortesía portuguesa.

He leído su trabajo con gran interés y suscribo enteramente su orientación metodológica. También en España vuelve a darse importancia al factor histórico hasta el punto de que se habla de un movimiento de «vuelta a Colmeiro» el gran historiador y administrativista del siglo pasado[71]. Me han gustado mucho sus observaciones acerca de la reacción de la vida social sobre la ley; son muy atinadas. En fin, le felicito por este nuevo estudio que viene a enriquecer la prestigiosa serie de sus publicaciones.

Sentí mucho que se viera impedido de venir a Santiago a dejarse oír en las aulas de esta Facultad donde son tantos los que están deseando escucharle. Celebraré que se arreglen las cosas y tengamos el gusto de verle por aquí en el próximo otoño. Su promesa sigue en pie y dice un refrán que lo prometido es deuda.

---

70. *Diário do Governo* era entonces la denominación del boletín oficial del Estado Portugués.

71. Se refiere al administrativista gallego Manuel Colmeiro (1818-1894).

Con afectuosos recuerdos para su familia, le envía un cordial saludo su buen amigo

L. López Rodó

Facultad de Derecho

Lisboa, 10 de junio de 1948

Mi apreciado amigo:

Ha sido con mucha alegría que le comuniqué la concesión de la Encomienda de Cristo[72] hecha por el Jefe de Estado[73] a mi pedido, para reconocer los servicios prestados por el Dr. Rodó a la expansión de la cultura portuguesa en España. Fue una distinción merecida y sé que será apreciada en su justo valor por Ud. Una vez más le felicito.

Por correo le envié un ejemplar del *Diário do Governo* donde viene el decreto de atribución[74]; lo acompaña un ejemplar de mi último estudio sobre *El problema del método en el Derecho Administrativo Portugués*[75].

A pesar de mis buenos deseos, no he podido ir a España en mayo, porque mientras tanto fui elegido administrador del Banco Nacional Ultramarino, y en esas nuevas funciones he tenido los impedimentos naturales resultantes de una iniciación[76].

He recibido el n.º 29 de *Arbor*, pero me faltan los números del 23 al 28: ¿no será posible que me los envíen, pagándolos Ud. mediante mis derechos de autor? ¿Y no sería mejor desistir de transferir las pesetas, comprándome libros que me serían enviados desde Madrid a

72. Se trata de una importante condecoración honorífica portuguesa. La «Ordem de Cristo» es una orden honorífica, cuyo gran-maestre es el presidente de la República. A Laureano López Rodó se le atribuyó el grado de Comendador el 20 de mayo de 1948; dos décadas después, el 22 de julio de 1969, le será atribuida la Gran-Cruz de la misma Orden.

73. El presidente de la República Portuguesa: mariscal Óscar Carmona (1869-1951).

74. En el original: «decreto de agraciamento».

75. *O Problema do Método no Direito Administrativo Português*, Lisboa: Empresa Nacional de Publicidad, 1948.

76. El BNU era un banco del Estado Portugués que funcionaba como emisor de moneda para los territorios ultramarinos portugueses.

través de la Embajada de Portugal? El Embajador[77] ya está prevenido y remitirá para Lisboa todos cuantos sean entregados en mi nombre en la Embajada. ¿Querrá Ud. hacerme ese favor? Le pido en ese caso que me vaya enviando una cuenta corriente para saber yo de cuantas pesetas puedo disponer.

Mande siempre en su amigo muy atento y agradecido

Marcello Caetano

[77]. António Faria Carneiro Pacheco (1887-1957) fue el embajador de Portugal en Madrid de 1945 a 1953.

Universidad de Santiago
Facultad de Derecho
Profesorado

Santiago, 23 de junio de 1948

Mi querido amigo:

Recibí su carta del día 10 que se cruzó con la última mía.

Le felicito por su nuevo cargo de Administrador del Banco Nacional Ultramarino en el que le deseo toda suerte de prosperidades. Pero no deje Ud. de pensar en su venida a España el próximo otoño. Ya sabe que le esperamos con impaciencia.

He escrito a Pérez Embid[78] pidiéndole los números del 23 al 28 de *Arbor* que le faltan y espero que no tarde Ud. en recibirlos.

He encomendado también una última gestión cerca del Instituto de Moneda Extranjera para saber si, por fin, van a pagarle enseguida sus derechos de autor o si vale la pena de desistir del empeño. Ya le comunicaré el resultado de esta nueva tentativa.

Con saludo para su familia reciba un fuerte abrazo de su buen amigo

q. e. s. m.

L. López Rodó

P.S. He conseguido las becas para Lopes Correa y otro compañero suyo de la Facultad de Derecho de Lisboa. Vendrán al curso de verano de Santiago.

---

78. Florentino Pérez Embid (1918-1974) fue secretario de la revista *Arbor*, del CSIC, de 1947 a 1953.

Tarjeta postal

Prof. D. Laureano López Rodó
Facultad de Derecho
Santiago (Coruña)
SPAIN

Copenhague, 6 de agosto de 1948

Estimado amigo:

En esta reunión de la Conferencia del Instituto Internacional de Ciencias Administrativas, mucho le recordé junto con D. Luis Jordana.
Un abrazo,

Marcello Caetano

Universidad de Santiago
Facultad de Derecho
Profesorado

Santiago, 3 de septiembre de 1948

Mi querido amigo:

A la vuelta de mis vacaciones me encuentro con su amable postal fechada en Copenhague, que mucho le agradezco. También recibí otra de D. Luis Jordana. ¿Qué tal transcurrieron las jornadas del Congreso de Ciencias Administrativas? Espero que me contará Ud. sus impresiones y la intervención que tuvo en la reunión. Me imagino que se debería a su iniciativa el acuerdo de celebrar el próximo Congreso en Lisboa. ¿Qué temas se han señalado para el mismo?

Supongo que habrá recibido las primeras remesas de los libros que pidió. Le acompaño las notas de la Editorial. Ahora sólo faltan las dos obras de Fray Justo[79] y la de Carro[80]. Espero que se le puedan enviar enseguida; esta última hubo que pedirla a Sevilla. Ya me mandará Ud. nuevas listas de los libros que le interesen.

A mi paso por Madrid charlé con Pérez Embid que está muy contento por contar con la colaboración de Ud. para *Arbor*. Tengo muchas ganas de ver su primer artículo en esa revista.

Anteayer dieron comienzo los cursos de verano de Vigo, en los que tuve parte. La semana que viene daré una conferencia sobre el régimen administrativo que requiere la ordenación urbana de Vigo; es un tema jurídico – urbanístico que me ha interesado mucho.

Tiene Ud. que ir pensando ya en preparar su viaje a Santiago, donde le esperamos con impaciencia.

---

79. Fray Justo Pérez de Urbel (1895-1979).
80. Antonio Carro Martínez (1923-2020).

Con recuerdos de D. Luis Legaz, de Fuenmayor y demás compañeros, le envía un cordial saludo para su familia y a Ud. un fuerte abrazo su buen amigo

L. López Rodó

Lisboa, 9 de octubre de 1948

Mi apreciado amigo:

He estado recorriendo el país para organizar las próximas elecciones presidenciales y por eso solamente ahora he recibido su última carta. También sólo hace unos días me entregó el Dr. Carneiro Pacheco[81] los libros que Gallí envió para la Embajada.

Vengo a darle la noticia de que he decidido asistir a las Conmemoraciones del Centenario de Suárez[82], incorporándome a ellas en Madrid, el día 18 de octubre –y ¡cuánto placer tendría en encontrarle allá!–.

Sería también excelente si, en esa ocasión, Gallí pudiera poner a mi nombre a la orden en un banco madrileño el saldo de mis derechos de autor: en este sentido le escribo hoy directamente.

Espero tener de esta vez el gran placer de pasar unos días en España a la que tanto amo y admiro.

Un abrazo afectuoso del amigo muy atento y agradecido

Marcello Caetano

81. António Carneiro Pacheco, el embajador de Portugal en Madrid.
82. Se refiere al IV Centenario del nacimiento de Francisco Suárez (1548-1617).

Tarjeta postal

Sr.
D. Laureano López Rodó
Catedrático de la Facultad de Derecho

Salamanca, 26 de octubre de 1948

Querido amigo:

¡Qué emociones extraordinarias he estado cogiendo en España! ¡Sólo me da pena no haber podido abrazarle! Afectuosos saludos de

Marcello Caetano

Banco Nacional Ultramarino
Gobierno del Banco
Lisboa

20 de enero de 1949

Mi estimado amigo:

Debe haber extrañado mi silencio –y no haber aún agradecido sus deseos de Buenas Fiestas–. Pero, como Ud. sabe, estamos aquí en plena campaña electoral, en la cual la Unión Nacional[83] tiene un papel muy activo y todo mi tiempo es consumido por la política…, sólo eso me impidió hasta ahora de escribirle. Van solamente estas dos líneas hoy para decirle que no me olvido de Ud. La lucha está siendo brava, pero el gobierno ganará con honor. ¡Hasta la vista! Y le abraza el amigo muy atento y agradecido

Marcello Caetano

---

83. La «União Nacional», movimiento político creado en 1930, en Portugal, durante el periodo de la dictadura militar (1926-1933) y mantenido durante el periodo del «Estado Novo» (Estado Nuevo, iniciado con la vigencia de la Constitución de 1933), como organización de apoyo al régimen; cuando, en 1970, Marcello Caetano sucedió a Antonio de Oliveira Salazar en la Presidencia del Consejo de Ministros, transformó dicha organización denominándola «Acção Nacional Popular».

Lisboa, 17 de abril de 1949

Mi apreciado amigo:

Llevo un gran retraso respecto a usted, pero no quiero dejar de saludarle por ocasión de la Pascua de Resurrección, haciendo votos a Dios por que le colme de todas Sus gracias.

Como quizá sepa, cuento ir a Madrid el 25 del corriente; sería una ocasión de desquitarme también de la obligación creada por la amable invitación de la Universidad de Santiago, si fuera oportuna mi visita para hacer una o dos conferencias allí. ¿Qué me dice?

Agradezco su última carta con las felicitaciones por la victoria en las elecciones presidenciales[84]. Cumplida la misión y consolidado el régimen, he pedido a Salazar que me permitiera ahora, durante algunos años, cuidar de mi vida y de mis libros. Salí, pues, de la presidencia de la Comisión Ejecutiva de la Unión Nacional, y voy a intentar publicar el 2.º volumen del *Tratado*. Mientras tanto, he sido elegido administrador del Banco Nacional Ultramarino –banco emisor de las Colonias portuguesas–, no sé si ya le dije.

Créame, estimado Rodó, amigo muy atento y reciba los saludos de toda mi familia. Soy su muy dedicado y agradecido

Marcello Caetano

---

84. En estas elecciones fue elegido para su último mandato como presidente de la República Portuguesa el mariscal Óscar Carmona (1869-1951).

Universidad de Santiago
Facultad de Derecho
Profesorado

Santiago, 10 de mayo de 1949

Excmo. Sr. Prof. Dr. Marcello Caetano
Lisboa

Mi querido amigo:

Recibí su amable telegrama que mucho me alegró, aunque no tenía Ud. nada que agradecerme pues no hice sino tratarle como a un amigo de verdad.

Causaron una impresión muy honda sus conferencias y he podido comprobar entre los estudiantes el entusiasmo que causaron. La «Tarjeta de presentación», como Ud. las llama, no pudo surtir mejor efecto.

Le envío unas fotografías de la conferencia que pronunció en La Estila[85]. En una de ellas aparece un «conferenciante fantasma» y resulta bastante divertida.

También le envío el guion de su conferencia sobre el problema del sufragio.

Tengo ganas de que se intensifique el intercambio cultural entre Lisboa y Santiago, especialmente en lo relativo a la venida de estudiantes portugueses. A ver si se encuentra alguna fórmula viable para llevarlo a cabo.

¿Se conocen ya exactamente las fechas de la reunión de Lisboa del Congreso de Ciencias Administrativas? Me gustaría saberlo a ciencia cierta porque también en septiembre se celebra un curso de

---

85. El Colegio Mayor La Estila, de la Universidad de Santiago de Compostela, fue inaugurado en diciembre de 1948 por iniciativa de san Josemaría Escrivá, contándose Amadeo de Fuenmayor y Laureano López Rodó entre sus primeros impulsores.

verano en Vigo y no quisiera comprometerme a dar una conferencia que resultara incompatible con lo de Lisboa.

Su reciente visita dejó aquí muchas «saudades»[86].

Con recuerdos para su familia, le envía un cordial saludo su buen amigo

q. e. s. m.

L. López Rodó

---

86. El campo semántico de la palabra portuguesa «saudade», considerada intraducible, coincide en parte con la expresión española «echar de menos» y la gallega «morriña».

Universidad de Santiago
Facultad de Derecho
Profesorado

Santiago, 29 de junio de 1949

Mi querido amigo:

Ha terminado ya el curso académico y voy a ver si pongo al corriente mi correspondencia que, con motivo de los exámenes, tenía algo atrasada.

Hace días que quería escribirle para comunicarle, a título particular porque no se ha hecho oficial la noticia, que, accediendo a una petición mía que envié a través del Rectorado y con un informe favorable, el Ministro de Educación va a concederle a Ud. una condecoración en premio a sus relevantes servicios en favor del intercambio cultural hispano-portugués. La concesión se halla sólo pendiente de la oportuna consulta diplomática al gobierno portugués. Excuso decirle lo mucho que me alegré al saber esto; desde luego la tiene Ud. más que merecida y lo único que lamento es que no haya coincidido la concesión con su reciente viaje a España, pues me hubiera gustado que se la impusieron solemnemente en Santiago. Reciba, pues, mi más cordial enhorabuena que deseo poderle confirmar pronto públicamente.

Sigo dando vueltas al problema del método y por ahora me inclino aún por la prioridad del proceso administrativo respecto de las demás materias de nuestra asignatura. Se trata, naturalmente, no de un *prius* lógico, sino sistemático. Es decir, que entiendo que la enseñanza del Derecho Administrativo debe empezar por ahí. Hace quince días he recibido las últimas obras francesas (adquiridas por mi padre en un viaje reciente) y veo que siguen esta misma orientación. Ya hablaremos de esto extensamente en septiembre.

Recuerdos a su familia y un cordial saludo para Ud. de su buen amigo

L. López Rodó

Universidad de Santiago
Facultad de Derecho
Profesorado

Santiago, 21 de agosto de 1949

Excmo. Sr. Prof. Dr. Marcello Caetano
Lisboa

Mi distinguido amigo:

Estoy ya de regreso de mis vacaciones veraniegas, que he pasado con mi familia en un pueblecito catalán. A mi paso por Madrid dejé prácticamente resuelto el asunto de mi pasaporte y de las divisas. Así que sólo espero la confirmación de Ud. de las fechas de las reuniones del Instituto de Ciencias Administrativas para disponer el viaje. Ud. me indicó hace algún tiempo que serían del 3 al 10 de septiembre. ¿Han sufrido alguna variación?

También le agradeceré que me indique la forma de desarrollar las reuniones: si se reducen a un cambio de impresiones o si se leen trabajos. En tal caso, yo podría presentar un *rapport* sobre el recurso de agravios ante el Consejo de Estado, de nueva creación, que ofrece bastante interés. ¿Le parece Ud. que podría encajar en el tema relativo a la organización de la Administración Central, que, según creo, es una de las propuestas?

Tengo muchas ganas de ir a Lisboa y tener ocasión de charlar con Ud.

Con recuerdos para su familia le envía un fuerte abrazo su buen amigo

L. López Rodó

Banco Nacional Ultramarino
Gobierno del Banco
Lisboa

26 de agosto de 1949

Mi querido amigo:

No le escribí aún para agradecerle su artículo para *O Direito* porque no sabía su dirección en Barcelona. Respecto a la reunión del Instituto de Ciencias Administrativas, comienza el día 3. Usted[87] y los demás españoles serán en Portugal huéspedes del Instituto para la Alta Cultura[88] que sólo por inconcebible dejadez de los servicios no hizo antes las invitaciones. La reunión es para un simple intercambio de impresiones acerca de los informes nacionales. Trajes de paseo (de calle). Le pido que me avise del día de su llegada.

Un abrazo del amigo, muy agradecido

Marcello Caetano

87. «Usted» escrito en español en el original.
88. El «Instituto para a Alta Cultura», luego «de Alta Cultura», tuvo durante el Estado Nuevo, además del objetivo de divulgar la lengua y cultura portuguesas en el exterior, la promoción de la investigación científica (es decir, se trataba de una institución similar al Consejo Superior de Investigaciones Científicas en España).

Banco Nacional Ultramarino
Gobierno del Banco
Lisboa

9 de abril de 1950

Mi querido amigo:

No quiero dejar de desearle feliz Pascua de Resurrección. Sé que las conferencias de París han sido un éxito: muchas gracias por su tarjeta postal. ¿Ha Ud. recibido las separatas del «Procedimiento Administrativo»? ¿Estaban bien?

Parto mañana, *Deo volente*, para Inglaterra.

Recuerdos afectuosos del amigo muy atento y agradecido

Marcello Caetano

Carcavelos, 10 de septiembre de 1950

Mi apreciado amigo:

Mucho me alegraron sus noticias, que ya tardaban.

No pude ir a Florencia, retenido por trabajos inaplazables en Lisboa, y sé que el Congreso tuvo poco interés bajo todos los aspectos.

Le agradezco mucho el recordatorio de la invitación para visitar Santiago el 8 de octubre, por ocasión del homenaje a Colmeiro[89], en el que con gran gusto participaría. Pero en esa ocasión tengo reuniones de la Cámara Corporativa[90] a las que no puedo dejar de asistir y por eso tendremos de dejar para otro momento la visita a la vieja y encantadora ciudad del Apóstol.

Por propuesta mía, la Facultad de Derecho de Lisboa invitó al Prof. Truyol y Serra para regir durante algunos años una cátedra de Filosofía del Derecho[91]. Creo que en el dominio de la cultura jurídica es este el paso más importante de aproximación luso-española que se ha dado hasta hoy.

Espero que aunque con Oposiciones y todo le habrá sido agradable pasar el verano en La Coruña. ¿Y por qué no piensa en dar un salto hasta Lisboa?

Mi mujer y demás familia se recomiendan afectuosamente y yo soy amigo muy atento y agradecido

Marcello Caetano

---

89. Se refiere al administrativista gallego Manuel Colmeiro (1818-1894).

90. Además de la «Assembleia Nacional» (Asamblea Nacional, de función legislativa), la Constitución Portuguesa de 1933 instituyó (art. 102) la «Câmara Corporativa», un órgano consultivo para la representación de organismos de naturaleza económica, cultural, social, sindical, asistencial, etc. Marcello Caetano fue su cuarto presidente, del 25 de noviembre de 1949 al 7 de julio de 1955.

91. Antonio Truyol y Serra (1913-2003).

Cámara Corporativa
Presidencia

Lisboa, 21 de febrero de 1952

Mi ilustre amigo:

Agradezco muy deudor las felicitaciones que tuvo la bondad de enviarme con motivo de la condecoración[92] con la que fui honrado por el Caudillo. Para un amigo de España, como lo soy yo, una distinción de su gobierno, aunque meramente protocolaria como esta, no puede dejar de ser motivo de elevado aprecio.

Créame, amigo muy dedicado

Marcello Caetano

P.S. ¿Cuándo viene Ud. de nuevo por aquí?

92. Gran Cruz de la Orden de Isabel la Católica.

Lisboa, 5 de enero de 1953

Mi querido amigo:

Vengo a agradecerle sus votos de Año Nuevo y en mi nombre y de toda mi familia desearle también que el nuevo año le traiga las mayores felicidades y prosperidades.

¿Cómo va el tiempo por Santiago? ¿Y sus cursos? Estoy desde el año pasado rigiendo Derecho Constitucional, acumulando con D. Administrativo, lo que me está dando mucho trabajo y placer.

Disponga siempre de su amigo muy dedicado

Marcello Caetano

Cámara Corporativa
Presidencia

7 de marzo de 1953

Mi querido amigo:

En primer lugar deseo que haya pasado muy felices Pascuas de Resurrección. Nosotros felizmente lo pasamos bien –y no es pequeña gracia de Dios que una familia como la mía pueda felicitarse por tener salud y alegría–.

La sorpresa de mi nombramiento para «Consejero de Honor» del Consejo Superior de Investigaciones Científicas me conmovió profundamente. Primero, porque considero el Consejo una de las más notables creaciones modernas de Europa en los dominios de la organización de la pesquisa científica y de su divulgación. Después, porque en Portugal soy de los raros profesores que se han dedicado a los problemas que esa organización implica: director del Instituto de Alta Cultura de 1936 a 1940, reorganicé como Ministro en 1945 la Junta de las Misiones Geográficas y de las Investigaciones Coloniales; informé en la Cámara Corporativa el parecer sobre la ley que reorganizó el Instituto de Alta Cultura y, hace semanas, publiqué un pequeño ensayo sobre «Universidad e investigación», que tendré placer en enviarle.

Por todo le estoy muy agradecido a mi querido amigo y al Consejo, cuyo secretario, el Prof. Albareda[93], es un alma de elección que mucho aprecio y admiro.

Ahora mismo recibí sus «Presupuestos subjetivos...» que voy a leer atentamente[94].

Le abraza afectuosamente, como amigo muy atento y agradecido,

Marcello Caetano

93. José María Albareda Herrera (1902-1966).
94. LÓPEZ RODÓ, L., «Presupuestos subjetivos para la aplicación del principio que prohíbe ir contra los propios actos», *Revista de Administración Pública*, 9 (1952), 11-53.

Consejo Superior de Investigaciones Científicas
El secretario

Madrid, 27 de mayo de 1953

Excmo. Sr. Dr. Marcello Caetano
Lisboa

Mi querido y distinguido amigo:

Me apresuro a comunicarle una noticia en viva satisfacción: en la última reunión de este Consejo se acordó, a propuesta mía, nombrarle a Ud. Consejero de Honor, en reconocimiento a sus méritos excepcionales de orden científico y máximo exponente del Derecho Administrativo portugués. Pronto recibirá Ud. la comunicación oficial del nombramiento y las insignias por vía diplomática. Mucho celebraré que en el próximo pleno podamos tener el gusto de contarle entre nosotros.

Por correo aparte le envío una separata del artículo que acabo de publicar en la *Revista de Administración Pública*.

Me dice Ud. en su carta que habré dejado con cierta nostalgia Santiago, la Facultad, La Estila… Así ha sido, en efecto. Pero, si he de serle sincero, son tantas las cosas que tengo por delante y que me atraen –en el Consejo, trabajos en curso, etc.– que ni tengo tiempo de pensar en aquello. Desde luego, Santiago tendrá siempre para mí el sabor de lo primero: mi primera lección, mis primeros alumnos, mis primeros colegas… Por cierto, no hemos desertado tantos como Ud. supone. Álvaro D'Ors sigue en Santiago como firme pilar de aquella Facultad. López Amo es el que está en San Sebastián de Preceptor del Príncipe.

Con muchas ganas de verle pronto por aquí, le envía un fuerte abrazo, con recuerdos para su mujer y sus hijos, su buen amigo

L. López Rodó

Serrano, 117 – Madrid
31 de agosto de 1953

Consejo Superior de Investigaciones Científicas

Excmo. Sr. Prof. Dr. Marcello Caetano
Lisboa

Mi querido y distinguido amigo:

Antes de salir para Estambul quiero dirigirle un cariñoso saludo y expresarle cuánto lamento que no vaya Ud. este año al Congreso de Ciencias Administrativas pues hubiera sido para mí una ocasión magnifica de convivir unos días con Ud. y poder charlar ampliamente.

En cambio, tengo noticia de que acudirá Ud. a la reunión de la Asociación Luso-Española para el progreso de las Ciencias, que se celebrará este año en Oviedo. Magnífico. En tal caso, ¿podría Ud. pasar por Madrid, camino de Oviedo? Si se detuviera aquí antes de ir a Oviedo, podríamos celebrar la imposición de la medalla de Consejero de Honor que le fue concedida hace unos meses por este Consejo. Le agradeceré, pues, me indique las fechas exactas de su venida a España y si le resulta factible que le pongamos la medalla del Consejo.

Con muchas ganas de verlo y con afectuosos saludos para Teresa y sus hijos, le envía un cordial saludo su afmo. s. s.

L. López Rodó

Cámara Corporativa
Presidencia

Lisboa, 15 de noviembre de 1953

Querido amigo:

Mucho agradezco su carta de 31 de agosto y su billete de Estambul. Hago votos de que la ida a Turquía le haya sido agradable –y no sé si provechosa…–; yo confieso que descreí de los Congresos de Ciencias Administrativas y preferiría interesarme en una cooperación internacional universitaria. Hay en esos congresos un número exagerado de *ronds de cuir* y un olor muy agrio a *efficiency* norteamericana[95].

Tampoco iré a Oviedo. Me prenden en este momento aquí algunos trabajos importantes, entre los cuales, los de mi curso de Derecho Constitucional, que quiero publicar en 2.ª edición dentro de un año. Por eso, no me es posible realizar el proyecto de pasar por Madrid como Ud. tan simpáticamente sugiere. No sé si en el Consejo[96] tienen los «Pareceres» de la Cámara Corporativa portuguesa[97]. En uno de ellos (publicado en el vol. 2.º de 1951) se hace justicia a la inmensa obra del Consejo Superior de Investigaciones Científicas y quizá le sea agradable leerlo. Dígame si lo conoce o no.

¿Cuándo aparece de nuevo por aquí?

Le abraza muy afectuosamente el amigo muy atento y agradecido

Marcello Caetano

95. Las expresiones en cursiva, la francesa y la inglesa, se encuentran en el original. La primera se traduciría literalmente por 'cojines redondos de cuero', para significar, metafórica y también –en este caso– paradójicamente, 'burócratas sedentarios'.

96. La palabra «Consejo» aparece en español y subrayada en el original.

97. Un «parecer» es un «dictamen». La «Câmara Corporativa», como se ha señalado, era un órgano consultivo para la representación de organismos de naturaleza económica, cultural, social, sindical, asistencial, etc.

Cámara Corporativa
Presidencia

Lisboa, 15 de diciembre de 1953

Mi querido amigo:

Agradezco mucho su telegrama de felicitaciones por la reelección para la presidencia de la Cámara Corporativa. Sus palabras confirman, una vez más, su buena amistad que tanto aprecio.

También recibí hace días la tirada aparte del artículo que Ud. publicó en la *Revue du Droit Public* y que ya había tenido oportunidad de leer en la revista[98]. Es con la mayor satisfacción que veo confirmarse mi pronóstico de que Ud. será una de las primeras figuras del Derecho Administrativo en España. Plazca a Dios que la actividad en el Consejo no le aparte de los estudios administrativos.

A propósito: no he recibido el libro publicado por el jubileo de Gascón Marín[99], a pesar de haberme desplazado a Sevilla para asistir a las ceremonias. ¿No puede Ud. recordar a los organizadores del homenaje que me lo envíen?

Tampoco he conseguido aún obtener la ley de administración local que desarrolló las bases de 1945. ¿Podrá Ud. pedir a Ruiz del Castillo que me la envíe?

¿Cuándo viene Ud. a Lisboa? Tuve mucha pena de no haber podido desplazarme a Estambul. Usted sabe que aquí será siempre bien recibido con la mayor satisfacción y amistad.

Aprovecho para desearle una Feliz Navidad y un año nuevo lleno de prosperidades.

Le abraza el amigo dedicado y agradecido

Marcello Caetano

98. LÓPEZ RODÓ, L., «Le pouvoir discrétionnaire de l'Administration», *Revue du Droit Public*, 59 (1953), 572-580.
99. *Estudios dedicados al profesor Gascón y Marín en el cincuentenario de su docencia*, Madrid: Instituto de Estudios de Administración Local, 1952.

Serrano, 117 – Madrid
14 de enero de 1954

Consejo Superior de Investigaciones Científicas

Excmo. Sr.
Prof. Dr. Marcello Caetano
Lisboa

Mi querido amigo:

Recibirá Ud. por correo aparte el volumen de estudios en honor de Gascón y Marín y un ejemplar de la ley de régimen local de 1950. Respecto de esta última, debo advertirle que recientemente ha sido modificada por la ley de bases de 3.XII.53 que reforma lo relativo a las haciendas locales de un modo substancial. Pero no existe todavía el texto articulado de la misma ley que hará el gobierno en el plazo de dos meses. Le envío por consiguiente un ejemplar del Boletín Oficial donde se publicó la ley de bases.

En el próximo mes de marzo se celebrará la reunión anual del Pleno del Consejo, presidido por el Caudillo y serían aquellos días una buena ocasión para imponer a Ud. las insignias de Consejero de Honor. ¿Se anima Ud. a venir aquí para entonces? Lo celebraría muy de veras.

Sigo dedicando todos los días un buen rato al estudio del Derecho Administrativo y, en la medida de lo posible, a la redacción de algunos trabajos. He entregado ya a la imprenta mi libro sobre el Patrimonio de la Corona[100], que tenía desde hace años pendiente de los últimos retoques, y espero dentro de poco terminar también otro libro sobre el «*Venire contra factum proprium*» en el Derecho Admi-

---

100. LÓPEZ RODÓ, L., *El Patrimonio Nacional*, Madrid: Consejo Superior de Investigaciones Científicas, 1954.

nistrativo[101]. Sigo, pues, cada vez más aficionado a esta especialidad y procuro hacer un hueco en mi trabajo del Consejo a nuestra querida disciplina.

No tenemos aquí los «Pareceres» de la Cámara Corporativa y me gustaría poder guardar en el archivo del Consejo el parecer del art. 2.º de 1951 de que Ud. me hablaba en una de sus cartas.

Por último, una pregunta atraco: con motivo del presente año jubilar de Santiago de Compostela, la Residencia de La Estila organiza un Ciclo de Conferencias en torno a la proyección histórica y literaria de Santiago. Hemos invitado a destacadas personalidades españolas y extranjeras que irán este año a Compostela y excuso decirle cuánto me gustaría que Ud. aceptara darnos otra conferencia, pues aún conservamos el grato e inmejorable recuerdo de la primera. A ser posible convendría, si puede Ud. darla, que envíe el texto escrito lo más tardar en abril, cualquiera que sea la fecha que le resulte más cómoda para el viaje a Santiago, con el objeto de poderla publicar junto con las demás en un volumen que debiera aparecer antes de la fiesta del Apóstol (25 de julio).

Muy agradecido y con afectuosos saludos para su mujer y sus hijos, le envía un fuerte abrazo su buen amigo

L. López Rodó

---

101. «*Venire contra factum proprium non valet*». Se refiere a la «doctrina de los actos propios», principio general de derecho según el cual es inadmisible actuar contra los propios actos hechos con anterioridad. Como se ha señalado, Laureano López Rodó publicó el estudio: «Presupuestos subjetivos de la aplicación del principio que prohíbe ir contra los propios actos», *Revista de Administración Pública*, 9 (1952), 11-53.

Lisboa, 7 de febrero de 1954

Mi estimado amigo:

Recibí su carta del 16 de enero y, después de ella, los estudios en honor de Gascón y Marín, la Ley de Régimen Local y las «Peregrinaciones a Santiago», magnífico libro que ya poseía. Muchas gracias por todo: Ud. continúa siendo el «hombre eficiente» que siempre admiré.

Hace algunos días nuestro amigo Ortega me presentó al Prof. Valls Taberner que me trajo sus noticias y al que mucho estimé conocer[102].

Espero que ya haya recibido los «Pareceres» de la Cámara Corporativa; mandé que se los remitieran.

Tendré mucho placer en ir a Madrid el mes de marzo para recibir la medalla de «Consejero de Honor» del Consejo. Dígame con antelación la fecha e infórmeme de la naturaleza de la ceremonia para que yo pueda disponer mi vida en conformidad.

Lo que no podré es ir a Santiago: estoy preparando la 2.ª edición de mi libro sobre *Ciencia Política y Derecho Constitucional*[103] y no puedo distraer mi atención hacia otros asuntos hasta julio de este año.

El nuevo Embajador en Madrid, Dr. Nosolini[104], es uno de mis mayores amigos y espero, en el caso de que él esté ahí en marzo, aproximarlo de Ud. y de otros amigos que cuento en Madrid.

Reciba los mejores recuerdos de mi mujer y un abrazo muy afectuoso del amigo muy atento

Marcello Caetano

102. Luis Valls-Taberner Arnó (1926-2006).
103. *Curso de Ciência Política e Direito Constitucional*, en ulteriores ediciones titulado *Manual de Ciência Política e Direito Constitucional*.
104. José Nosolini Pinto Osório da Silva Leão (1893-1968) fue embajador de Portugal en Madrid de 1954 a 1959.

Serrano, 117 – Madrid
11 de febrero de 1954

Consejo Superior de Investigaciones Científicas

Excmo. Sr.
Prof. Dr. Marcello Caetano
Lisboa

Mi querido amigo:

He recibido su amable carta del día 7. Ya Valls Taberner me había dicho que estuvo con Ud.: vino encantado de su cordial acogida.

Recibí también los «Pareceres» de la Cámara Corporativa, que mucho le agradezco.

La reunión del Pleno del Consejo de Investigaciones, presidida por el Caudillo, tendrá lugar en la segunda quincena del mes de marzo, pero no se conoce todavía la fecha exacta. En este acto se le impondrá a Ud. la medalla de Consejero de Honor, a la vez que se distribuirán los premios anuales a las mejores obras de investigación científica, se lee la Memoria de la labor realizada en el último año y pronuncian sus discursos el Presidente del Consejo y el Ministro de Educación sobre temas de política cultural. Al acto se asiste con traje académico o de etiqueta. Habrá también un banquete de homenaje a los nuevos consejeros de honor, con los brindis de rigor.

En cuanto a su viaje a Santiago no es necesario que sea inmediato. El curso extraordinario de conferencias de la Residencia se prolongará hasta el final del verano. La mayoría de los conferenciantes extranjeros acudirán entre julio y agosto y Ud. podría darla hacia el final. Si en esa época le resulta posible ir a Santiago, lo celebraría muchísimo. Caso de decidirse a aceptar la conferencia, le agradeceré me telegrafíe el título para poderlo incluir en el programa que va a imprimirse enseguida.

Con afectuosos saludos para su mujer y sus hijos, le envía un fuerte abrazo su afmo. s. s. y amigo

L. López Rodó

Serrano, 117 – Madrid

3 de marzo de 1954

Consejo Superior de Investigaciones Científicas

Prof. Marcello Caetano
Fernão Lopes 8 – 2º esq.
Lisboa (Portugal)

Mi querido amigo:

La *Revista de Derecho Comparado*, recientemente creada por este Consejo Superior de Investigaciones Científicas, prepara un número monográfico dedicado a estudiar el recurso contencioso-administrativo que se estima de particular interés, dada la reciente reforma de la jurisdicción contenciosa en Francia y el proyecto español de reformar el recurso contencioso-administrativo.

El Director de la *Revista*, Sr. Solá Cañizares[105], me ha rogado que le proporcione las mejores colaboraciones entre los autores de la especialidad, por lo que no he dudado en dirigirme a Ud. para pedirle que colabore en la *Revista de Derecho Comparado* con un artículo conteniendo una visión de síntesis de lo contencioso administrativo en su país o en relación con otros países o, simplemente, el estudio de alguno de los aspectos más salientes de dicha jurisdicción administrativa.

La retribución aproximada de estos artículos será de 1.000 pesetas por original, según la extensión e importancia del artículo.

En espera de sus gratas noticias sobre el particular, le saluda afectuosamente

L. López Rodó

P.S. En sobre aparte, le envío un ejemplar de las publicaciones del Instituto de Derecho Comparado.

---

105. Felip de Solá Cañizares (1905-1965).

Serrano, 117 – Madrid

13 de marzo de 1954

Consejo Superior de Investigaciones Científicas

Excmo. Sr.
Prof. Dr. Marcello Caetano
Lisboa

Mi querido amigo:

Contestando a las preguntas de su amable carta del día 9, debo puntualizarle que el original del artículo que le pedí para la *Revista de Derecho Comparado* habrá de entregarse antes del próximo mes de octubre. Queda, pues, bastante tiempo porque el número monográfico dedicado al recurso contencioso-administrativo no es el de aparición inmediata sino el siguiente, es decir, el del 2.º semestre del año 1954. En cuanto a la extensión del artículo, podría tener alrededor de quince páginas.

Le agradezco muchísimo su promesa de colaboración que avalorará extraordinariamente el proyectado volumen.

Con recuerdos para su mujer y sus hijos, le envía un cordial saludo su buen amigo

L. López Rodó

Madrid, 3 de junio de 1954

Excmo. Sr.
Prof. Marcello Caetano
Rua de Fernão Lopes, 8 – 2º esq.
Lisboa

Mi querido y distinguido amigo:

Al llegar de Santiago, donde estuve con motivo de las conferencias de los Embajadores de Italia y de Alemania en La Estila, me encuentro con los dos volúmenes de la *Historia de la Administración Pública en Portugal*[106] que ha tenido la amabilidad de enviarme. Nuevamente le doy las más expresivas gracias por esta atención.

Tiene Ud. que perdonar que llegara con retraso a Barajas a despedirle. Informaron mal al mecánico diciéndole que la hora de salida del avión eran las once de la mañana. Por este motivo, el coche me recogió tarde y sólo tuve tiempo de verle a Ud. asomarse a la ventanilla del avión.

Con recuerdos para su mujer y sus hijos, le envía un cordial saludo su buen amigo

Laureano López Rodó

---

106. Se trata de la obra de Henrique da Gama Barros (1833-1925), *História da Administração Pública em Portugal nos séculos XII a XV*, en reedición dirigida por Torquato de Sousa Soares (Lisboa: Sá da Costa, 1945).

Madrid, 7 de junio de 1954

Excmo. Sr.
Prof. Marcello Caetano
Rua de Fernão Lopes, 8
LISBOA

Mi distinguido amigo:

Acabo de recibir otros tres tomos del libro *Historia de la Administración Pública de Portugal*, por lo que nuevamente le doy mis más expresivas gracias.

He dado orden de que le envíen el libro *Historia y Derecho* publicado por el Consejo de Investigaciones Científicas.

Afectuosamente le saluda

Laureano López Rodó

Serrano, 117 – Madrid

13 de noviembre de 1954

Consejo Superior de Investigaciones Científicas

Excmo. Sr.
Prof. Dr. Marcello Caetano
Lisboa

Mi querido y distinguido amigo:

Supongo que habrá recibido mi libro sobre el Patrimonio de la Corona que le envié por correo aparte juntamente con la separata de un artículo sobre el régimen local español publicado en una revista alemana. Si no llegó el envío, avíseme para reclamarlo.

Respecto a lo que me decía en su última carta sobre la imposibilidad en que Ud. se encontraba de escribir el artículo que le había pedido para la *Revista de Derecho Comparado*, he de decirle que el número monográfico consagrado al recurso contencioso-administrativo no saldrá en el mes de diciembre, como se había pensado en un principio, sino en el mes de junio, en lo que espero tenga Ud. tiempo de redactarlo. De ser así, como sería mi deseo, le agradeceré me lo indique para contar en el artículo.

Por varios conductos me llegaron noticias de sus conferencias de este verano en Cintra que gustaran mucho. Ortega estaba encantado.

Con recuerdos para su mujer y sus hijos, le envía un cordial saludo su buen amigo y afmo. s. s.

L. López Rodó

Cámara Corporativa
Presidencia

Lisboa, 22 de noviembre de 1954

Mi querido amigo:

Mucho le agradezco su carta del día 13.

Hasta ahora no he recibido los libros que Ud. me envió y que probablemente se han extraviado. Me dispenso de decirle cuánto me interesan: basta que sean de su autoría.

Vamos a ver si consigo escribir el artículo prometido para la *Revista de Derecho Comparado*.

Mi vida está tan ocupada con los trabajos corrientes de Derecho Constitucional y Administrativo que difícilmente consigo incluir *extras*. Pero haré lo posible por cumplir.

¿Podría Ud. encontrar ahí el libro de Carlos Ollero, *Introducción al Derecho Político* (Bosch, Barcelona)[107]?

¿Y el libro de Parera sobre *Sintaxis del Latín Medieval* editado por el CSIC[108]?

Mucho le agradecería que me los enviara.

¿Cuándo viene Ud. a Lisboa? Sería para mí una gran satisfacción recibirlo aquí.

Afectuosos saludos del amigo muy atento y agradecido

Marcello Caetano

107. OLLERO, C., *Introducción al derecho político. La consideración científica de las relaciones entre la sociedad y el estado*, Barcelona: Librería Bosch, 1948.
108. BASTARDAS I PARERA, J., *Particularidades sintácticas del latín medieval*, Barcelona: Escuela de Filología, 1953.

Tarjeta

Cámara Corporativa

25 de noviembre de 1954

Mi querido amigo:

Dos palabras sólo para decir que recibí ayer, remitido por el CSIC, el *Patrimonio Nacional* que voy a leer con vivo interés[109].
Disponga siempre de su amigo muy atento y agradecido

Marcello Caetano

---

109. LÓPEZ RODÓ, L., *El Patrimonio Nacional,* Madrid: Consejo Superior de Investigaciones Científicas, 1954.

Serrano, 117 – Madrid

20 de diciembre de 1954

Consejo Superior de Investigaciones Científicas

Excmo. Sr.
Prof. Dr. Marcello Caetano
Lisboa

Mi querido y distinguido amigo:

Tengo el gusto de corresponder a su última carta en la que amablemente accede a colaborar en el número monográfico de la *Revista de Derecho Comparado* sobre el recurso contencioso-administrativo. Será un volumen, espero, de gran interés que reunirá artículos de profesores ingleses, franceses, italianos, alemanes, griegos y latinoamericanos, aparte de los de Portugal y España. Tengo ya la mayor parte de los originales, algunos de ellos traducidos y en condiciones de enviar a la imprenta. El número de la *Revista* es el correspondiente al mes de junio próximo.

También he recibido su magnífico trabajo sobre las Cortes de Leiria que he leído con el mayor interés y por el que le felicito muy sinceramente. Ya sabe Ud. lo aficionado que soy a los estudios históricos, sin los cuales nuestro Derecho Administrativo no tendría sentido.

Supongo habrá recibido Ud. los libros de Ollero y Parera que le envié hace unos días. No deje de indicarme cualquier otra obra que pueda interesarle.

Con mis mejores deseos de felicidad para Ud. y su familia en las próximas Navidades y Año Nuevo, le envía un fuerte abrazo su buen amigo

L. López Rodó

Cámara Corporativa
Presidencia

> [Carta sin fecha, pero, atendiendo al contexto, posiblemente
> redactada antes del 26 de enero de 1955].

Mi estimado amigo:

Muchas gracias por haber enviado los libros, y por sus deseos de buenas Fiestas en Navidad. Igualmente le deseo que el nuevo año de 1955 le traiga todas las bendiciones de Dios y para cuantos le son queridos, y para sus emprendimientos y obras.

Voy a hacer lo posible por escribir el artículo para la *Revista*, pero estoy preparando activamente la 2.ª edición de mis «Lecciones de Derecho Constitucional»[110] que me han dado mucho trabajo –esto más allá de toda mi vida habitual–.

Sé que hay una edición reciente de las *Consideraciones sobre la Revolución Francesa*, de Burke[111], publicada por el Instituto de Estudios Políticos. ¿Puede hacer el favor de enviármela? Cuando las 500 pesetas se hayan agotado, le agradezco que me lo diga.

Mi mujer se recomienda mucho y yo le abrazo con viva afección y amistad, me subscribo muy amigo

Marcello Caetano

---

110. Se refiere al ya mencionado *Curso de Ciência Política e Direito Constitucional*.

111 BURKE, E., *Reflexiones sobre la Revolución Francesa*, trad. Enrique Tierno Galván, Madrid: Instituto de Estudios Políticos, 1954.

Serrano, 117 – Madrid

26 de enero de 1955

Consejo Superior de Investigaciones Científicas

Excmo. Sr.
Prof. Dr. Marcello Caetano
Lisboa

Mi querido y distinguido amigo:

Supongo tendrá ya en su poder el libro de Burke y los números aparecidos hasta ahora de *Nuestro Tiempo*. Me interesará conocer su opinión sobre esta revista porque formo parte, juntamente con Albareda, de su consejo de redacción. Pretendemos ofrecer una información lo más completa posible sobre temas de actualidad política, económica, cultural, religiosa, etc., tratados con cierta altura y solvencia científica, pero al propio tiempo en un tono asequible al nivel intelectual medio. Afortunadamente ha tenido muy buena aceptación por parte del público y tenemos ya varios miles de suscriptores.

Me he extendido en las anteriores consideraciones para rogarle ahora que nos haga el honor de contar con su colaboración para esta revista. Mucho me alegraría que en uno de sus próximos números pudiera publicar algún artículo de Ud. sobre el tema que juzgue Ud. más adecuado.

Esperando sus noticias, siempre gratas, y con recuerdos para su mujer y sus hijos, le envía un cordial saludo, su afmo. s. s. y buen amigo

L. López Rodó

Serrano, 117 – Madrid

13 de marzo de 1955

Consejo Superior de Investigaciones Científicas

Excmo. Sr.
Prof. Dr. Marcello Caetano
Lisboa

Mi querido amigo:

Acabo de recibir su carta y, con riesgo de ser importuno, me permito insistirle en lo mucho que me alegraría de verle a Ud. en Madrid por lo menos el día 31 de este mes. Me hago cargo de lo difícil que le resulta a Ud. –dadas sus múltiples ocupaciones– disponer de cuatro o cinco días para ausentarse de Portugal. Pero, en cambio, me atrevo a esperar que le sea posible hacer un viaje relámpago viniendo y volviendo en el mismo día, si fuera preciso, con el objeto de asistir a la sesión solemne de clausura del Pleno del Consejo, en la que el Jefe de Estado[112] le impondría a Ud. la medalla de Consejero de Honor. Supongo habrá recibido Ud. la invitación oficial correspondiente.

En caso de que se anime a hacer este breve paréntesis en su trabajo, mucho le agradeceré me lo indique con la posible urgencia, con el objeto de ultimar los preparativos del acto.

Puede asistir a la ceremonia con *chaquet* o traje académico (toga, muceta y birrete).

Con saludos a su mujer y a sus hijos, le envía un fuerte abrazo su buen amigo

L. López Rodó

---

112. Se refiere a Francisco Franco Bahamonde (1892 1975), «Caudillo de España» del 1 de octubre de 1936 al 20 de noviembre de 1975.

Cámara Corporativa
Presidencia

Lisboa, 17 de marzo de 1955

Mi apreciado amigo:

Pensará que me he muerto..., mi silencio es en verdad ya escandaloso: pero he tenido un invierno singularmente trabajoso y ni sé cómo el tiempo llega para tantos quehaceres.

Mucho me gustaría encontrarme presente en el Claustro Pleno del Consejo con la finalidad de tener el honor de recibir personalmente la medalla de las manos del Jefe de Estado. Pero no puedo en absoluto ausentarme de Lisboa este fin de mes.

¿La entrega ha de ser personal? ¿O puede Ud. recibir la medalla por mí?

Voy a El Escorial al final del mes de mayo y, en ese momento, espero poder dar un salto a Madrid para que conversemos.

Un abrazo muy afectuoso y agradecido

Marcello Caetano

Telegrama

Para:
López Rodó
Serrano, 117
Madrid

30 de marzo de 1955

Completamente imposible ir mañana. Abrazo

Marcelo Caetano

7 de junio de 1955

Prof. Marcello Caetano
Lisboa (PORTUGAL)

Mi querido y distinguido amigo:

Me permito recordarle la urgencia del envío de su artículo con destino al número monográfico sobre lo contencioso-administrativo de la *Revista de Derecho Comparado*, ya que, si no lo recibimos antes del día 15 del mes actual, no podrá ser posible que se publique en dicho volumen monográfico.

Afectuosamente le saluda

Laureano López Rodó

Presidencia del Consejo[113]
Gabinete del Ministro

9 de agosto de 1955

Mi querido amigo:

El deseo de escribirle personalmente me hizo retirar su telegrama del expediente normal de la correspondencia, pero sólo ahora consigo tiempo para decirle cuánto estoy agradecido por su amistad, una vez más tan afectuosamente manifestada.

Acepté este encargo[114] como un deber de servicio nacional, consciente de todos sus riesgos y de todas sus responsabilidades, ¡pero creyente en que Dios me ayudará!

Espero recibir sus noticias de vez en cuando y no me olvido nunca de los buenos amigos españoles delante de los cuales siempre está usted.

Un abrazo grande y afectuoso del amigo muy atento y agradecido

Marcello Caetano

---

113. «Presidência do Conselho [de Ministros]».
114. Marcello Caetano fue ministro de la Presidencia del Consejo de Ministros de 1955 a 1958.

Presidencia del Consejo
Gabinete del Ministro

2 de diciembre de 1955

Mi querido amigo:

No he tenido noticias suyas pero hago votos de que siga bien de salud y con sus trabajos en bueno camino.

Estoy preparando la 4.ª edición del *Manual de Derecho Administrativo* y desearía tener actualizada la bibliografía española. Vengo por eso a pedirle que, si puede, me envíe los libros de F. Garrido Falla, *Transformaciones del régimen administrativo* (I. Est. Políticos) y de J. González Pérez, *Derecho Procesal Administrativo* (*idem*)[115].

No sé si aún tiene pesetas suficientes. Pero le pido el favor de, en caso negativo, decirme cuál es mi deuda.

Afectuosos recuerdos a los amigos comunes y un abrazo del muy amigo

Marcello Caetano

---

115. GARRIDO FALLA, F., *Las transformaciones del régimen administrativo: estudios de administración*, Madrid: Instituto de Estudios Políticos, 1954; GONZÁLEZ PÉREZ, J., *Derecho procesal administrativo*, Madrid: Instituto de Estudios Políticos, 1958.

Presidencia del Consejo
Gabinete del Ministro

21 de diciembre de 1956

Mi querido amigo:

He sabido por el Embajador en Madrid[116] que fue Ud. nombrado Secretario General Técnico de la Presidencia del Gobierno y vengo a decirle cuánto esa noticia me alegró. Le envío un abrazo muy afectuoso con los votos más sinceros de felicidades en su nuevo cargo. ¡Cuánto desearía conversar con usted! ¿Podría Ud. plantear la hipótesis de un salto hasta Lisboa?

Créame siempre, amigo muy dedicado y agradecido

Marcello Caetano

---

116. Se refiere al embajador José Nosolini, ya mencionado.

Presidencia del Consejo
Gabinete del Ministro

16 de abril de 1957

Mi estimado amigo:

El Embajador Nosolini me telefoneó hoy y me dijo que usted deseaba venir a Lisboa para conversar conmigo. Yo tendría el mayor placer en eso y propongo lo siguiente: a) aproveche el fin de semana del 22 al 25 de marzo; b) venga en avión; c) en Lisboa será huésped de la Presidencia del Consejo; d) venga *solo*, es decir, no *venga con el Embajador de Portugal*, pues la venida de este creará de inmediato una expectativa o le dará un carácter a su visita que quizá sean inconvenientes.

Un abrazo muy afectuoso

Marcello Caetano

Presidencia del Consejo
Gabinete del Ministro

10 de mayo de 1957

Mi querido amigo:

Recibí su carta del 6 y me alegro de que en la documentación que mandé, y le fuera remitida, haya encontrado algunos elementos con interés.

Mucho me gustaría a mí poder aceptar su invitación para ir el día 1 de junio a Barcelona. Pero los meses de mayo y junio son aquí los más sobrecargados y no me es fácil ausentarme si no es por necesidad de servicio.

Un abrazo muy afectuoso del amigo muy atento

Marcello Caetano

Madrid, 28 de noviembre de 1957

Excmo. Sr. Marcelo Caetano
LISBOA

Mi querido y distinguido amigo:

Tengo mucho gusto en presentarle a D. Santiago Cruilles[117], Teniente de alcalde del Ayuntamiento de Barcelona y Director del Instituto Municipal de la Vivienda de aquella ciudad, que realiza un viaje a Lisboa con objeto de conocer personalmente las más recientes realizaciones en materia de viviendas baratas de la capital portuguesa. Mucho le agradeceré tenga a bien ponerle en relación con la persona que crea Ud. más indicada para mostrarle los nuevos barrios de casas baratas de Lisboa.

Muy agradecido por su atención, le saluda muy afectuosamente su buen amigo

Laureano López Rodó

---

117. Santiago de Cruïlles de Peratallada Bosch (1919-1999).

Madrid, 2 de diciembre de 1957

Prof. Marcello Caetano
Presidencia del Consejo
Gabinete del Ministro
Lisboa (Portugal)

Mi querido amigo:

En esta Presidencia del Gobierno se están realizando estudios económicos relativos a las inversiones públicas y privadas. Con tal motivo, nos gustaría saber si, en su país, los planes de inversiones son promulgados mediante disposición legal y, en caso afirmativo, nos sería de gran utilidad disponer de un ejemplar o copia de dichas leyes o disposiciones.

Ruego, por tanto, a Ud. tenga la bondad de suministrarme la información anterior por lo que, de antemano, le expreso mi sincero reconocimiento.

Un abrazo de su buen amigo

Laureano López Rodó

Marcello Caetano

14 de julio de 1958

Mi apreciado amigo:

Tengo que agradecerle dos tarjetas postales: la que me envió de Bélgica y la que vino de Elvas por ocasión de su visita al Plan Badajoz. He tenido noticias entusiásticas de este Plan y mucho me complacería visitarlo también. ¿Puede usted indicarme la manera de ponerme en contacto con alguna autoridad que me proporcionara una visita orientada de las obras hechas?

Mucho me gustaría conversar con usted. Seguramente tenemos bastante que contar el uno al otro.

Afectuosos recuerdos del muy amigo

Marcello Caetano

PRESIDENCIA DEL GOBIERNO
El Secretario General Técnico

Madrid, 6 de octubre de 1958

Excmo. Sr.
Prof. Dr. Marcello Caetano

Mi querido amigo:

Aquí ha empezado a refrescar el tiempo y creo que este mes sería la mejor época para realizar nuestra proyectada visita al Plan Badajoz. Dígame Ud. qué fechas le vendrían mejor, para preparar con la posible antelación el viaje. Por mi parte serían buenas fechas alrededor del 25.

Tengo gran ilusión por estar unos días con Ud. y tener oportunidad de charlar de muchas cosas. Supongo que habrá recibido un ejemplar de la ley de Procedimiento Administrativo que ha editado la Presidencia. Me gustaría que apareciera algún comentario en *O Direito* o en alguna otra revista jurídica portuguesa.

Con afectuosos saludos para su mujer y sus hijos, le envía un fuerte abrazo su buen amigo

Laureano López Rodó

Marcello Caetano

14 de octubre de 1958

Mi querido amigo:

Muchas gracias por su carta del 6 del corriente. Tenía mucho deseo de estar con usted y conversar sobre tantos asuntos que me interesan. Pero ahora la Universidad está a punto de abrir y voy a retomar mis cursos, por lo que no me puedo ausentar para la proyectada visita a las obras de Badajoz.

He recibido la «Ley de Procedimiento Administrativo» en cuya elaboración sé que Ud. tuvo gran parte[118]. Voy a escribir sobre ella en *O Direito*, dándole toda la atención que merece.

¿No piensa Ud. dar un salto a Lisboa? Por mi parte, desearía ir hasta Madrid: veremos si la ocasión se presenta.

Créame, amigo muy atento y dedicado

Marcello Caetano

---

118. *Ley de Procedimiento Administrativo de 17 de julio de 1958, publicada en el «Boletín Oficial del Estado», n.º 171, de 18 de julio de 1958*, Madrid: Editora Nacional, 1958. Con el discurso de Laureano López Rodó ante el pleno de las Cortes Españolas en defensa del proyecto.

Universidad de Lisboa
Rectorado[119]

26 de febrero de 1959

Mi querido amigo:

Mucho agradezco su carta de felicitaciones por mi nombramiento para Rector[120]. Aunque dispuesto a no militar más en la vida pública, entendí no deber recusarme a servir mi Universidad. Vamos a ver qué conseguiré hacer.

Los tiempos son difíciles en el mundo entero y sobre todo cargados de preocupaciones y amenazas al Occidente europeo. ¡Que Dios no nos falte con su protección!

Tuve noticias suyas por el Dr. Nosolini. ¡Cuánto me gustaría poder conversar con usted!

Afectuosos recuerdos del muy amigo y agradecido

Marcello Caetano

---

119. «Universidade de Lisboa, Reitoria».

120. Marcello Caetano fue rector de la Universidad de Lisboa de 1959 a 1962.

Universidad de Lisboa
Rectorado

Lisboa, 18 de septiembre de 1959

Mi querido amigo:

Le escribo para anunciar que tengo intención de ir a El Escorial a
la reunión del Centro Europeo de Documentación e Información[121].
Pasaré, pues, por Madrid, donde cuento estar los días 26 y 27 –y
llegar el 25–.

Calculo que Ud. no estará ahora en Madrid. En todo caso escribo para intentarlo…, tendría un inmenso gusto en verle, en abrazarle, en conversar con usted.

Espero hospedarme en el Palace.

Un abrazo muy afectuoso de su muy amigo

Marcello Caetano

121. El Centro Europeo de Documentación e Información fue creado en
1957, por iniciativa de Alfredo Sánchez Bella (1916-1999).

Madrid, 25 de septiembre de 1959

Excmo. Sr. D. Marcelo Caetano
Rector de la Universidad de Lisboa

Excmo. Señor:

Por indicación del Profesor D. Laureano López Rodó, ausente estos días de Madrid, tengo el honor de dirigirme a V. E. para manifestarle el gran interés del Sr. López Rodó en estar con Ud. durante su permanencia en España.

Me encargó de comunicarle si podrían almorzar juntos algún día. Como él se encuentra en las proximidades de Madrid, se desplazaría para recogerle a la hora y en el día que fuera más conveniente para V. E. En principio podría ser la mañana del sábado, día 26 o el mismo domingo, antes de la reunión de la CEDI[122] para hacer una pequeña excursión a Segovia, La Granja, almorzando en uno de dos restaurantes típicos.

Si estas fechas no fueran convenientes para V. E., no hay ningún inconveniente de parte del Sr. López Rodó en posponerlo para después de las reuniones en El Escorial.

De igual modo, si Ud. desea hacer una vuelta para conocer el Plan Badajoz, con mucho gusto D. Laureano le acompañaría, sugiriéndole en principio las fechas del 2 al 5 de octubre.

Si V. E. tuviera la amabilidad de responderme, yo transmitiría inmediatamente al Profesor López Rodó su aceptación. Puede llamar a la Presidencia del Gobierno (Teléf. 240.150) dónde —aun cuando yo no esté— me darían el mensaje con urgencia.

Con todo el afecto y respeto, quedo a las órdenes de V. E. y siempre a su disposición

Luis María Huete Morillo[123]

---

122. El ya mencionado Centro Europeo de Documentación e Información.
123. Luis María Huete Morillo (n. 1929).

Universidad de Lisboa
Rectorado

5 de octubre de 1959

Mi querido amigo:

Vengo a decirle todo el placer que tuve en verle en Madrid y en conversar con usted, aunque tan rápidamente. Y agradecerle, por mí y por mi mujer e hija, el magnífico almuerzo, tan agradable, también por la compañía y el panorama. Recibí las publicaciones que Ud. hizo que me enviaran y que mucho he apreciado. Y hemos encontrado en el Parador de Mérida los aposentos reservados, habiendo sido muy bien tratados: hemos verificado que allí estaban los cuidados de D. Laureano... ¡bien haya por todo!

El Congreso del Valle de los Caídos tuvo interés ¡y de esta vez mereció la pena ir hasta allá!

Discúlpeme pedirle un favor: en el escaparate de la librería del CSIC en Medinaceli he visto un libro de La Torre y Fernández, *Documentos referentes a las relaciones con Portugal durante el reinado de los Reyes Católicos* (Valladolid)[124]. Infelizmente, al ser domingo no he podido comprarlo. ¿Puede Ud. hacer que me lo envíen?

En breve cuento poder combinar la ida a Badajoz.

Un abrazo del muy amigo

Marcello Caetano

---

124. *Documentos referentes a las relaciones con Portugal durante el reinado de los Reyes Católicos*, edición preparada y anotada por Antonio de la Torre y Luis Suárez Fernández (Valladolid: Gráficas Andrés Martín, 2 vols., 1958 y 1960).

Universidad de Lisboa
Rectorado

Lisboa, 22 de octubre de 1959

Mi querido amigo:

Me ha sido imposible aceptar su *desafío* para ir a Badajoz el pasado día 16, pues en esa misma fecha se inauguró el curso académico en la Universidad con una sesión solemne presidida por el Jefe de Estado[125]. Y al día siguiente se celebró el matrimonio de la hija de un gran amigo mío. Estamos ahora en el verano de San Martín. Pero el próximo sábado, 31, tendré que ir a Évora, por el Centenario de la Universidad que se conmemora ese día y el siguiente[126]. ¡Y el siguiente fin de semana –6 a 8 de noviembre– tendré que estar en Braga, donde presidiré al Congreso de Portugal Medievo!

La única hipótesis antes de ese momento sería el 30, antes de Évora, pero calculo que no le convendrá a Ud.

Un abrazo muy afectuoso del muy amigo y atento y agradecido

Marcello Caetano

---

125. En esta fecha el presidente de la República Portuguesa era el almirante Américo Thomaz.
126. «Universidade de Évora», fundada el 1 de noviembre de 1559 por el Arzobispo de Évora, Cardenal D. Henrique, que más tarde fue rey de Portugal.

Universidad de Lisboa
Rectorado

Lisboa, 23 de octubre de 1959

Mi querido amigo:

Después de haberle escrito esta mañana, llegó el libro que Ud. tuvo la bondad de enviarme por intermedio de la librería de Medinaceli del CSIC. Muchas y muchas gracias.

Además, mucho le agradecería que mandara pagar las 160 pesetas de su importe. Disculpe tanta molestia y crea que por todo le queda muy agradecido, el amigo muy dedicado y reconocido

Marcello Caetano

TELEGRAMA CARTA

Presidencia del Gobierno
Gabinete telegráfico

26 de octubre de 1959

Prof. Marcelo Caetano
R. Fernão Lopes, 8
LISBOA (Portugal)

Le espero a cenar en el parador de Mérida el jueves día veintinueve noche. Visitar Plan Badajoz, día treinta. Le agradece confirmación de usted y hora en que necesita estar en Évora el día treinta y uno. Saludos

López Rodó

Marcello Caetano

5 de noviembre de 1959

Mi querido amigo:

Llegué desde Évora con un fuerte resfriado y encontré mucho trabajo; incluso porque hoy tengo que proseguir hacia el Congreso de Historia Medieval en Braga. Por eso no le escribí aún para decir cuánto placer me dio la visita al Plan Badajoz y haber podido estar algún tiempo con usted. Han sido horas muy agradables y mucho le agradezco todas las atenciones recibidas y su amable invitación.

Voy a ver si consigo algún tiempo para escribir sobre el Plan para la prensa de Lisboa.

Un abrazo muy afectuoso y agradecido

Marcello Caetano

Madrid, 16 de noviembre de 1959

Prof. Marcelo Caetano
Rector de la Universidad de Lisboa

Mi querido y distinguido amigo:

He hecho una gestión cerca de D. Antonio Tena[127], Comisario de Extensión Cultural, de nuestro Ministerio de Educación, para que le envíe el documental cinematográfico sobre la Ciudad Universitaria de Madrid del que hablamos hace unas semanas. Me ha dicho que con mucho gusto le facilitarán para que pueda ser proyectado en la Universidad de Lisboa o en cualquier Centro que a Ud. le parezca oportuno. Puede Ud. ponerse directamente en relación con dicho señor indicándole las características del aparato de proyección, especialmente si se ha de enviar una copia de 35 o de 16 mm y, asimismo, medio de enviarlo: el más seguro podría ser bien a través de la valija de la Embajada de Portugal o por la valija de la española.

Deseando que la proyección resulte de su agrado, le envía un cordial saludo su buen amigo

Laureano López Rodó

---

127. Antonio Tena Artigas (1918-1971).

PRESIDENCIA DEL GOBIERNO
El Secretario General Técnico

Madrid, 25 de marzo de 1960

Excmo. Sr.
Prof. Dr. Marcello Caetano

Mi querido amigo:

Quiero darle la enhorabuena anticipada por su doctorado *honoris causa*. La Junta de la Facultad de Ciencias Políticas y Económicas de Madrid hizo ya la propuesta y espero que la tramitación reglamentaria se despache pronto favorablemente. Me he alegrado mucho. Es un nuevo reconocimiento de su destacada personalidad política y universitaria. Me alegro también porque me depara la ocasión de verlo a Ud. por aquí.

Con recuerdos para su mujer y sus hijos, le envía un fuerte abrazo su buen amigo

L. López Rodó

PRESIDENCIA DEL GOBIERNO
El Secretario General Técnico

Madrid, 25 de marzo de 1960

Excmo. Sr.
D. Marcello Caetano
Lisboa

Mi querido y distinguido amigo:

Para su información y con bastante retraso, le envío la liquidación que me pasa la Librería Neblí de su *Tratado de Derecho Administrativo*. Lamento de veras que, por un indudable defecto de distribución y publicidad de esa pequeña librería de provincias, no haya tenido más venta la obra hasta ahora.

Con el afecto de siempre, le envía un cordial saludo su buen amigo

Laureano López Rodó

....

RECIBO DE LIBRERÍA NEBLI

Santiago, 18 de marzo de 1960

Liquidación efectuada a D. Laureano López Rodó, de la obra *Tratado elemental de Derecho Administrativo* cuyo autor es el autor Prof. D. Marcello Caetano y su traductor D. Laureano López Rodó.

Total ejemplares editados: 2.000
Total de existencias: 1.412
Total vendidos: 588
Total de la liquidación: 8.820,00 pesetas

El importe de la presente liquidación corresponde a partes iguales a D. Marcello Caetano, como autor, y D. Laureano López Rodó, como traductor, debiendo percibir la cantidad de 4.100,00 cada uno.

Habiendo hecho efectivo a la publicación de la obra, la cantidad de 5.000 pts. A cada uno de Vos. queda cubierto de momento el importe arriba indicado.

Universidad de Lisboa
Rectorado

28 de abril de 1960

Mi querido amigo:

Discúlpeme el largo silencio. Tengo varias cartas suyas a la espera de respuesta y una de ellas relativa al coloquio de Alcalá de Henares. Era mi intención participar. Pero el silencio y la imposibilidad de comparecencia tienen la misma causa: mi mujer hace dos meses que está enferma, con una astenia nerviosa que la obliga a guardar un reposo absoluto y a recibir cuidados excepcionales. La enfermedad se alarga infelizmente: yo no puedo ahora ausentarme de aquí. Y por ese motivo me es imposible asistir a la inauguración del Centro de Formación y Perfeccionamiento de los Funcionarios. Vamos a ver si podrá ir alguien desde Portugal.

Me dio una gran satisfacción el doctorado *honoris causa* por Madrid que viene a estrechar más los lazos que me prenden a España[128]. Ibáñez le habrá dicho con qué cordialidad transcurrió aquí el doctorado de Truyol[129].

Sigo siempre con el máximo interés todo cuanto respecta a su vida y a sus éxitos, como amigo muy dedicado y agradecido

Marcello Caetano

128. Marcello Caetano fue investido doctor *honoris causa* el 4 de junio de 1960, por la Facultad de Ciencias Políticas, Económicas y Comerciales de la Universidad de Madrid («Complutense»).
129. Referencias a José Ibáñez Martín (1896-1969), embajador de España en Lisboa de 1958 a 1969, y a Antonio Truyol y Serra (1913-2003), que fue doctor *honoris causa* por la Universidad de Lisboa en julio de 1959.

Universidad de Lisboa
Rectorado

9 de enero de 1961

Mi querido amigo:

Muchas gracias por su carta del 4 del corriente. Espero llegar a Madrid, por avión, el día 19 (en Iberia, vuelo 072), pero cuento regresar el 22 o el 23. Para ir al Centro de Formación de Funcionarios solamente veo la mañana del sábado 21. El tema del coloquio podría ser quizá: «Situación jurídica de los funcionarios en Portugal» (o «Estatuto de los funcionarios en Portugal»). Si usted prefiere otro, propóngalo Ud., pero preferentemente en materia jurídica.

Mi mujer, que está hace un año con una enfermedad nerviosa, se recomienda mucho. Vamos camino del sexto nieto, ¡imagine usted! Estoy ansioso por verle para que conversemos.

Un abrazo muy afectuoso de su muy amigo

Marcello Caetano

Madrid, 31 de enero de 1961

Excmo. Sr.
Marcelo Caetano
Lisboa (Portugal)

Mi querido amigo:

Al enterarse por la prensa de días pasados, de la amistad que me une a Ud., un buen amigo mío de mi entera confianza, D. Víctor Messa Arnau, persona conocida en el mundo de los negocios, me ha pedido que le escribiera para presentarle como lo hago por las presentes líneas al Excmo. Sr. Ingeniero D. Antonio Jardim Neto, gerente de la Companhia Intercontinental de Construções, Ltda. (Av. Antonio Augusto Aguiar 21).

Perdone esta libertad que me tomo y reciba un cordial saludo de su buen amigo

Laureano López Rodó

Madrid, 23 de marzo de 1962

Excmo. Sr.
D. Marcelo Caetano
Lisboa (Portugal)

Mi querido y distinguido amigo:

Ha venido a visitarme D. Víctor Messa, a quien tuve el gusto de presentarle a Ud. hace ya algún tiempo, habiéndome informado de que después de un año de gestiones, y con la intervención del Ministro de Ultramar de ese país y nuestro Embajador, se ha llegado, en principio, a la aceptación por la SHER del nombramiento de Ud. como Presidente de una Comisión Arbitral en el asunto de las diferencias entre la «Companhia Intercontinental de Construções, Ldta.» y la «Sociedade Hidroeléctrica do Revué».

Asimismo, me ha encargado especialmente D. Víctor Messa de agradecerle en su nombre todas las atenciones recibidas de Ud.

Con el afecto de siempre y cordiales saludos para su familia, le envía un fuerte abrazo su buen amigo

Laureano López Rodó

Castellana, 3

PRESIDENCIA DEL GOBIERNO
El Comisario del Plan
de Desarrollo Económico

Madrid, 14 de enero de 1963

Excmo. Sr.
D. Marcello Caetano
Lisboa

Mi querido y distinguido amigo:

El sábado último estuve almorzando con D. José Ibáñez Martín[130] y hablamos mucho de usted. Me contó el último incidente de la vida universitaria portuguesa. Excuso decirle que comprendo perfectamente su actitud.

También hace unos días estuve viendo a D. Víctor Messa que me informó de que, por fin, se había aceptado el arbitraje de usted propuesto para la solución de las diferencias de las Sociedades «Hidroeléctrica do Revué» y la «Companhia Intercontinental de Construções, Lda.» en la liquidación de las obras de la «Presa de Chicamba»[131]. Me alegro mucho.

Con mis mejores deseos para el nuevo año, le saluda muy afectuosamente, su buen amigo

L. López Rodó

---

130. José Ibáñez Martín (1896-1969) era a la fecha el embajador de España en Lisboa.
131. Al parecer, se trata de proyectos de obras en las Provincias Ultramarinas portuguesas. El Revué se sitúa en Manica (Mozambique); y Lagoa Chicamba o Laguna de Massabi, en Cabinda (actualmente, Angola).

Marcello Caetano

Lisboa, 22 de enero de 1963

Mi querido amigo:

Recibí su carta del 14 que mucho me alegró. Es siempre con placer que veo sus noticias y voy siguiendo su carrera. Además, la política española me interesa profundamente, en este momento sobre todo en el que veo que se pone en práctica, con notable éxito, la política de descontracción y flexibilización del régimen por mí preconizada para Portugal en 1955 y que aquí no logré hacer aprobar con disgusto mío y perjuicio general.

Mi mujer infelizmente continúa enferma, lo que me impide viajar: si no, ya hubiera vuelto a tomar los aires de Madrid.

Va a comenzar el proceso arbitral en el que soy juez único: ¡difícil tarea la de juzgar! Pondré en el asunto toda mi exención y consciencia.

Que tenga Ud. un feliz año de 1963; son los votos muy calurosos de su muy amigo y agradecido

Marcello Caetano

Marcello Caetano

Lisboa, 9 de junio de 1963

Mi querido amigo:

Discúlpeme por agradecer tan tarde el ofrecimiento, en términos tan amigos, de su excelente discurso de recepción en la Real Academia de Ciencias Morales y Políticas a la que tanto me honro de pertenecer. El tema que Ud. escogió era oportunísimo y fue tratado con mano de maestro. El discurso suma al rasgo erudito una amplitud magnífica de visión sobre los problemas hoy suscitados por la imperiosa renovación de la orgánica y de los métodos de la Administración Pública. El jurista da la mano al cultivador de la Ciencia de la Administración y al administrador experimentado para presentar un trabajo en el que van juntos el espíritu científico y el criterio práctico. Está, pues, Ud. de parabienes y afectuosamente le abrazo y felicito.

Mi mujer continúa enferma, lo que mucho me preocupa y, como puede Ud. calcular, me sujeta aquí.

Está en curso el arbitraje del que Ud. me ha hablado. Creí, al principio, que se trataba de un juicio de arbitraje *ex aequo et bono*. Pero no. Las partes han escogido el proceso formal, con un juicio de derecho estricto. Estoy, pues, funcionando como juez, lo que condiciona enormemente la decisión.

¿Cómo ha Ud. pasado? De vez en cuando tengo aquí noticias suyas, de sus trabajos y de sus éxitos. ¡Que Dios le ayude!

Recuerdos afectuosos de su muy amigo

Marcello Caetano

Castellana, 3

PRESIDENCIA DEL GOBIERNO
El Comisario del Plan
de Desarrollo Económico

Madrid, 8 de Julio de 1965

Excmo. Sr.
D. Marcello Caetano
Lisboa (PORTUGAL)

Mi querido y distinguido amigo:

Gracias de veras por el afectuoso telegrama que me ha enviado con motivo de mi nombramiento. Me ha alegrado mucho su felicitación, nueva prueba del afecto con que ha distinguido siempre.

Queda a su disposición y le saluda muy atentamente, su buen amigo

Laureano López Rodó

Madrid, 3 de diciembre de 1965

Excmo. Sr.
D. Marcello Caetano
LISBOA

Mi querido amigo:

Me dice D. Víctor Messa el feliz resultado de las negociaciones entre la «Companhia Intercontinental de Construções» y la «Sociedade Hidroeléctrica do Revué» en las que tan oportunamente ha intervenido Ud. Quedaron plenamente satisfechos del alto espíritu de equidad reflejado en el laudo[132].

Por correo aparte le envío un ejemplar de la monografía sobre *Factores Humanos y Sociales del Desarrollo Económico* recientemente publicado por esta Comisaría.

Con el afecto de siempre, queda a su disposición y le saluda muy atentamente

Laureano López Rodó

132. En carta fechada de 19 de Noviembre de 1965, Víctor Messa Arnau escribió a Laureano López Rodó: «Me es grato manifestarle que en la cuestión que tanto nos preocupaba entre la "Companhia Intercontinental de Construções" y la "Sociedade Hidroeléctrica do Revué", la que por indicación de Ud. propusimos fuera arbitrada por el Excmo. Sr. Profesor Marcello Caetano, se ha llegado a una transacción naturalmente como tal no acostumbra a ser justa, pero siempre es buena y yo quiero comunicarle a Ud. que el profesor Marcelo Caetano ha puesto para el logro de esta transacción todo su talento, buena voluntad, paciencia y demás condiciones, con un cariño y una ponderación que corresponden a la fama universal de dicho profesor. / Supongo se alegrará Ud. de conocer esta noticia y con ello aprovecho la ocasión para reiterarme suyo afmo. FIRMA». Esta carta se encuentra en el archivo de la Universidad de Navarra, fondo Laureano López-Rodó.

Tarjeta postal

Barcelona, 9 de octubre de 1967

Excmo. Sr.
D. Laureano López Rodó
Ministro del Plan de Desarrollo
Presidencia del Gobierno
MADRID

Querido amigo:

Vengo a agradecerle de corazón la amabilidad de su regalo que guardaré como memoria de una gran ciudad a la que está asociado el recuerdo de un gran amigo. Tan pronto como lo recibí quise hablarle por teléfono pero no sé qué líos hubo —no lo conseguí—. No quiero dejar Barcelona sin enviarle desde aquí un gran abrazo. Después, desde Lisboa, le escribiré.

Marcello Caetano

Marcello Caetano

Lisboa, 15 de octubre de 1967

Mi querido amigo:

Estoy de regreso a Lisboa después de haber pasado una semana en Barcelona en una agradable digresión turística. El Congreso, como reunión de estudio, no valió nada y lo más interesante que escuché allá fue su excelente discurso con cuya doctrina estoy enteramente de acuerdo. Pero tuvimos un tiempo óptimo, la ciudad es maravillosa, los alrededores son encantadores –en fin, ¡no hay duda de que su tierra natal hace el honor a los hijos ilustres que tiene!–. Me gustó inmensamente conocerla y fue para mí un verdadero placer haberlo encontrado allá, aunque sólo fugazmente. Las circunstancias no permitían una convivencia más detenida. Después, los programas que me ocupaban de la mañana a la noche han dificultado las comunicaciones telefónicas y, además, en las llamadas que hice para el número que Ud. me indicó hubo frecuentes errores de conexión. He recibido la maravillosa caja que Ud. me envió: una belleza, ¡pero sobre todo la he apreciado y guardo cariñosamente como testigo de la permanencia de su amistad a la que tanto aprecio! Una vez más, ¡muchas gracias!

¿No querría Ud. venir a Portugal? Hace mucho que no aparece por aquí. Podría venir a descansar unos días a título particular o en visita oficial: creo que no sería difícil recodar al gobierno portugués la oportunidad de una invitación, si Ud. estuviera de acuerdo. ¿Qué me dice?

Mi mujer, que sigue enferma, siempre le recuerda con mucha amistad. Y le manda un abrazo afectuosísimo el muy amigo

Marcello Caetano

Castellana, 3

PRESIDENCIA DEL GOBIERNO
El Ministro y Comisario del Plan
de Desarrollo Económico y Social

Madrid, 21 de octubre de 1967

Excmo. Sr.
Prof. Dr. Marcello Caetano
Lisboa

Mi querido amigo:

No sabe Ud. cuanta alegría me dio el verle en Barcelona y como sentí no poder charlar con Ud. despacio. Al salir del Palacio de las Naciones anduve buscándole pero ya no le encontré.

Su carta desde Lisboa, tan cariñosa, ha compensado, en parte, la truncada conversación del día 6 y al mismo tiempo me ha hecho sentir más vivos deseos de verle y de cambiar impresiones. Desgraciadamente, no me va a ser posible ir a Portugal en fecha próxima. Estoy ultimando el II Plan de Desarrollo y esta tarea me tiene completamente atado.

¿No sería posible programar una visita suya a Madrid? Mañana llega Waline para pronunciar una conferencia el lunes en Alcalá. ¿Podría Ud. aceptar una invitación semejante?

No descarto con ello el hacer una escapada a tierras portuguesas en cuanto pase el presente agobio de trabajo: necesito sacudirme de «saudade».

Con mis mejores recuerdos para su mujer y sus hijos, le envía un cordial saludo su buen amigo

L. López Rodó

TELEGRAMA

26 de septiembre de 1968

Presidencia del Gobierno
Gabinete telegráfico

Excmo. Sr. D. Marcelo Caetano
R. Fernão Lopes, 8 – 2.º esq
Lisboa

Mientras comparto el dolor y ansiedad de la nación portuguesa pendiente de la vida del gran estadista Doctor Salazar, el nombramiento de Vuestra Excelencia como Presidente del Gobierno confirma mi esperanza en el seguro porvenir de Portugal, país hermano al que tanto admiro y quiero entrañablemente. Formulo votos porque el acierto presida la histórica misión y pesada carga confiada a Vuestra Excelencia. Cordial saludo de su buen amigo al tiempo que le reitero mi alto aprecio y estimación personal.

Laureano López Rodó

Castellana, 3

PRESIDENCIA DEL GOBIERNO
El Ministro y Comisario del Plan
de Desarrollo Económico y Social

Madrid, 27 de septiembre de 1968

Excmo. Sr.
Prof. Dr. Marcello Caetano
Presidente del Consejo de Ministros
Lisboa

Mi querido amigo:

Ya puede Ud. imaginarse con cuánta satisfacción recibí la noticia de su nombramiento y la impaciencia con que tuve que esperar la publicación oficial para enviarle mi enhorabuena por telegrama.

Se abre una nueva etapa en la gloriosa Historia de Portugal que quedará, para siempre, vinculada a su nombre de Ud. El Portugal de Salazar ha ofrecido al mundo abundantes ejemplos de dignidad y de honor. Estoy seguro de que el Portugal de Caetano alcanzará todavía cotas más altas y será conducido por la mente clara de quien sabe juzgar *ex aequo et bono* y discernir el signo de los tiempos.

No es fácil ni cómoda la época que vivimos. Pero es prometedora. Se está configurando una sociedad nueva más justa, más dinámica, más auténtica. Sigo creyendo en la juventud que es siempre generosa. Su ímpetu ha de encauzarse, sin sofocarlo. Ud. conoce bien a los jóvenes, desde las aulas y desde los campamentos de la Mocedad Portuguesa allá por los años cuarenta. Ud. hará una política joven, una política cara al futuro.

En España su nombramiento ha sido recibido con extraordinaria simpatía. Me consta su amistad hacia mi Patria, en todo momento: también en las horas difíciles. España siempre ha hecho honor a sus amigos sinceros.

Con mis mejores votos por el presente y por el futuro de la gran nación portuguesa que, desde hoy, gobernáis, recibid, querido amigo, un fuerte abrazo de

Laureano López Rodó

Presidencia del Consejo[133]

28 de diciembre de 1968

Mi querido amigo:

Recibí y de corazón le retribuyo los votos de Navidad y Año Nuevo que tuvo la bondad de enviarme.

Son bien pesadas mis responsabilidades actuales. Y bien necesito, para soportarlas, la colaboración de amigos. Pero es con disgusto que he notado que España se va alejando de Portugal, especialmente en la política exterior: sé que tenemos posiciones e intereses en ciertos puntos divergentes. Pero estoy seguro de que podríamos encontrar fórmulas amistosas de entendimiento, de modo a no perjudicar la colaboración de los dos países en aquello que para la península sea esencial.

Créame, querido amigo, su muy devoto y siempre atento

Marcello Caetano

133. «Presidência do Conselho». Marcello Caetano fue nombrado presidente del Consejo de Ministros el 27 de septiembre de 1968 y permaneció en estas funciones hasta la llamada «revolución de los claveles», el 25 de abril de 1974.

Castellana, 3

PRESIDENCIA DEL GOBIERNO
El Ministro y Comisario del Plan
de Desarrollo Económico y Social

8 de enero de 1969

Mi querido amigo:

A la vuelta de unos breves días de descanso me encuentro con su afectuosa carta de 28 de diciembre que constituye una nueva prueba de confianza, que mucho le agradezco.

Tenga Ud. la plena seguridad de que la actitud de España hacia la nación portuguesa, tan entrañablemente querida, es y será siempre sinceramente amistosa, como lo he reafirmado, una vez más, en su reciente mensaje de fin de año nuestro Jefe de Estado al dedicar los más amplios y efusivos párrafos a Portugal y expresar sus mejores deseos de éxito al nuevo Presidente del Consejo.

Comparto plenamente la convicción de Ud. de que, si bien pueden existir posturas distintas en algunos aspectos de la política exterior, siempre podrán encontrarse fórmulas amistosas de entendimiento que aseguren la más leal y estrecha colaboración en todo cuanto sea esencial para ambos pueblos peninsulares.

Me permito acompañarle una copia de una breve semblanza de Ud. que me solicitaron para la revista *Cuanza* de Angola y que escribí el pasado mes de noviembre.

Con mis mejores deseos para el nuevo año y especiales saludos para su mujer y sus hijos, le envía un fuerte abrazo su buen amigo

Laureano López Rodó

COLABORACIÓN A SEMANARIO «CUANZA» DE ANGOLA, PARA NÚMERO ESPECIAL DEDICADO AL DOCTOR CAETANO

Clarividencia y honestidad en servicio de la Patria.

Hace muchos años que conozco y –precisamente porque lo conozco– admiro al Dr. Marcelo Caetano. Es un trato de buenos amigos, de colegas. Al amparo de un quehacer que nos es común ilusión: la formación de la juventud universitaria.

En mayo de 1944, conocí al Dr. Caetano, profesor de Derecho en Lisboa, y entonces me autorizó a traducir al español su espléndido *Tratado de Derecho Administrativo.*

Esta amistad, prolongada hasta hoy mismo, ya en la conversación, ya en el intercambio epistolar, me ha proporcionado un lugar de privilegio para, desde muy variadas perspectivas, comprender cuántas dimensiones ofrece la admirable personalidad del Profesor Caetano: vida oficial, vida estudiosa, vida familiar... son facetas ejemplares en él. Son las mismas que me habían atraído hacia su obra jurídica, descubriéndome un rasgo básico: una visión clara y profunda, capaz de interpretar pasado y presente, y también de anticipar, vislumbrándolo, el futuro.

Su hombría de bien, su sencillez y ausencia de prejuicios, su penetrante inteligencia y un gran sentido común le dotaron siempre de la rara virtud de juzgar los hechos sin deformarlos. Mil veces le he oído insistir en la necesidad de juzgar *ex aequo et bono* –desde un punto de vista equitativo y bienintencionado–: podría ser el lema de su vida, acompañado de un inmenso amor a Portugal.

Su generosidad le ha llevado lo mismo a ocupar altísimos puestos de gobierno que, alternando, silenciosos trabajos de estudioso profesor: sin modestias que son huidas, y sin orgullosos resentimientos de preterición: en cada caso, una honesta, plena y sincera disposición de entrega a la Patria.

En enero de 1945 –voy a complacerme en reavivar recuerdos de este gran amigo y hombre de Estado–, nuevo Ministro de Colonias, me escribía: «Nosotros vamos trabajando con fe en Dios y en los destinos de Portugal»[134]. Meses más tarde[135], añorando su cátedra universitaria –«a la que tanto desearía regresar»– me refería un largo viaje de servicio por Ultramar: y me confesaba con toda franqueza: «creo haber –en ese recorrido– prestado algunos servicios a Portugal»[136].

Pasan dos años, y un 24 de febrero de 1947 me hace una honesta recapitulación: «El Dr. Salazar me confió el lugar por ventura más difícil del Estado Nuevo, y yo, disciplinadamente, cumplí. ¡Dios me asista!»[137].

Cuando, en agosto de 1955, se le nombra Ministro de la Presidencia del Consejo, me explica: «Acepté este encargo como un deber de servicio nacional, consciente de todos sus riesgos y de todas sus responsabilidades, ¡pero creyente en que Dios me ayudará!»[138].

Así es el Dr. Marcello Caetano. Mirando a la vez al cielo y al suelo; pesando sus propias fuerzas, pero confiando en recibir la ayuda superior que merecen las nobles empresas lusitanas, rige ahora los destinos de su nación con tan admirable espíritu.

Este hombre, dispuesto siempre a juzgar *ex aequo et bono*, ha sabido, a lo largo de una dilatada experiencia, prever el futuro –los días que ahora vivimos– preparando los «Planos de Fomento», insistiendo en el papel condicionante de una juventud que tan bien conoce y

134. Las citas entrecomilladas se encuentran en portugués en el original. «Nós cá vamos trabalhando com fé em Deus e nos destinos de Portugal».
135. Cf. carta del 25 de noviembre de 1945: «a que eu tanto desejaria voltar».
136. Cf. carta del 25 de noviembre de 1945: «A minha viagem foi demorada e trabalhosa, porém creio ter nela prestado alguns serviços a Portugal e ao seu Império».
137. «O Dr. Salazar confiou-me o lugar porventura mais difícil do Estado Novo, e eu, disciplinadamente, cumpri. Deus me assista!».
138. Cf. carta del 9 de agosto de 1955: «Aceitei este encargo como um dever de serviço nacional, consciente de todos os seus riscos e de todas as suas responsabilidades, mas crente em que Deus me ajudará!».

comprende, y dando un lugar básico a la Alta Cultura –a la Cultura y la Educación, en general– como base de todo Fomento.

Siempre tendrá el Dr. Caetano sus manos firmemente aferradas al timón que empuña –aunque sea duro y difícil– y sus ojos dirigidos muchos años adelante, taladrando nieblas y despejando horizontes; porque el futuro no es turbio, ya que es Dios quien nos lo depara: sólo son turbios los ojos de quienes lo miran sin serenidad y sin fe.

Desde esta España vecina y amiga –«España a la que tanto amo y admiro», me decía en 1948[139], y ha confirmado estando entre nosotros en tantas señaladas ocasiones– enviamos un emocionado y cordial saludo al pueblo portugués, a lo largo y lo ancho de sus hombres, razas, tierras y empresas. Es, a la vez, una felicitación sincera, por saberlos sabiamente dirigidos hacia el futuro glorioso que merece toda su Historia.

> Laureano López Rodó
> Madrid, 27 de noviembre de 1968

---

139. Cf. carta del 9 de octubre de 1948: «Espanha que tanto amo e admiro».

Presidencia del Consejo

19 de enero de 1969

Mi querido amigo:

Me dio un inmenso placer su carta del 8 de este mes. Ya hice saber, por intermedio del Embajador de Portugal,[140] cuanto me había sensibilizado la cariñosa referencia hecha por el Generalísimo Franco en su mensaje de Año Nuevo. Dios permita que en la práctica todo se pase de acuerdo con los sentimientos de los gobernantes de los dos países.

¿Cómo he de agradecerle las palabras que Ud. se dignó escribir para el *Jornal de Angola*? Son palabras bondadosas y amigas que, al venir de Ud., guardo en el corazón.

Créame siempre su amigo dedicado

Marcello Caetano

---

140. Se refiere a Manuel Farrajota Rocheta (1906-1985), embajador de Portugal en Madrid de 1968 a 1974.

Castellana, 3

PRESIDENCIA DEL GOBIERNO
El Ministro y Comisario del Plan
de Desarrollo Económico y Social

9 de mayo de 1969

Excmo. Sr.
Prof. Dr. Marcello Caetano
Presidente del Consejo
Lisboa

Mi querido y respetado amigo:

Ayer me llegó, a través de nuestro Embajador en Portugal Dr.
Giménez-Arnau[141], su amable invitación para realizar una visita a
ese país hermano durante el próximo mes de junio, que mucho le
agradezco.

Esta mañana he tenido ocasión de dar cuenta de la misma al Jefe
de Estado, Generalísimo Franco, quién mostró su complacencia por
ese gesto de amistad de V. E. y me dio su beneplácito para aceptar
la invitación. Nuestro Caudillo siente un entrañable afecto por la
nación portuguesa y tiene un alto concepto de V. E. que con tanto acierto rige sus destinos, como acaba de hacerse ostensible en su
triunfal viaje a las Provincias Ultramarinas, por cuyo grande éxito le
felicito muy de veras.

Tengo la seguridad de que en las conversaciones que tendré la
oportunidad de celebrar con Ud. y sus colaboradores del Gobierno
portugués podremos hallar muchos puntos de coincidencia e intereses comunes que nos permitan estrechar la colaboración entre ambos
países.

---

141. José Antonio Giménez-Arnau y Gran (1912-1985) fue embajador de
España en Lisboa de 1969 a 1972.

El Gobierno español está animado de la mejor buena voluntad para que nuestras relaciones sean cada vez más fructíferas y beneficiosas y se traduzcan en realizaciones concretas y tangibles.

Por mi parte no he de decirle cuánta ilusión tengo en pisar de nuevo tierra portuguesa, después de varios años, y de un modo especial, de conversar ampliamente con Ud., mi maestro y amigo, que tanto admiro.

Reiterándole mi agradecimiento, le envía un cordial saludo su afmo. s. s. su buen amigo

Laureano López Rodó

TELEGRAMA

Presidencia del Gobierno
Ministro Comisario Plan
Desarrollo Económico Social

7 de junio de 1969

Excmo. Sr. Dr. Marcello Caetano
R. Duarte Lobo, 46
LISBOA

El Boletín Oficial del Estado publica hoy el siguiente decreto: queriendo dar una señalada prueba de mi afecto al Excelentísimo Señor Profesor Marcelo José das Neves Alves Caetano, vengo en concederle la Gran Cruz de San Raimundo de Peñafort[142]. Así lo dispongo por el presente decreto dado en Madrid a seis de junio de mil novecientos sesenta y nueve. Francisco Franco. Me permito, por tanto, anticiparle, señor Presidente y querido amigo, sincera y cordial enhorabuena por tan merecida y singular distinción que espero tener el honor de entregar personalmente a Vuestra Excelencia con motivo del viaje que emprendo mañana vuelo TAP-707 con la alegría de encontrarme de nuevo en esa querida tierra portuguesa. Salúdale afectuosamente.

Laureano López Rodó

142. La Orden de la Cruz de San Raimundo de Peñafort es una condecoración civil española que premia méritos relevantes en el estudio del derecho, administración de justicia y actividades jurídicas dependientes del Ministerio de Justicia. La Gran Cruz es su máximo grado.

Presidencia del Consejo

12 de junio de 1969

Mi querido amigo:

Quería que Ud. llevase para Madrid un recuerdo de Lisboa y pensé que le gustaría el cuadro que tengo el placer de ofrecerle.

Me imagino, con todo, que pueda surgirle dificultad para transportarlo, por lo que el sábado irán a recogerlo al hotel para que lo depositen en Madrid en el lugar que Ud. indique.

También irá algo de café portugués y creo que no le molestarán algunos libros sobre el Ultramar.

Un abrazo afectuoso de su muy amigo

Marcello Caetano

Presidencia del Consejo
Gabinete del Presidente

Lisboa, 13 de junio de 1969

Mi querido amigo:

¡Creía que Ud. partiría mañana! ¡Cómo han pasado deprisa estos días! Hago votos de que su estancia en Lisboa no le haya sido
desagradable (a pesar de que el tiempo no ha ayudado) y que de ella
cosechen, los dos países, los mejores resultados.

Las informaciones recibidas de los ministros portugueses muestran que usted les dejó la mejor impresión. Su visita ha sido, pues,
muy útil.

Le deseo todos los éxitos personales y las mayores felicidades para
su país.

Un abrazo muy agradecido

Marcello Caetano

P.S. Adjunto la carta para el Caudillo.

TELEGRAMA

13 de junio de 1969

De: Ministro Comisario del Plan de Desarrollo

A: Excmo. Sr. Profesor Marcello Caetano
   Presidente del Consejo
   R. Duarte Lobo, 46
   LISBOA

Recién llegado a Madrid, me apresuro a testimoniarle, querido Presidente y amigo, mi más íntima satisfacción y profunda gratitud por esos cinco días inolvidables que acabo de pasar en Lisboa donde he tenido la inmensa satisfacción de verle a usted de nuevo y conversar ampliamente, así como de conocer a su joven equipo de ministros económicos cuyo entusiasmo y preparación me han impresionado muy favorablemente y que estoy seguro que, bajo la inteligente dirección de Vuestra Excelencia, será un factor decisivo para el más intenso desarrollo económico y social de esa querida nación portuguesa y para una más efectiva cooperación con España en todos los planes. Deseando una pronta mejoría en la salud de su mujer a la que ruego transmita mis mejores recuerdos, le envía un cordial y emocionado saludo su afectísimo amigo

Laureano López Rodó

Castellana, 3

PRESIDENCIA DEL GOBIERNO
El Ministro y Comisario del Plan
de Desarrollo Económico y Social

16 de junio de 1969

Excmo. Sr.
Prof. Dr. Marcello Caetano
Presidente del Consejo
Lisboa

Mi querido Presidente y amigo:

Conservo aún en la retina las estampas y escenas de esos días entrañables de mi estancia en Lisboa y en particular, de mis entrevistas y conversaciones con Ud. ¡Cuántas amabilidades ha tenido Ud. para conmigo! Muchísimas gracias por el magnífico cuadro de Silva con esa niebla en el Tajo que pude contemplar al natural en las jornadas brumosas de la pasada semana; y también, por los libros sobre las Provincias Ultramarinas y su excelente café.

Entregué su carta al Jefe de Estado y quedó muy complacido. Me dijo que le escribiría a Ud. Le referí con detalle nuestras conversaciones y agradeció mucho la sinceridad de sus palabras y la claridad de sus planteamientos.

El Generalísimo espera, como yo, que mi viaje sea el comienzo de una nueva etapa de más estrecha cooperación entre las dos naciones peninsulares, particularmente en el campo económico. Las sesiones de trabajo que celebré con los Ministros y Secretarios de Estado de su Gobierno nos han mostrado un amplio horizonte de posibilidades de colaboración en beneficio mutuo que habrán de irse concretando sin demora para que los frutos del viaje se hagan pronto tangibles.

Me agradecería recibir documentación puesta al día sobre la organización y funciones del Ministerio de Corporaciones.

Aludió Ud. en nuestra conversación del martes a la postura política de algunos socios del Opus Dei. Ya conoce Ud. la absoluta libertad que esta Asociación nos garantiza en estas cuestiones temporales. A los hechos me remito. Recientemente se han reunido en un volumen varias entrevistas concedidas por Mons. Escrivá de Balaguer a periodistas de diversas nacionalidades y la homilía que pronunció en la Universidad de Navarra en Octubre de 1967. Sus palabras diáfanas y profundas le explicarán mejor que pudiera hacerlo yo el respecto del Opus Dei a la libertad responsable de sus socios. Por ello tengo el gusto de enviarle un ejemplar de esas *Conversaciones* con Mons. Escrivá. Estoy seguro de que le gustará leerlo.

No hace falta que le diga cómo comparto su preocupación y su pena por la salud de su mujer. Afortunadamente, Dios le ha dado a Ud. un temple de ánimo que le permite sobrellevar, con naturalidad y sin aspavientos de víctima, la prolongada enfermedad de Teresa. Mucho celebraré su pronto y definitivo restablecimiento. No deje de hacerle llegar mis mejores saludos.

Reiterándole mi agradecimiento por las grandes pruebas de amistad que, una vez más, he recibido de Ud. en este reciente viaje, le envía un fuerte abrazo su buen amigo

Laureano López Rodó

Presidencia del Consejo

Lisboa, 18 de junio de 1969

Mi querido amigo:

Hace días que proyecto escribirle esta carta, pero la enfermedad de mi mujer (que solamente ahora tuvo algunas mejoras) y el trabajo que cae sobre mí constantemente, me impidieron hacerlo hasta el momento.

Quería decirle que su visita fue muy bien sucedida. Todos los miembros del Gobierno que han tenido contactos con Ud. quedaron con excelente impresión de usted, de sus ideas y de sus colaboradores.

Para mí fue un placer volver a verle y en tan buena forma. Espero que nuestras conversaciones sean fructuosas para las relaciones entre los dos países.

No le oculto, no obstante, la inquietud que causó en el «Ministério dos Negócios Estrangeiros»[143] la intervención del delegado español en el Consejo de Seguridad de la ONU sobre el caso de Rodesia, no por la posición tomada, pero por los argumentos en los que la fundamentó y que reproduce toda una serie de equivocaciones empleada en la campaña anticolonialista contra Portugal.

Créame, su siempre dedicado amigo, muy afectuosamente

Marcello Caetano

P.S. Después de escrita esta carta, recibo la suya del día 16 que mucho he apreciado. Un abrazo más de agradecimiento por todo.

143. Designación del Ministerio de Asuntos Exteriores portugués.

Castellana, 3

PRESIDENCIA DEL GOBIERNO
El Ministro y Comisario del Plan
de Desarrollo Económico y Social

21 de junio de 1969

Excmo. Sr. Professor
Dr. Marcello Caetano
Presidente del Consejo
Lisboa
PORTUGAL

Mi querido amigo:

El Memorándum que tuve el placer de entregarle el pasado lunes, día 9, a propósito de las relaciones socioeconómicas entre España y Portugal, fue el marco en el que se inscribieron mis diversos contactos con los Ministros de Economía de su Gobierno.

Llegamos a una serie de acuerdos, de principio, de los cuales quiero darle cuenta, al mismo tiempo que manifestarle las actuaciones que desde mi regreso de Lisboa, el pasado viernes, se han llevado a cabo, por parte del Gobierno español.

1. Coordinación de los Planes de Desarrollo de ambos países.

En mis conversaciones con el Ministro Días Rosas, los Secretarios de Estado de Industria, Agricultura, Comercio y Subsecretario de Estado de Planeamiento, llegamos a la conclusión de que era por demás conveniente que el Plan de Fomento portugués y el Plan de Desarrollo español tuvieran una cierta coordinación. De la programación acorde de nuestras dos economías podrían deducirse una serie de beneficios para Portugal y España, al mismo tiempo que se evitarían las actuales dificultades para incrementar las relaciones comerciales entre los dos países.

A estos efectos hemos pensado aquí que el primer paso a dar, para esta programación coordinada, consiste en establecer las bases para conseguir que las estadísticas económicas luso-españolas sean homogéneas.

En este sentido, he escrito, con fecha de hoy, al Dr. João Salgueiro, ofreciéndole la posibilidad de que se entrevisten, a este fin, los Directores Generales de Estadística de ambos países. Por parte de España el Director General del Instituto Nacional de Estadística, Sr. Cerrolaza[144], está dispuesto a viajar a Portugal en cuanto se le indique, o recibir la visita, en Madrid, de su colega portugués.

2. Coordinación de políticas agrarias.

En las entrevistas que sostuve con el Secretario de Estado de Agricultura, Ing. Vasco de Pinho Leónidas[145], coincidimos también en la conveniencia de estudiar la posibilidad de establecer una política conjunta de producciones agrarias, de acuerdo con las ventajas comparativas de cada país; armonizar las políticas comerciales y de precios frente a terceros países, para producciones comunes; coordinar nuestros esfuerzos en el campo de las investigaciones agronómicas y en materia ganadera.

Para iniciar este tipo de colaboración, el Ministro de Agricultura, Sr. Díaz Ambrona[146], ha invitado a visitar España al Ing. De Pinho Leónidas, mediante una carta que tuve la satisfacción de entregarle personalmente.

3. Cooperación industrial.

En nuestros contactos con el secretario de Estado para Industria, Ing. Rogerio Martins, convinimos en iniciar, inmediatamente, un intercambio de información sobre las políticas industriales de ambos

---

144. Alberto Cerrolaza Asenjo (m. 2011), director general del Instituto Nacional de Estadística (INE) de 1966 a 1971.

145. Vasco Rodrigues de Pinho Leónidas (1919-2005).

146. Adolfo Díaz-Ambrona Moreno (1908-1971), ministro de Agricultura del 8 de julio de 1965 al 29 de octubre de 1969.

países y estudiar, en concreto, algunos sectores en los que la cooperación luso-española pudiera alcanzar resultados más positivos. Concretamente, nos referimos a la construcción y reparación naval, máquina-herramienta, electrodomésticos y electrónica. El Ministro de Industria español, Sr. López-Bravo, se ha dirigido ya al Ing. Martins invitándole a venir a Madrid, para hablar de estos temas. Mientras tanto, por el Secretario General Técnico de dicho Ministerio, Sr. Galán, se ha enviado ya a la Secretaría de Estado de Industria portuguesa, documentación sobre nuestra política industrial.

En los primeros días de julio visitarán Lisboa el Subcomisario del Plan, encargado de cuestiones industriales, D. José María López de Letona, y el Director General de Industrias Siderometalúrgicas y Navales, D. Francisco Aparicio. Ambos Ingenieros discutirán, con sus colegas portugueses, las posibilidades de cooperación en los sectores a los que antes me he referido.

5. Cooperación entre TAP-IBERIA

En la entrevista que sostuve con el Ministro de Comunicaciones, Brigadier Alberto de Oliveira, coincidimos plenamente en la conveniencia de estrechar las relaciones entre Transportes Aéreos Portugueses y la Compañía IBERIA. Ambos estuvimos de acuerdo en que esta colaboración es necesaria para hacer frente a la escalada que a las dos compañías les plantea la compra de los grandes reactores que saldrán al mercado en los años inmediatos.

Decidimos, entonces, la conveniencia de un pronto contacto entre las autoridades de Aviación Civil de ambos países y los representantes de las dos compañías de navegación aérea.

En este sentido he escrito, hoy mismo, al Brigadier de Oliveira[147], anunciándole que, por parte española, están dispuestos a acudir a

---

147. El Brigadier Fernando Alberto de Oliveira (1917-1992) fue secretario de Estado de la Aeronáutica (1967-1969) y ministro de las Comunicaciones (1969-1970).

Lisboa, en la fecha que se les señale, el Director General de Navegación y del Transporte Aéreo, Coronel D. Emilio O'Connor[148], y el Director General de Iberia, Ingeniero D. Lázaro Ros, o a conversar en Madrid con un representante de la TAP y el Director General portugués de Aviación Civil.

6. Comercio luso-español

En la reunión que tuvimos en la Secretaría de Estado de Comercio con el titular del Departamento, Dr. Valentim Xavier Pintado,[149] y en la que estaba presente el Director General de Política Comercial español, Sr. Iranzo, coincidimos, en apreciar la escasa importancia que el comercio luso-español tenía, en relación con la totalidad del comercio exterior de ambos países. Consideramos el desnivel existente, a favor de España, en la balanza comercial luso-española. Estuvimos de acuerdo en que era preciso corregir ambas situaciones.

En la propia reunión quedaron resueltas algunas dificultades. Posteriormente, del Ministerio de Comercio Español, me informan que una de las aspiraciones portuguesas, concretamente la que se refiere a la compra de vinos de Oporto por España, quedara satisfecha en los días inmediatos, mediante la convocatoria de un primer cupo de importaciones de estos vinos, al amparo del convenio comercial existente entre ambos países.

Sucesivamente, se irán resolviendo, con el mejor deseo por nuestra parte, los distintos problemas planteados.

7. Mejora de las comunicaciones entre ambos países

Tanto en mis conversaciones con el Ministro de Negocios Extranjeros, Dr. Franco Nogueira[150], como en las que sostuvo el Comisario Adjunto con el Ministro de Obras Públicas, Ing. da Silva

---

148. Se refiere probablemente a Emilio O'Connor Valdivielso.
149. Valentim Xavier Pintado (1925-2016).
150. Alberto Franco Nogueira(1918-1933), ministro de Asuntos Exteriores de Portugal de 1961 a 1969.

Sanches[151], se puso de manifiesto el deseo de su Gobierno de que se proceda rápidamente a la construcción de un puente sobre el río Guadiana, entre las ciudades de Ayamonte y Villarreal de Santo Antonio.

Para ultimar los detalles técnicos y administrativos de esta cuestión, y manifestar especialmente el deseo del Gobierno español de proceder, en el plazo más breve posible, a la construcción de dicho puente, acudirá a Lisboa, el próximo día 4 de julio, nuestro Director General de Carreteras, Ing. D. Pedro de Areitio[152].

8. Relaciones culturales

Por lo que se refiere a la mejora de nuestras relaciones culturales, el Ministerio de Educación y Ciencia español está totalmente decidido a poner de su parte cuanto sea necesario. En este sentido, tendremos mucho gusto en recibir cualquier sugerencia de parte de su Gobierno.

Para nosotros, tendría un interés cierto que, por parte de la Cámara Municipal de Lisboa, se autorizara, cuanto antes, la construcción del nuevo Instituto Español en aquella capital. No se trata de un Colegio de Enseñanza Media reservado exclusivamente a alumnos españoles. Estará abierto a los niños portugueses que lo deseen, para, de esta forma, colaborar, aunque sea modestamente, a la labor educativa de su Gobierno.

9. Cooperación en materia turística

Son muy cordiales las relaciones existentes entre las Administraciones portuguesa y española en cuanto a promoción del turismo luso-español en terceros países y al establecimiento de rutas turísticas conjuntas.

---

151. Rui Alves da Silva Sanches (1919-2009).
152. Pedro de Areitio y Rodrigo, director general de Carreteras de 1965 a 1970.

Me ha parecido del mayor interés, Sr. Presidente y querido amigo informarle de los avances que estamos obteniendo en el campo de la cooperación luso-española, porque creo que le satisfará comprobar que las distintas conversaciones que, tanto mis colaboradores como yo, mantuvimos durante la pasada semana en Lisboa están pasando de las palabras a los hechos.

Con el más sincero afecto y mi más distinguida consideración, queda de usted afmo. amigo,

Laureano López Rodó.

TELEGRAMA

PRESIDENCIA DEL GOBIERNO

14 de junio de 1969

Excmo. Sr. Dr. Marcello Caetano
R. Duarte Lobo, 46
LISBOA

Reciba, querido Presidente, cordialísima bienvenida y afectuosa enhorabuena. Éxito apoteósico viaje Brasil. Salúdale y envía fuerte abrazo,

Laureano López Rodó, Ministro Comisario del Plan de Desarrollo

Presidencia del Consejo

Lisboa, 22 de julio de 1969

Excmo. Sr. D. Laureano López Rodó
Ministro Comisario del Plan de Desarrollo
Presidencia del Gobierno
MADRID – España

Mi querido amigo:

He recibido su telegrama del día 14 que mucho agradezco. El viaje a Brasil fue muy fatigante pero fructuoso. Los trabajos no faltan: así no me falte Dios con las fuerzas necesarias para enfrentarlos.

De vez en cuando llegan hasta mí noticias de las secuencias de su siempre recordada visita a Lisboa. La burocracia portuguesa es lenta: siempre que puedo, intento apresurarla.

Estamos siguiendo con el mayor interés los acontecimientos (previstos) de la vida constitucional española.

Un abrazo muy amigo

Marcello Caetano

Castellana, 3

PRESIDENCIA DEL GOBIERNO
El Ministro y Comisario del Plan
de Desarrollo Económico y Social

Madrid, 9 de agosto de 1969

Excmo. Sr.
D. Marcello Caetano
Presidente del Gobierno de Portugal
Lisboa

Mi querido amigo:

Le agradezco mucho su carta de fecha, 22 de julio último.

El Subcomisario del Plan de Desarrollo, Sr. López de Letona, ha estado en Lisboa los días 31 de julio y 19 de agosto prosiguiendo los contactos encaminados a estrechar nuestras relaciones industriales.

De un modo muy concreto se habló de la posible colaboración en el campo de las reparaciones navales. No quiero ocultarle que la decisión española sobre la instalación de un gran dique de reparaciones en alguno de nuestros puertos ha de estar influida por las perspectivas que ofrezca la colaboración industrial que tratamos de impulsar entre nuestros dos países.

Queda como siempre a su disposición, con un cordial saludo, su buen amigo

Laureano López Rodó

TELEGRAMA

Lisboa, 30 de septiembre de 1969

D. Laureano López Rodó
Ministro Comisario del Plan
Madrid

   Agradezco de todo el corazón su telegrama amigo y las palabras
de su carta. Conoce la sinceridad de mi ya vieja amistad por Ud. y el
cariño que dedico a su país. Estoy seguro de que podremos hacer mucho por el entendimiento de los dos gobiernos y por la colaboración
de nuestras Patrias en la misión que nos compite de crear al pueblo
mejores condiciones de vida moral y material. Afectuosos saludos,

        Marcello Caetano

TELEGRAMA

27 de octubre de 1969

De: Ministro Comisario Plan de Desarrollo

A: Excmo. Sr.
    Profesor Marcelo Caetano
    Presidente del Consejo
    LISBOA (PORTUGAL)

Ruego acepte, querido Presidente y amigo, cordialísima enhorabuena éxito elecciones portuguesas, que he seguido con el mayor interés. Con el afecto de siempre, envíole cordial saludo.

Laureano López Rodó

TELEGRAMA

Excmo. Sr.
Don Laureano López Rodó
Ministro del Plan de Desarrollo
Madrid España

Lisboa, 30 de octubre de 1969

Agradezco su telegrama amigo y acepto sus parabienes porque la victoria del gobierno fue obtenida con corrección nunca vista en Portugal y en términos indiscutibles.

Marcello Caetano

Presidencia del Consejo

Lisboa, 24 de noviembre de 1969

D. Laureano López Rodó
Ministro Comisario del Plan de Desarrollo
Presidencia del Gobierno
MADRID

Mi querido amigo:

La campaña electoral primero y, seguidamente, la preparación del Presupuesto y de la sesión legislativa me ocuparon el tiempo de tal forma que tuve de dejar para después muchos asuntos. Y tampoco me fue posible mantener con usted la correspondencia que mi amistad requería.

Las elecciones han sido las más correctas y libres de toda la Historia portuguesa y los resultados magníficos. Quedaron pesando sobre mis hombros graves responsabilidades.

Hace días hice venir a Lisboa al Embajador de Portugal en Madrid para que retomemos el diálogo peninsular y convirtamos en efectivo el intercambio iniciado con su memorable visita a Lisboa.

Hemos hecho planes en ese sentido y hemos sopesado los problemas pendientes para acelerar la resolución de lo que dependiera del lado portugués.

Infelizmente, enseguida han surgido dos casos que mucho me han dolido. Uno, el rechazo de extradición de un criminal de derecho común, bajo disfraz político, Palma Inácio[153], rechazo decidido bajo propuesta del Ministerio Público, es decir, del Gobierno.

---

153. Hermínio da Palma Inácio (1922-2009), entonces jefe de la organización clandestina LUAR («Liga de Unidade e Acção Revolucionária»), era buscado por, entre otros actos «revolucionarios» haber robado casi treinta millones de escudos asaltando, el 17 de mayo de 1967, las oficinas del Banco de Portugal en Figueira da Foz.

Otra, el cambio de voto en la ONU, en la moción relativa a los territorios portugueses, pues España después de haber votado en contra en la 4.ª comisión, se abstuvo en la Asamblea General, lo que fue más desagradable para Portugal que si de ambas veces se hubiera abstenido.

El caso Palma Inácio, presentado mundialmente como victoria de las presiones izquierdistas sobre el Gobierno español, fue chocante para la opinión portuguesa y solamente mediante la Censura a la prensa fue posible evitar aquí comentarios muy desagradables.

Una vez más parece haber en España quien esté empeñado en destruir en la práctica las afirmaciones de amistad y de solidaridad de los gobiernos.

¿Cómo procederemos en Portugal, de futuro, en relación a los terroristas españoles que sean capturados aquí?

Disculpe, mi querido amigo, este desahogo, pero creo ser necesario entre amigos, como nosotros, hablar con franqueza.

Su prestigio crece cada día y con ese hecho me regocijo francamente. Conozco y aprecio sus altísimas calidades de las cuales España tiene aún mucho que esperar.

Le abraza afectuosamente el muy amigo dedicado

Marcello Caetano

Castellana, 3

PRESIDENCIA DEL GOBIERNO
El Ministro y Comisario del Plan
de Desarrollo Económico y Social

Madrid, 29 de noviembre de 1969

Excmo. Sr. Profesor Marcello Caetano
Presidente del Consejo de Ministros y
Ministro de Negocios Extranjeros
Lisboa

Mi querido amigo:

He recibido su carta del día 24, que le agradezco mucho, no sólo por las importantes noticias que me da, sino también por la amistosa franqueza con que Ud. me expresa sus preocupaciones. Creo haberle demostrado que siempre le hablo con una sinceridad absoluta y hoy no me conduciré de modo distinto.

Yo lamento mucho que no se haya concedido la extradición de Palma Inácio. Con arreglo a la Ley, el Gobierno español puede conceder o no una extradición. Si se niega, el trámite concluye; pero si la acepta el procedimiento ha de seguir a los tribunales. El Gobierno, en su sesión de 10 de octubre de 1969, acogió unánimemente la petición portuguesa y remitió la cuestión a la Audiencia Provincial de Madrid, la cual, aplicando el artículo 10 del Convenio de 25 de junio de 1877 sobre la materia, denegó la extradición. Es lo mismo que habían hecho los organismos competentes de Francia, Estados Unidos, Senegal, Marruecos y Brasil. Se ha aplicado la letra de la Ley y el resultado es, en mi opinión, insatisfactorio. Me consta que todo el Gobierno español deplora lo ocurrido. Pero en cuestiones de esta naturaleza el Poder ejecutivo depende del judicial. Constantemente nuestros Tribunales están desautorizando decisiones de Gobierno, incluso en importantes cuestiones de orden público.

Por lo que se refiere al debate en la ONU, el Delegado español recibió instrucciones de votar a favor de Portugal para demostrar de modo rotundo la solidaridad peninsular, y así lo hizo, si bien, contra lo que esperábamos, sólo Sudáfrica nos secundó. Ni Brasil, ni los aliados tradicionales de Portugal se sumaron a la posición española. La reacción de los países afroasiáticos fue bastante violenta, lo mismo en el seno de la ONU que de la OUA[154], y usted sabe perfectamente, señor Presidente, que España tiene cuestiones de importancia que de un modo o de otro están en relación con estas instancias internacionales. Dado el resultado de la votación, el voto de España sólo tenía ya un carácter simbólico y puesto que este efecto moral se había logrado, se ordenó a nuestro representante que se abstuviera en la Asamblea General.

Me ha alegrado muchísimo el resultado de las elecciones que consolidan la estabilidad del Gobierno y que ratifican la confianza del pueblo portugués en sus dirigentes y de modo muy especial en usted que asume hoy las máximas responsabilidades de la fraterna República. Cada día crece en mí la admiración que personalmente le profeso. Ya sabe que soy un amigo incondicional de Portugal y de su Presidente del Consejo. Cuente conmigo para todo aquello que pueda serle útil.

Confío en que tengamos el honor de verle pronto en España. Estoy seguro de que con un intercambio directo de puntos de vista se disipará cualquier malentendido. Hemos de fortificar constantemente la solidaridad peninsular que tan fecunda ha sido y de la que tanto esperamos todos.

Le abraza muy afectuosamente

Laureano López Rodó

---

154. Organización para la Unidad Africana.

TELEGRAMA

Excmo. Sr.
Don Laureano López Rodó
Ministro del Plan de Desarrollo
Madrid, España

Lisboa, 30 de diciembre de 1969

Agradezco y retribuyo con la mayor amistad sus deseos de felicidades en el Nuevo Año, para Ud. y para la fraterna nación española a cuyos destinos usted está hoy tan profundamente unido.

Marcello Caetano

[Dedicatoria de Marcello Caetano en un ejemplar de la traducción española de su libro *Escritos políticos* (Madrid: Editora Nacional, 1970, con prólogo de Laureano López Rodó)].

Madrid, 20 de mayo de 1970

Querido amigo, Laureano López Rodó: este libro es tan suyo, como mío. El gran valor de la edición es dado por el brillo y elocuencia del prólogo. Y para mí, más que todo, las páginas introductorias representan un nuevo testimonio de una amistad ya antigua y que considero de los mayores privilegios de mi vida. Si soy –como soy– amigo leal de España, a esta amistad está ligada la que hace tantos años nos une.

Un abrazo afectuoso y agradecido,

Marcello Caetano

Presidencia del Consejo

Lisboa, 25 de mayo de 1970

Querido Laureano:

Retomando mis actividades en Lisboa, son para Ud. las primeras líneas que escribo. Para congratularme con usted por el modo como transcurrió la visita a Madrid y agradecerle lo que hizo para que todo discurriera, en todos los planos, de la mejor manera. Respecto a gentilezas personales, no sé ni qué decir: han sido tantas y tan exquisitas que me han dejado confundido. El cuadro de Mallol Suazo[155] constituirá en mi casa una presencia más de su amistad.

El Almirante Carrero Blanco descubrió, también, una forma de exceder lo que ya parecía inexcedible en atenciones personales para conmigo, ofreciéndome una preciosa serie de medallas sobre la corrida de toros, que ha sido el deslumbramiento de cuantos han podido admirarla.

Vamos a ver cómo transcurrirá ahora la ejecución de los acuerdos firmados. Infelizmente hemos conversado poco los dos. Espero que pueda venir de incógnito a Estoril en unas semanas para que entonces comentemos con largueza los acontecimientos.

Un abrazo afectuoso y agradecido, del muy amigo y dedicado

Marcello Caetano

---

155. Josep Maria Mallol i Suazo (1910-1986).

Castellana, 3

PRESIDENCIA DEL GOBIERNO
El Ministro y Comisario del Plan
de Desarrollo Económico y Social

Madrid, 27 de mayo de 1970

Excmo. Sr.
Profesor Marcello Caetano
Presidente del Gobierno
Lisboa (Portugal)

Mi querido Presidente y amigo:

Acaba de llegar a mis manos su muy amable carta que, como todas las anteriores, conservaré como preciado recuerdo de su gentileza
y amistad.

En mi despacho luce el retrato de Ud. con su cariñoso autógrafo;
le tengo, pues, más presente que nunca si cabe. Nada le digo de la
preciosa joya de la Gran Cruz de la Orden de Cristo, que excede toda
medida de generosidad y de buen gusto.

Cuantos comentarios me han llegado acerca de su reciente viaje a España no han podido ser más favorables. Ha causado Ud. la
más profunda y excelente impresión en cuantas personas tuvieron
el honor de hablar con Ud. o escuchar sus discursos —en el Palacio
de Viana, en el Ayuntamiento, en la Academia de Jurisprudencia
y Legislación— y su coloquio con los representantes de los medios
informativos. Ha sabido Ud. ganarse la simpatía de todos por la sencillez de su trato, la profundidad de su pensamiento y sus relevantes
cualidades de estadista.

A mi juicio, el viaje ha constituido un éxito personal de Ud. y
está llamado a contribuir muy poderosamente al fortalecimiento de
la amistad y de la cooperación en todos los planos entre nuestros dos
países, que amamos entrañablemente y a los que deseamos servir con

la mayor altura de miras y visión de futuro. Tenga Ud. la seguridad de que por parte del Gobierno español existe la mejor disposición para que los acuerdos firmados se ejecuten con la mayor celeridad y se pongan todos los medios para llevarlos hasta sus últimas consecuencias, con vistas a la mutua y recíproca potenciación de nuestras economías y al mantenimiento de la paz y la seguridad en la península que, gracias a Dios, constituye un oasis en un panorama internacional erizado de tensiones, recelos y violencia.

Acojo con el mayor agrado su sugerencia de hacer una escapada de incógnito a Estoril para tener el placer de charlar más ampliamente con Ud.

Reiterándole mi enhorabuena por el éxito de su viaje a Madrid y mi sincero agradecimiento por sus múltiples atenciones, le envía un cordial saludo, con un fuerte abrazo, su afmo. amigo

Laureano López Rodó

Presidencia del Consejo

Lisboa, 17 de junio de 1970

Mi querido amigo:

Discúlpeme haber tardado tanto en responder a su carta del 27 de mayo, que hace días me fue entregada por el Embajador de España.

Muchas gracias por sus expresiones de amistad. Guardo del viaje a Madrid un recuerdo vivo y grato que no se apagará tan pronto. No olvido la parte que Ud. tuvo en todo cuanto pasó.

Estuve mirando cuál sería la mejor fecha para que Ud. venga a pasar unos días a Estoril. Jordana viene a Lisboa en la semana del 22 al 27. Su colega de las Obras Públicas vendrá en la semana siguiente. Me parece que por eso sería preferible que usted viniera el 10 de julio, por ejemplo. Será mi invitado, aunque, como sabe, mi situación familiar no permita tenerlo en mi casa como tanto me gustaría.

En ese momento incluso tendremos más asuntos para conversar. ¡No faltará materia!

Un abrazo de su muy amigo

Marcello Caetano

Castellana, 3

PRESIDENCIA DEL GOBIERNO
El Ministro y Comisario del Plan
de Desarrollo Económico y Social

Madrid, 21 de junio de 1970

Excmo. Sr.
Profesor Marcello Caetano
Presidente del Gobierno
Lisboa (Portugal)

Mi querido Presidente y amigo:

Recién llegado de Barcelona, he recibido su apreciada carta del 17 de los corrientes, que mucho le agradezco.

Por mi parte, la fecha que Ud. me propone del 10 de julio para ir a Estoril me parece muy oportuna y con mucho gusto acudiré para poder conversar ampliamente de muchísimas cosas. Una vez más, mil gracias por su amable invitación.

Anteayer pasé una tarde muy agradable, en San Feliu de Codinas, con Rogerio Martins y tuvimos ocasión de dar un vistazo a los temas cooperación económica luso-española, especialmente en el campo de la industria. Mañana se entrevistará con el Ministro español de Industria, López de Letona, para tratar de activar la puesta en marcha de los proyectos en estudio.

Una vez más, querido Presidente, reciba el testimonio de mi más sincera amistad y el cordial y afectuoso saludo de su buen amigo

Laureano López Rodó

Castellana, 3

PRESIDENCIA DEL GOBIERNO
El Ministro y Comisario del Plan
de Desarrollo Económico y Social

13 de julio de 1970

Excmo. Sr.
Prof. Sr. Marcello Caetano

Mi querido amigo:

Mi primera carta a la vuelta de Lisboa es esta que le dirijo, con entrañable afecto, para agradecerle muy sinceramente su amable invitación y su cordialísima acogida del último fin de semana. Han sido unos días deliciosos que me han proporcionado sobre todo el placer de su compañía y de su conversación. Las penetrantes ideas y los atinados puntos de vista que tuve ocasión de oír de sus labios son para mí motivo de reflexión y servirán para enriquecer mi formación política. El trato con un gran estadista como Ud. siempre otorga provechosas lecciones.

Guardo un recuerdo simpático de la excursión a Óbidos, donde pude comprobar lo mucho que se le quiere a Ud. y la popularidad de que goza. La silueta de Óbidos me trae a la memoria aquella milenaria sentencia: «el hermano ayudado por su hermano es fuerte como ciudad amurallada».

En un mundo confuso como el actual cobra cada día mayor valor la fraterna amistad y solidaridad recíproca entre Portugal y España. Me consta su decisión de traducir en hechos concretos, particularmente en el orden económico, esta política de cooperación peninsular. Tenga la seguridad, Sr. Presidente, que encontrará en el Gobierno y en el pueblo español la mejor disposición a este respecto.

Reiterándole mi más profundo agradecimiento por esas inolvidables y gratísimas jornadas portuguesas, quedo de Ud. afmo. amigo

Laureano López Rodó

Presidencia del Consejo

17 de julio de 1970

Mi querido amigo:

Recibí su carta. Nada tiene que agradecer. Para mí fue el vivo placer de verlo en Portugal y tener la oportunidad de conversar con usted y beneficiarme de su compañía. Además, todas las personas que han podido encontrarle conservan el mejor recuerdo de su personalidad, inteligencia y eficiencia.

Continuamos trabajando en el estrechamiento de las relaciones luso-españolas. Habrá que vencer incomprensiones y obstáculos (de los que Ud. puede hacerse alguna idea...) pero estoy cierto de que llegaremos a nuestros objetivos.

Junto envío el volumen que Ud. mostró interés en poseer.

Un abrazo muy afectuoso y agradecido

Marcello Caetano

Presidencia del Consejo
Gabinete del Presidente

21 de julio de 1970

Mi querido amigo:

Le envío adjunta la fotografía destinada al Caudillo y otra que me honraría mucho poseer firmada por el Jefe de Estado.

Ya he llamado la atención del Secretario de Estado de la Aeronáutica para el memorando que me dejó acerca de la colaboración con la Aeronáutica española. Me explicó lo que ha pasado y me prometió ponerse en contacto con el Ministro del Aire[156]. El Secretario de la Aeronáutica, además, cursó en España la carrera de Ingeniería Aeronáutica y es muy hispanófilo.

Un abrazo muy afectuoso,

Marcello Caetano

156. En esta fecha, el secretario de Estado de la Aeronáutica portuguesa era el brigadier José Pereira do Nascimento; el ministro del Aire español, el teniente general Julio Salvador y Díaz-Benjumea.

TELEGRAMA

De: Ministro Comisario Plan Desarrollo

27 de julio de 1970

A: Excmo. Sr.
   D. Marcelo Caetano
   Presidente del Consejo
   Lisboa (PORTUGAL)

Reciba mi sincera condolencia con motivo del fallecimiento del profesor Salazar que inició con el Pacto Peninsular una etapa de más profunda amistad entre nuestros dos países, que ahora se ve remozada y fortalecida por Vuestra Excelencia −que desde hace dos años ha sucedido al difunto Presidente al frente del Gobierno de la nación portuguesa, a la que tan entrañablemente quiere−.
Un cordial y respetuoso saludo

Laureano López Rodó
Ministro del Plan de Desarrollo

Castellana, 3

PRESIDENCIA DEL GOBIERNO
El Ministro y Comisario del Plan
de Desarrollo Económico y Social

31 de julio de 1970

Mi querido amigo:

Anteayer me llegó su carta junto con las dos fotografías. No he podido entregar la de Ud. al Jefe de Estado ni pedirle su autógrafo porque justamente el 29 salió para Galicia a iniciar su temporada veraniega. Despacharé con él en torno al día 20 de agosto con motivo del Consejo de Ministros que se reunirá, como todos los años, en el Pazo de Meirás. Y en esa ocasión espero cumplir el encargo.

¡Enhorabuena por su doctorado *honoris causa* por la Universidad compostelana! Nadie tenía más justos títulos que Ud. Todavía se recuerda su magistral conferencia en el Colegio Mayor de La Estila y su predilección por Santiago. Todos sus viejos amigos de hace un cuarto de siglo –Legaz, Fuenmayor, Barcia, D'Ors...– nos alegraríamos de que hallara Ud. una ocasión propicia para recibir la solemne investidura.

Pasé un fin de semana muy agradable con Salgueiro. Siente, como yo, la impaciencia de acelerar el desarrollo económico y social de nuestros respectivos países y de traducir en realizaciones concretas la cooperación peninsular reafirmada en la importante visita de Ud. a Madrid. Hablamos de intercambio para becarios para realizar estudios económicos y de publicar una revista luso-española de economía que pudiera difundirse también en todos los países de Centro y Sur América.

El pasado día 28 el Pleno de las Cortes aprobó la Ley General de Educación[157]. Villar Palasí[158] fue muy aplaudido en su discurso. Por juzgarlo de interés para Ud., dada su vocación docente, me permito enviarle el texto de la Ley y el Boletín de las Cortes con el acta de la sesión.

Deseándole un feliz verano, le envía un cordial saludo su buen amigo

Laureano López Rodó

157. Ley 14/1970, de 4 de agosto, General de Educación y Financiamiento de la Reforma Educativa.

158. José Luis Villar Palasí (1922-2012), ministro de Educación de 1968 a 1973.

TELEGRAMA

Lisboa, 3 de agosto de 1970

Su Exc.ª
D. Laureano López Rodó
Ministro del Plan de Desarrollo
Presidencia del Gobierno

    Agradezco su telegrama de condolencias por el fallecimiento del Presidente Salazar que la nación portuguesa sintió profundamente[159]. Como siempre, mi querido amigo estuvo en Portugal. Abrazo.

    Marcello Caetano

159. António de Oliveira Salazar falleció el 27 de julio de 1970.

Castellana, 3

PRESIDENCIA DEL GOBIERNO
El Ministro y Comisario del Plan
de Desarrollo Económico y Social

La Coruña, 18 de agosto de 1970

Mi querido amigo:

Acabo de tener despacho con el Jefe de Estado. Le ha gustado mucho la fotografía que Ud. le envió por mi conducto. Están Uds. en una actitud sonriente muy simpática. Inmediatamente cogió la pluma y le puso una dedicatoria, encargándome que se la hiciera llegar junto con su enhorabuena por haberle sido conferido a Ud. el grado de Doctor *honoris causa* de la Universidad compostelana.

Espero con ilusión la fecha de la colación del grado, a cuya ceremonia asistiré con mucho gusto; lo que me deparará una nueva oportunidad de verle.

Con el afecto de siempre, le envía un fuerte abrazo su buen amigo

Laureano López Rodó

Lisboa, 6 de septiembre de 1970

Mi querido amigo:

He recibido sus dos cartas del 31 de julio y 18 de agosto y, con la última, el retrato con el autógrafo del Generalísimo que Ud., con su gentileza habitual, enmarcó ricamente. ¿Cómo agradecerle tanto?

Creo que en lo del doctorado de Santiago estuvo su inspiración amiga... pues crea que es la relación de la Universidad compostelana con su nombre que convierte en particularmente agradecido ese honor[160].

No he tenido, de hecho, vacaciones. El trabajo no cesó y como mi mujer no puede salir de Lisboa, presa como está a una cama, voy a pasar unos días aquí, otros allá, sin posar, sin descansar de verdad.

Vamos a ver si consigo, en medio de toda esta agitación, escribir la oración doctoral que de Santiago me piden. Quería que fuera digna del padrino... Pero las funciones que ejerzo y la vida que llevo no favorecen la reflexión científica.

Entre las preocupaciones de los últimos tiempos sobresalió el caso del cambio de los billetes en escudos, sobre todo en España. Felizmente está el caso resuelto, pero aquí hizo un gran ruido en la prensa y en la opinión.

Créame siempre su muy amigo dedicado

Marcello Caetano

Su Excelencia
D. Laureano López Rodó
Ilustre Ministro del Estado
Castellana 3
MADRID

---

160. Marcello Caetano fue investido doctor *honoris causa* por la Facultad de Derecho de Santiago de Compostela el 19 de septiembre de 1970.

SEPARATA ENCUADERNADA CON LA ORACIÓN DE
SAPIENCIA PROFERIDA POR EL PROFESOR MARCELLO
CAETANO,
PRESIDENTE DEL CONSEJO DE MINISTROS DE
PORTUGAL
En la ceremonia de investidura del grado de Doctor *honoris causa*
por la Universidad de Santiago de Compostela

19 de septiembre de 1970

[Dedicatoria manuscrita:]
Para Laureano López Rodó con la renovada expresión de mi amistad, de mi admiración y de mi vivo y profundo reconocimiento

Marcello Caetano

....

Extracto del inicio del discurso:

¡Con qué sorpresa recibí yo la noticia de que la Universidad de Santiago de Compostela había decidido incorporarme al Colegio prestigioso de sus Doctores!

Cerré los ojos por un momento buscando los méritos propios que pudieran justificar tan grande honor. Y en el silencio de ese instante irrumpió en mi memoria la imagen de la ciudad compostelana tal y como la conozco, hace ya treinta años, y el recuerdo de mis primeros contactos con su Universidad.

¡Los caprichos del destino! Quién podría decirme en esa tarde lejana de 1943[161] en la que, en una Lisboa en vacaciones de Semana

---

161. Marcello Caetano se referirá siempre a este encuentro como habiendo ocurrido en 1943, cuando en realidad tuvo lugar en 1944, como se comprueba por las cartas iniciales intercambiadas entre ambos. En sus *Memórias de Salazar*, el error se repite, indicando 1943 como el año de su primer encuentro.

Santa, acogí a la juvenil misión cultural que le enviaba la Facultad de Derecho de Madrid, bajo la presidencia activa y cordial de su decano Don Eloy Montero, ¡quién me habría de decir que entre aquel grupo bullicioso de estudiantes y asistentes de la entonces llamada Universidad Central, yo vendría a encontrar una de las más queridas y fieles amistades que entablé a lo largo de mi vida!

Como catedrático de Derecho Administrativo que era, fui de inmediato abordado por uno de los componentes de la excursión, que se presentó como candidato a seguir la carrera docente en la misma materia. Y comenzaron en ese momento las relaciones con Laureano López Rodó, que nunca dejé de mantener.

Las intenciones manifestadas por el joven estudioso se han concretado en un breve plazo −¡y López Rodó no es hombre que deje quietos sus propósitos por mucho tiempo sin pasar a la acción!−. Victorioso en las oposiciones a las que concurrió, fue nombrado catedrático para Santiago de Compostela y aquí surgió animado por su incansable dinamismo. Creo que la ciudad se impresionó con su espíritu constructivo −y quedó tan agradecida que le proclamó Alcalde Honorario−. Pero la Universidad también sintió el fuego del espíritu renovador del nuevo maestro, que después resolvió adoptar en su enseñanza el *Tratado de Derecho Administrativo* cuyo primer volumen yo había publicado en 1944, con pretensiones, no digo revolucionarias, pero en todo caso largamente innovadoras del método de estudio de la disciplina que en España era profesada bajo la égida y la autoridad de mi inolvidable amigo y respetabilísimo colega Don José Gascón y Marín.

Don Laureano resolvió traducir al castellano mi tratado. Y estaba en plena faena de traducción cuando vine a visitarlo, allá por el año 1946. Se inician en ese año mis primeros contactos con la Universidad compostelana y sobre todo con su Facultad de Derecho [...].

A esta Universidad vine, así, por primera vez, llamado por López Rodó: imaginarán ustedes, por eso, ¡cuánto me conmueve ver al joven catedrático de hace veinticinco años en este acto solemnísimo, convertido en maestro prestigioso y prestigioso gobernante de su país, sirviendo de fiador ante el insigne Colegio en cuyo gremio tengo el privilegio de entrar! […].

TELEGRAMA

Su Exc.ª
D. Laureano López Rodó
Comisario del Plan de Desarrollo
Presidencia del Gobierno
Castellana, 3
Madrid – España

Lisboa, 21 de septiembre de 1970

Una vez más le quiero decir cuánto estoy agradecido por todo.
Un abrazo afectuosísimo,

Marcello Caetano

Lisboa, 23 de septiembre de 1970

Mi querido amigo:

Todavía bajo la impresión de mi viaje a Galicia caracterizada por la cariñosa acogida que por todas partes me fue dispensada y que su compañía convirtió tan particularmente agradable, reanudé mi vida habitual tan pronto llegué a Lisboa.

En todo el país la impresión causada por la ceremonia de Santiago fue muy grande. Creo que se ha avanzado inmensamente en el sentido de hacer compartir a todo el pueblo nuestros propósitos de buen entendimiento peninsular.

Usted ha sido un artífice de enorme importancia en esta obra. No le olvido nunca.

Mandé recoger de inmediato informaciones sobre el caso de la importación de las muñecas. Me dicen que han sido concedidas licencias para una cantidad razonable. Y que las dificultades han resultado de que los fabricantes portugueses han alegado la existencia de «dumping» y reclamado la presentación de quejas al GATT[162]. La cantidad de muñecas que se quiso importar era enorme y el precio muy inferior al corriente, incluso en España.

La Secretaría de Estado del Comercio añade que el Consejero Comercial de la Embajada conoce bien el caso y fue siempre esclarecido sobre las razones portuguesas.

Me dice aún el Secretario de Estado que se ha luchado también en los últimos meses contra dificultades administrativas en la importación de productos portugueses en España. En todo caso, las últimas noticias (del día 18) desde Madrid eran que las cosas se estaban normalizando, y mucho me congratulo con esto.

162. «General Agreement on Tariffs and Trade» (Acuerdo General sobre Aranceles Aduaneros y Comercio).

TELEGRAMA

27 de septiembre de 1970

Excmo. Sr. Marcello Caetano
Presidente del Consejo
Duarte Lobo 46
LISBOA

Reciba mi más cordial felicitación con motivo del segundo aniversario de su nombramiento como Presidente del Consejo de Portugal y mi enhorabuena anticipada por su anunciado discurso del que me gustaría recibir el texto íntegro.

Con mis mejores deseos de éxito en la histórica misión que tiene confiada y mis renovados sentimientos de entrañable afecto a la gran nación portuguesa, le saluda con respeto y admiración su buen amigo

Laureano López Rodó

Presidencia del Consejo

9 de octubre de 1970

Mi estimado Laureano:

Adjunto le envío un ejemplar del volumen en el que han sido reunidos los discursos proferidos durante mi segundo año de gobierno y que le ofrezco con la más viva amistad –pues, además, en él se encuentran registradas las visitas a Madrid y a Santiago de Compostela–.

Van también los discursos de Santiago y el del 27 de septiembre en Lisboa, en ediciones provisionales.

João Salgueiro[165] está tratando de dar seguimiento a sus sugerencias. Y también procuramos de nuestro lado incentivar los contactos de las siderurgias.

Un abrazo afectuoso,

Marcello Caetano

---

165. João Maurício Fernandes Salgueiro (1934-2023) fue «Subsecretário de Estado do Planeamento» en 1969-1971.

Castellana, 3

Presidencia del Gobierno
El Ministro y Comisario del
Plan de Desarrollo Económico y Social

Madrid, 22 de octubre de 1970

Mi querido amigo:

Perdón por el retraso en contestar su carta del día nueve. He recibido el volumen que recoge sus discursos, con su amable dedicatoria. Tienen un gran interés y revelan, una vez más, al estadista de nuestro tiempo. Me ha gustado mucho también su discurso del 27 de septiembre. Le agradeceré que tenga la bondad de seguir enviándome el texto íntegro de sus intervenciones: en todas ellas admiro al amigo y al maestro.

Me dijo el Ministro de Industria que la próxima semana vendrá Rogerio Martins. Será una buena ocasión para impulsar la cooperación económica entre los dos países, dentro del marco de la reciprocidad, que sólo ha de producir beneficios mutuos.

Espero que hayan llegado a su poder dos álbumes de fotografías obtenidas durante su viaje a Galicia. Las de la «cena medieval» resultan muy simpáticas.

Reciba un cordial saludo de su buen amigo

L. López Rodó

Presidencia del Consejo

31 de octubre de 1970

Mi querido amigo:

¡No le agradecí aún los álbumes con las fotografías sacadas por ocasión del inolvidable viaje a Galicia y que perpetúan tan agradables recuerdos! Mientras tanto, recibí su carta del 22 de octubre y tuve noticias suyas por Rogério Martins[166]. ¡Muchas gracias por todo!

Rogério viene satisfecho por el interés que ve manifestarse en los dos países en torno a la colaboración en el plano industrial. He procurado estimular esa colaboración en todos los dominios y deshacer viejas rivalidades y desconfianzas: pero la tarea no es fácil, porque la opinión pública portuguesa es muy sensible en todo cuanto toca a la cuestión ultramarina y a la campaña que por causa de ella nos es movida en el campo internacional, y culpa a España de no acompañarnos con la amistad y la decisión que podríamos esperar, incluso porque sin reservas la hemos apoyado siempre en los días negros en los que se halló apartada de la convivencia de las naciones.

López-Bravo parece no tener conciencia de la flojedad de su actitud en la última reunión de la ONU, según veo por la conversación entablada hace días en Madrid con nuestro Embajador. Con todo, su abstención en la votación del programa de aplicación de la resolución 1514, contra el cual han votado los Estados Unidos e Inglaterra, además de otros países, causó muy mala impresión en Portugal, donde la reacción de la prensa hubo de ser contenida por la censura. El mismo día 13 de octubre el jefe de nuestra misión en la ONU apeló vehementemente a él, después de haberle agradecido algunas palabras amigas incluidas en el discurso que antes había proferido. Pero

166. Rogério da Conceição Serafim Martins (1928-2017) era entonces el «Secretário de Estado de la Indústria».

fue en vano. Y en la reunión del Consejo de Seguridad tampoco nos pareció amistosa su actitud.

Coincidió esto con el comportamiento de la delegación española en la Asamblea de la Unión Internacional de los Organismos Oficiales de Turismo realizada en México a finales de septiembre, comportamiento ese que fue incluso hostil hacia Portugal.

Le cuento estos hechos, a título particular, sin querer que los explique, pues se trata de un desahogo de amigo y no un diálogo de gobiernos —en este siempre se encuentran explicaciones, hasta jurídicas, que se aceptan por diplomacia…, no se trata de eso—. Pero apenas [se trata] de decir qué difícil me resulta, en tales condiciones, vencer prejuicios, obstáculos, sentimientos o resentimientos para que se entre en una colaboración franca, abierta y leal, como es nuestro deseo y propósito.

Creo que está anunciada para el próximo mes la visita a Portugal de López-Bravo con quien personalmente tanto simpatizo y que se me figura una personalidad de primer plano por la inteligencia y el dinamismo. ¡Cuánto me gustaría que esa visita tuviese lugar en un ambiente sin reticencias! Lo que, infelizmente, no es el caso en este momento.

Acepte, mi querido amigo, con la expresión de la más dedicada amistad el abrazo cordial de

Marcello Caetano

P.S. No olvido su promesa de visitar Angola y Mozambique. ¿Cuándo será?

Castellana, 3

Presidencia del Gobierno
El Ministro y Comisario del
Plan de Desarrollo Económico y Social

7 de noviembre de 1970

Mi querido amigo:

Anteayer me llegó su cariñosa carta del 31 de octubre. No sabe Ud. cuánto le agradezco esta nueva prueba de amistad al desahogarse conmigo. Me apena que esté Ud. dolido por recientes actuaciones españolas en la ONU y quisiera hacer cuanto esté de mi mano para superar esas fricciones. Nunca podré olvidar su noble y gallarda actitud siendo Ministro de Colonias en 1947 cuando me escribió una carta, llena de espontaneidad —yo sólo era catedrático de la Universidad compostelana— condenando duramente la injusta postura de las Naciones Unidas respecto de España. Fue un gesto de amistad hacia mi Patria que me conmovió: guardo esa carta como oro en paño y constituye para mí una prueba irrefutable de cuál es su sentir y su pensar.

Yo quisiera, créamelo, corresponder a esos sentimientos auténticos y demonstrar con obras, mi profundo amor a Portugal.

No he podido hablar con López-Bravo a su vuelta de Nueva York porque he estado unos días descansando fuera de Madrid. Como mañana salgo hacia Puerto Rico donde participaré en la Conferencia del Atlántico y de allí iré a Washington, no quiero dejar de escribirle hoy, pese a que carezco todavía de una información directa y completa sobre el tema que ha originado ese disgusto. No dudo que López-Bravo habrá actuado con la mejor intención y con el deseo de servir la justa causa de Portugal.

Una vez más reciba los más cordiales saludos de su buen amigo, que le envía un fuerte abrazo,

Laureano López Rodó

Castellana, 3

Presidencia del Gobierno
El Ministro y Comisario del
Plan de Desarrollo Económico y Social

Madrid, 24 de noviembre de 1970

Excmo. Sr.
D. Marcelo Caetano
Presidente del Consejo de Ministros
LISBOA

Mi querido Presidente y amigo:

El día 7 le escribí mi primera reacción a su cariñosa carta del 31 de octubre, antes de salir para Puerto Rico y Washington. Después de mi regreso de América y como quiero que entre nosotros no pueda haber nunca malentendidos –¡y ojalá sea éste el mejor ejemplo que podamos dar a nuestros pueblos!– había pensado enviarle un resumen explicativo de la actuación española en las Naciones Unidas. Pero dado lo avanzado que se encuentra el mes de noviembre, pienso que es mejor que lo haga López-Bravo en su viaje a Lisboa, que ya está próximo.

Me consta el vivo deseo de nuestro Ministro de Asuntos Exteriores de asentar las relaciones hispano-portuguesas sobre la más profunda comprensión y el más sincero afecto, y sé bien lo lejos que está de su propósito el disgustar de cualquier forma a la querida nación portuguesa.

Por ello, espero confiado que ese tema se despeje definitivamente como resultado de la visita de López-Bravo.

Con el afecto de siempre, le envía un cordialísimo y respetuoso saludo su buen amigo

Laureano López Rodó

Tarjeta de Navidad

31 de diciembre de 1970

Con afectuosísimos recuerdos, agradeciendo los votos que tuvo la bondad de formular y la oferta del magnífico volumen *Política y desarrollo*[167], cuyo prefacio es tan ilustrativo y en cuyo texto encuentro recogidas páginas bien significativas de su amistad, hago igualmente votos muy sinceros y desde el corazón por sus felicidades personales y políticas en el año nuevo y por las prosperidades de su Patria.

Marcello Caetano

---

167. LÓPEZ RODÓ, L., *Política y desarrollo*, Madrid: Aguilar, 1970.

De: Ministro Comisario Plan Desarrollo

A: Excmo. Sr.
   D. Marcelo Caetano
   R. Duarte Lobo, 46
   LISBOA (PORTUGAL)

Telegrama

14 de enero de 1971

Reciba mi más sentido pésame por el fallecimiento de Teresa, su querida esposa, a la que tuve el honor de conocer y cuyas virtudes todos admiramos[168]. Al saber la noticia hace unos momentos, decidí desplazarme inmediatamente a Lisboa para asistir al entierro pero acaba de comunicarme Giménez-Arnau su respetabilísimo deseo de no hacer pública la noticia hasta después del entierro, por cuyo motivo desisto del viaje y le reitero mi más profunda condolencia.

Reciba un fuerte abrazo de su amigo

Laureano López Rodó

168. Teresa Teixeira de Queirós de Barros murió ese mismo día, 14 de enero de 1971.

Presidencia del Consejo

Lisboa, 28 de enero de 1971

Mi querido amigo:

En tantos años que ya tiene a nuestra amistad son muchas las pruebas por mí recibidas de su afecto y de la generosidad de su corazón.

Ninguna, con todo, me sensibilizó tanto como la representada por su venida a Lisboa a tomar parte en el funeral de mi desventurada mujer que desde lejana fecha le estimaba y admiraba profundamente. Crea que nunca olvidaré este gesto suyo.

Ana Maria y mis hijos[169] se me suman en la expresión de estos agradecimientos que no son formales, pero dirigidos a alguien que consideramos de la familia.

Le abraza muy afectuosamente, el amigo agradecido y dedicadísimo

Marcello Caetano

Excmo. Señor
Don Laureano López Rodó
Ministro Comisario del Plan de Desarrollo
Presidencia del Gobierno
MADRID

---

169. Hijos varones de Marcello Caetano: João (1931), José Maria (1933) y Miguel (1935); Ana Maria (n. 1937), la hija, tuvo un papel destacado acompañando a su padre en actos oficiales (siempre que por protocolo fue necesario, debido a la enfermedad y, después, al fallecimiento de la madre).

Castellana, 3

Presidencia del Gobierno
El Ministro y Comisario del
Plan de Desarrollo Económico y Social

19 de julio de 1971

Excmo. Sr.
Prof. Dr. Marcello Caetano
LISBOA

Mi querido amigo:

Hace unos días que estoy deseando escribirle. Rui Patricio, cuyo viaje a Madrid se ha caracterizado por la cordialidad y simpatía, le habrá dado cuenta de una breve conversación que tuvimos en la Embajada de Portugal.

Yo quería, ante todo, felicitarle a Ud. por el notorio éxito político que representa la aprobación de la nueva Constitución portuguesa. Revela, una vez más, sus grandes dotes de jurista y su talento y prudencia de hombre de Estado. He leído detenidamente los 143 artículos del texto constitucional que se caracterizan, a mi juicio, por su ponderación y su justo equilibrio entre los caracteres esenciales de la nación portuguesa y las exigencias de cada nueva circunstancia histórica. He leído con particular interés el titulo relativo a Ultramar, que constituye un verdadero acierto.

Quería también reiterarle mi ofrecimiento de unos días de descanso en España. Ha sido un año muy duro para Ud., tanto en el orden familiar, con la pérdida de su mujer, como por el abrumador quehacer político, y pienso que le vendría bien aislarse y descansar, donde más le apetezca. Podría Ud. venir con su hija o con quienes desee, en su caso, que le acompañen. Por mi parte, las fechas mejores serían las de primera semana de agosto (el 11, 12 y 13 se reúne el gobierno en La Coruña) o a partir del 10 de septiembre. Sin embargo, de convenirle a Ud. otras fechas, acomodaría, con mucho gusto o incluso cancelaría mis compromisos (por ejemplo, pensaba asistir del 5 al 10 de septiembre en Roma al Congreso Internacional de Ciencias Administrativas).

Me daría Ud. una gran alegría si se anima a venir.

Reiterándole mi felicitación, le envía un fuerte abrazo su buen amigo

L. López Rodó

Presidencia del Consejo

Lisboa, 26 de julio de 1971

Mi querido amigo:

Recibí el sábado, 24, su carta del día 19. Carta *urgente* pero que tardó 5 días, demostrando que no son muy satisfactorias las comunicaciones entre nuestros países.

Mucho me ha sensibilizado su invitación para pasar en España con usted algunos días de descanso. El año político que termina en septiembre fue para mí extremamente duro, tanto en la vida íntima como en la vida pública. Y, como usted dice, en Portugal difícilmente puedo descansar.

¿Pero cómo salir incógnito de Portugal? No es posible. Por otro lado, la sesión parlamentaria durará aún algunos días en el mes de agosto para concluir la discusión de la ley de prensa. Después habrá, hasta el 5 de septiembre, vacaciones del Gobierno. Pero tengo de preparar la publicación, el 27 de septiembre, del tercer volumen de mis discursos, para el que quiero escribir un extenso prefacio. Todo esto convierte en difícil mi alejamiento en el mes de agosto, aunque en la conversación telefónica con el Embajador Rocheta[170] hubiese admitido la posibilidad de encontrarme con usted entre el 15 y el 25 de ese mes.

Tendrá de quedar para una otra ocasión...

La batalla de la revisión constitucional ha sido ardua pero felizmente terminó bien. Se siguió la discusión de la ley de libertad religiosa ya concluida. Y ahora solamente falta la ley de prensa.

Mucho me gustaría intercambiar impresiones con usted sobre los problemas políticos de nuestros dos países. Quizá usted pudiera venir a pasar unos días en Estoril...

---

170. Manuel Farrajota Rocheta, embajador de Portugal en Madrid, ya mencionado.

El Dr. Rui Patrício[171] vino muy satisfecho con la visita a Madrid. Creo que fue bueno esclarecer dudas y aliviar el ambiente. Él está perfectamente enterado de mis intenciones.

Le abraza su muy amigo, agradecido y dedicado

Marcello Caetano

---

171. Rui Manuel de Medeiros d'Espinay Patrício (n. 1932), ministro de Asuntos Exteriores de Portugal de 1970 a 1974.

Castellana, 3

Presidencia del Gobierno
El Ministro y Comisario del
Plan de Desarrollo Económico y Social

Madrid, 2 de agosto de 1971

Excmo. Sr.
Prof. Dr. Marcello Caetano
LISBOA

Mi querido amigo:

Recibí su amable carta del 26 de julio. Lamento que no pueda venir a pasar unos días de descanso en cualquier lugar tranquilo de España, pero comprendo perfectamente lo que Ud. me dice.

El día 31 de julio quedó terminado el anteproyecto del III Plan de Desarrollo. Ahora estoy corrigiendo las pruebas de imprenta y pienso presentarlo al Gobierno en la reunión que celebraremos en La Coruña la próxima semana. Durante cerca de un mes los restantes Ministros formularán sus observaciones. Espero que en el Consejo de San Sebastián, en septiembre, se acuerde su envío al Consejo de Economía Nacional para que emita su preceptivo informe.

Le deseo un buen verano y un merecido descanso, tras la intensa e importante etapa legislativa portuguesa.

Con mis mejores saludos, reciba un fuerte abrazo de su buen amigo

L. López Rodó

Presidencia del Consejo

Lisboa, 22 de noviembre de 1971

Excmo. Señor
Don Laureano López Rodó
Ministro y Comisario del
Plan de Desarrollo Económico y Social
MADRID

Mi querido amigo:

Hace mucho tiempo que no tengo noticias suyas, lo que me trae preocupado. Le envié por intermedio de la Embajada el volumen que contiene mis discursos del tercer año de gobierno. ¿Habrá llegado a sus manos?

Por otro lado noto con tristeza que nuestros proyectos de aproximación peninsular no han progresado. Rogério Martins se muestra desilusionado con la acogida española a ciertos proyectos. El Ministro de Exteriores[172], no obstante, me dice que continua impulsando activamente todo cuanto puede. Y que la reunión acerca de la ejecución de la Convención Cultural marchó bien.

Como sabe, tuve que substituir a João Salgueiro en el gobierno. Con un gran disgusto. Pero sus dudas al tomar posición respecto a problemas esenciales no podían continuar.

El nuevo Ministro de la Planificación[173] es un hombre muy inteligente y decidido. Me gustaría que lo conociera.

Créame su amigo devotísimo y agradecido

Marcello Caetano

172. «Ministro dos Negócios Estrangeiros».
173. «Ministro do Planeamento».

Castellana, 3

PRESIDENCIA DEL GOBIERNO
El Ministro y Comisario del Plan
de Desarrollo Económico y Social

Madrid, 25 de noviembre de 1971

Excmo. Sr.
Prof. Dr. Marcello Caetano
LISBOA

Mi querido amigo:

Desde hace varias semanas estoy en deuda con Ud. Recibí, efectivamente, su libro *Renovación y continuidad*[174] y ha sido mi libro de cabecera en estos días. Me ha resultado muy grata y provechosa la lectura de esos discursos de su tercer año de gobierno: no tienen desperdicio, son muy ricos en ideas y muestran un criterio clarividente y firme. El propio título constituye un verdadero acierto: es el lema de toda política que merezca este nombre. Le felicito muy de veras y le agradezco la atención de enviármelo y su cariñosa dedicatoria.

Estos dos últimos meses han sido para mí muy ajetreados: redacción final del proyecto del III Plan de Desarrollo, tras el informe de los Sindicatos y del Consejo de Economía Nacional; acuerdo de remisión a las Cortes por el Gobierno, el día 5 del corriente, del Plan y su correspondiente proyecto de ley; presentación del Plan a los corresponsales de prensa españoles y extranjeros el día 10, a la Organización Sindical el 18 y hoy a través de la Televisión. Me permito acompañarle un ejemplar encuadernado del III Plan para Ud. y otros tres en rústica para Dias Rosas, Rogério Martins y el nuevo Ministro de Planeamiento a quien me gustaría conocer en fecha próxima. ¿Le

174. Marcello Caetano, *Renovação na continuidade*, Lisboa, Verbo, 1971.

parece a Ud. oportuno que yo le invite a venir a Madrid en visita oficial el próximo mes de diciembre o enero?

Comparto plenamente su desencanto por lo poco que se ha avanzado en la cooperación económica peninsular. Me entristece ver que, pese a una mayor diferencia entre los niveles de renta respectivos, la cooperación con Francia y con Alemania se acrecienta de día en día, mientras que con Portugal, nación a la que quiero entrañablemente, se encuentra en vía muerta. Sigo pensando que sólo con una decisión al más alto nivel que permita establecer un marco institucional de cooperación económica –una zona de libre cambio como primer paso hacia un mercado común peninsular– se obtendrían resultados efectivos y satisfactorios para ambos países. Otra cosa sería meternos en el laberinto de la casuística. En este sentido me expresé cuando tuve el honor de inaugurar la Cámara de Comercio Luso-Española en Madrid. Creo que sería bueno pensar juntos sobre el tema, bien Rui Patricio y López-Bravo, bien con Ministro económico portugués y yo. ¿Le parece a Ud. oportuno? Por mi parte siempre encontrará la mejor disposición.

Me daría una alegría si pudiera Ud. descansar unos días en Canarias y tener así ocasión de verle.

Sigo con interés la política portuguesa, tan bien conducida por Ud. en medio de circunstancias ciertamente difíciles. La entrevista Nixon-Pompidou en los Azores[175], invitados por Ud., constituye un buen tanto de su política internacional.

Aquí hemos tenido unos días muy activos políticamente: nuevas Cortes, nuevo Consejo Nacional, nuevo Consejo del Reino. Las instituciones funcionan con plena normalidad y veo el porvenir con sereno optimismo.

---

175. El presidente de Estados Unidos de América, Richard Nixon, y el presidente de Francia, Georges Pompidou, se reunieron en la isla Terceira (archipiélago de las Azores), el 13 y 14 de diciembre de 1971, con la finalidad de concertar posiciones respecto al sistema monetario internacional.

Le recuerda siempre con singular afecto, y le envía un fuerte abrazo su buen amigo

L. López Rodó

Presidencia del Consejo

26 de diciembre de 1971

Mi querido amigo:

Está terminando un año que queda marcado en mi vida por la pérdida de mi mujer. Recordando en este momento los amigos que me han acompañado en los momentos dolorosos, le recuerdo a usted, querido Laureano, cuya presencia en Lisboa, en el funeral, tanto me conmovió. Ya conocía, por cierto, los primores de su corazón. Pero esta prueba de amistad es de las que nunca se olvidan.

Al comenzar un nuevo año, que espero en Dios sea más desanublado, quiero que tenga la certeza de cuánto le aprecio y estimo y de que hago ardientes votos por sus felicidades en la vida particular y en la vida pública.

Desearía estar con usted y abrazarle. ¿Cómo ha de ser?

Créame su afectuosísimo y agradecido amigo

Marcello Caetano

Castellana, 3

PRESIDENCIA DEL GOBIERNO
El Ministro y Comisario del Plan
de Desarrollo Económico y Social

8 de enero de 1972

Excmo. Sr.
Prof. Dr. Marcello Caetano
Lisboa

Mi querido amigo:

A la vuelta de unos días de vacaciones que he tomado en estas fiestas navideñas, me encuentro con su cariñosa carta del 26 de diciembre que me ha hecho sentir, una vez más, el calor de su amistad.

Hará pronto veintiocho años que tuve el placer de conocerle en aquel inolvidable viaje con D. Eloy Montero, y desde entonces ha ido creciendo y robusteciéndose la admiración y el afecto que le profeso y se han ido acumulando nuevas pruebas de sus múltiples atenciones y muestras de aprecio: desde aquella grata hospitalidad en San Martinho do Porto en el verano de 1944 hasta la preciosa joya de la Gran Cruz de la Orden de Cristo que Ud. me regaló con ocasión de su viaje oficial a Madrid. Siempre estoy en deuda con Ud. y, por si fuera poco, recibo ahora sus letras llenas de cordialidad. Siento no tener tan buena pluma como Ud. para expresar con breves palabras mis profundos sentimientos de gratitud y de alta estima hacia su persona y su gran tarea como profesor y como estadista.

A falta de otras frases más felices, reciba un fuerte abrazo de su buen amigo de siempre

Laureano López Rodó

Castellana, 3

PRESIDENCIA DEL GOBIERNO
El Ministro y Comisario del Plan
de Desarrollo Económico y Social

Madrid, 3 de abril de 1972

Excmo. Sr.
Prof. Dr. Marcello Caetano
Lisboa

Mi querido amigo:

Recién llegado a Madrid, después de esos días inolvidables en
que he gozado del privilegio de su compañía recorriendo el antiguo
reino del Algarve, quiero testimoniarle de nuevo mi profundo agradecimiento por su amable invitación y por las constantes atenciones
y pruebas de afecto que Ud. me prodigó.

Mi madre quedó encantada con los dulces típicos de Algarve, y
toda la numerosa familia reunida ayer en San Feliu de Codinas sabo-
reó las delicias de la repostería portuguesa.

Conservo en la retina las imágenes luminosas de esa magnífica
tierra: Sagres, Lagos, Portimão, Monchique, Silves, Albufeira, Quar-
teira, Faro, Vila Real de Santo António, Castro Marim; y el recuerdo
de sus gentes que en todas partes aclamaban con entusiasmo a su
Presidente.

Me resultó reconfortante comprobar esta unidad y esta adhesión
de un pueblo entorno a su Presidente; de un pueblo que vive en orden
y en paz, que se siente legítimamente orgulloso de sus tradiciones, de
sus gestas históricas y de su papel en el mundo. Tengo gran fe en el
destino de Portugal.

Han sido para mí muy interesantes las dos charlas que tuvimos
en el Hotel Penina. No echaré en saco roto ninguna de sus ideas y
consideraciones.

Tengo el gusto de enviarle, conforme quedamos, el film sobre el III Plan de Desarrollo y el texto taquigráfico de mi última intervención en las Cortes.

Reiterándole mi más sincera gratitud y deseándole unas felices Pascuas, le envía un fuerte abrazo su afmo. amigo

L. López Rodó

Castellana, 3

PRESIDENCIA DEL GOBIERNO
El Ministro y Comisario del Plan
de Desarrollo Económico y Social

Madrid, 5 de abril de 1972

Excmo. Sr.
Prof. Dr. Marcello Caetano
Lisboa (Portugal)

Querido Presidente y amigo:

Ayer llegó López-Bravo a Madrid y me apresuré a trasladarle los puntos de vista de Ud. sobre las negociaciones paralelas de España y Portugal con el Mercado Común, en las que conviene evitar toda interferencia y cualquier gestión diplomática que las dificulte.

López-Bravo se mostró plenamente de acuerdo con el criterio que Ud. me expuso en el Algarve y me aseguró que la diplomacia española no ha formulado ante los países del Mercado Común petición alguna en el sentido de que se nos concedan las mismas ventajas o beneficios que se otorguen a Portugal; quien expresó pública y espontáneamente esta idea fue M. Schumann[176] en su viaje oficial a Madrid durante la tercera decena de noviembre.

Me satisface, por tanto, poder hacerle llegar esta precisión que desvanece cualquier malentendido que haya podido producirse.

Reiterándole mi agradecimiento por sus múltiples atenciones durante mi reciente estancia en Portugal y con mis mejores saludos, queda de Ud. afectísimo, s. s. y buen amigo

Laureano López Rodó

---

176. Maurice Schumann (1911-1998) era entonces el ministro de Asuntos Exteriores de Francia.

INFORME DE LAUREANO LÓPEZ RODÓ A LÓPEZ-BRAVO, INDICADO EN LA CARTA DE 5 DE ABRIL A MARCELLO CAETANO

RELACIONES ECONOMICAS ESPAÑA – PORTUGAL

El criterio de Caetano es que, durante este año, cada uno de los dos países negocia sus Acuerdos preferenciales con el Mercado Común, que en primero de enero próximo será el Mercado de los 10. España ha de negociar la adaptación a la ampliación de la Comunidad, de su Acuerdo de junio de 1970, y Portugal ha de negociar un primer Acuerdo con el Mercado Común.'

De esta manera se evita sumar las dificultades de cada país con algunos países miembros de la Comunidad, cosa que ocurriría si hubiera que hacer una negociación conjunta de los países peninsulares con el Mercado Común.

Está seguro de que inevitablemente la Comunidad Económica Europea buscará, por razones históricas, políticas y económicas, la incorporación de España y Portugal. Por ello, entiende que el Acuerdo que se negocie con el Mercado Común ha de ofrecer claras ventajas para la economía portuguesa, pues no le interesa un «acuerdo de prestigio».

Una vez que los dos países peninsulares tengan Acuerdos con el Mercado Común, se podría establecer un marco institucional en las relaciones económicas entre ambos países. El Acuerdo entre Portugal y España podría establecerse rápidamente, pues lo único que requiere es una decisión política y por parte portuguesa no habrá dificultad.

Entiende que es bueno el camino emprendido por la Comisión Mixta de Cooperación Hispano-Portuguesa creada en mayo de 1970, que a nivel técnico examina los intercambios económicos entre los dos países y que estudia las consecuencias de un desarme arancelario con vistas a la posible creación de un Mercado Común peninsular. Está satisfecho de las reuniones celebradas en el pasado mes de marzo.

Cree, no obstante, que sería bueno llegar lo antes posible a alguna concreta cooperación de ámbito sectorial, especialmente en el Sector de la construcción naval y en el siderúrgico, con objeto de poder mostrar a la opinión pública y al empresariado portugués un ejemplo de la buena voluntad española que desarme la susceptibilidad del sector capitaneado por Franco Nogueira que acaba de publicar un libro[177] denunciando el peligro del «iberismo» (no hay que olvidar que el actual Ministro de Economía, Dias Rosas, está muy influido por Franco Nogueira).

También indicó que, en general, la prensa española, salvo *La Vanguardia*, no contribuye a las buenas relaciones entre los dos países. Concretamente, los reportajes del periódico *Informaciones* sobre la llamada «frontera del subdesarrollo» se han hecho en colaboración con un periodista de la oposición portuguesa.

Le dije que por parte de España no tenemos ninguna prisa en cuanto al establecimiento del marco institucional, ya que actualmente nuestra actuación, especialmente la empresarial, está volcada hacia los Diez. Me mostré algo escéptico en cuanto a la viabilidad de una cooperación meramente empresarial, ya que en economía todo comunica. No obstante, haríamos lo posible por encontrar algunos temas que permitan llegar a acuerdos concretos de complementación industrial.

TEMAS POLÍTICOS

a) Elecciones Presidenciales

El próximo mes de octubre se celebrarán las elecciones para nombrar Presidente de la República, cuyo mandato es de siete años. Caetano apoya la candidatura del Almirante Américo Thomas, que le dio una gran prueba de confianza al nombrarle Presidente del Gobierno —y que siempre le ha respaldado—. Espera que aceptará presentarse como candidato. «Si no aceptara —dijo— me crearía un problema».

---

177. Franco Nogueira, A., *As Crises e os Homens*, Lisboa: Ática, 1971.

b) Provincias ultramarinas

La guerra de Ultramar no es una guerra contra los negros, sino contra los blancos: suecos, daneses, rusos, que envían dinero, armas, abastecimientos y mandos militares. Las últimas operaciones estaban dirigidas por un Estado Mayor muy inteligente. Las actividades bélicas están circunscritas a las zonas fronterizas y consisten principalmente en actos de sabotaje y en la siembra de campos de minas. La vida en las poblaciones de esas provincias es completamente normal y se encuentran en una fase de florecimiento económico.

Es difícil terminar la guerra cuando la base de operaciones del adversario se encuentra en otro país (Zambia, Tanzania), cuyas fronteras no se pueden cruzar (Portugal no es Estados Unidos; si los portugueses se adentraran un palmo más allá de esas fronteras, se encontrarían con la oposición del mundo entero).

c) Relaciones con USA

Está muy satisfecho del Acuerdo militar con USA y de sus dos entrevistas con Nixon en las Azores. Nixon se conocía muy bien el *dossier* sobre Portugal. Dice Caetano que los Estados Unidos no se pueden portar mejor.

d) Situación de la Iglesia

Se mostró muy preocupado por la situación de la Iglesia en Portugal. Existen graves desviaciones doctrinales y una notoria falta de autoridad en la jerarquía. Ha habido casos lamentables que han ocasionado escándalo, sin que se hayan adoptado las correspondientes medidas disciplinarias.

Madrid, 6 de abril de 1972

Excmo. Sr.
D. Marcelo Caetano
LISBOA (Portugal)

Mi querido Presidente y amigo:

El Presidente de la Compañía Telefónica Nacional de España me hace llegar la nota que le envío sobre la conveniencia de un programa de cooperación para establecer la conexión telefónica automática con Lisboa y las principales ciudades portuguesas. Creo que es otro aspecto de la cooperación peninsular que reviste especial interés y que podría resolverse favorablemente.

Mucho le agradeceré cuanto Ud. haga en favor del mejor funcionamiento de los servicios telefónicos entre los dos países.

Reciba un fuerte abrazo de su afmo. amigo

L. López Rodó

Presidencia del Consejo

Lisboa, 22 de abril de 1972

Mi querido amigo:

Solamente hace dos días han llegado a mis manos sus cartas del 3 y 5 del corriente, retrasadas en la maleta diplomática que, según se ve, viaja lentamente entre Madrid y Lisboa...

Conservo recuerdos muy agradecidos de nuestro encuentro en Algarve y me alegro mucho de que le haya sido agradable recorrer aquella pintoresca provincia de Portugal.

Voy a ver, tan pronto como pueda, la película que Ud. me envió. Al mismo tiempo recibí las medallas de los ríos peninsulares que son una belleza. ¡Muchas y muchas gracias por todo!

Créame su muy afecto y amigo viejo y dedicado

Marcello Caetano

A su Excelencia
El Ministro del Plan de Desarrollo
D. Laureano López Rodó
Madrid

P.S. ¡He apreciado mucho el discurso!

Presidencia del Consejo

Lisboa, 18 de mayo de 1972

Mi querido amigo:

Terminó la visita de López-Bravo que, creo, ha sido muy útil y extremamente cordial. Me gustó verle.

Tan pronto como recibí su carta del 6 de abril acerca de la conexión telefónica automática entre España y Portugal, le di instrucciones al Ministerio de las Comunicaciones para que se allanaran cualesquiera dificultades que existieran del lado portugués.

El Ministro[178] se mostró sorprendido por las preocupaciones de Barrera de Irimo[179], garantizándome que no había obstáculos del lado portugués y que estábamos en conversaciones con la Compañía Telefónica Nacional de España para acordar la resolución de los problemas existentes.

La próxima reunión tendría lugar el 9 y 10 de mayo.

Les recomendé una vez más todo el interés en que las conexiones automáticas pudieran entrar en ejecución cuanto antes. Y guardé los resultados de la reunión para responder a su carta.

Recibí finalmente la nota de lo que pasó en la reunión del 9 y 10 de mayo, de la que le envío copia. Por ella verificará que las dificultades existen sobre todo del lado español.

Afectuosos recuerdos del siempre muy amigo y agradecido

Marcello Caetano

---

178. En esta fecha, el «Ministro das Comunicações» de Portugal era Rui Alves da Silva Sanches (1919-2009).

179. Antonio Barrera de Irimo (1929-2014), ministro de Hacienda de España.

Castellana, 3

PRESIDENCIA DEL GOBIERNO
El Ministro y Comisario del Plan
de Desarrollo Económico y Social

Madrid, 23 de mayo de 1972

Excmo. Sr.
Prof. Dr. Marcello Caetano
Presidente del Consejo de Ministros
Lisboa (Portugal)

Mi querido Presidente y amigo:

Muchas gracias por su amable carta de 18 de mayo. López-Bravo volvió muy contento de su reciente visita a Lisboa y en especial de la cordialidad con que Ud. le recibió. Creo también que su visita habrá resultado muy provechosa.

En cuanto a la conexión automática telefónica entre Portugal y España, quiero agradecerle su espíritu de colaboración, que se ha reflejado en las conversaciones celebradas los días 9 y 10 entre los técnicos de ambos países.

El Presidente de la Compañía Telefónica Nacional de España, Sr. Barrera de Irimo, me informa que los equipos de Madrid, que permitirán la automatización en el sentido Madrid-Lisboa, estarán ya instalados y podrán entrar en servicio antes de fin de año.

El Sr. Barrera de Irimo visitará esta misma semana al Correo Mayor Portugués, Sr. Ribeiro, para garantizarle la máxima colaboración española en estos programas de automatización.

Me alegra ver que la colaboración entre nuestros dos países va progresando cada vez más.

Reciba, señor Presidente, un cordial saludo de su siempre buen amigo

Laureano López Rodó

Presidencia del Consejo

Lisboa, 25 de mayo de 1972

Su Excelencia
D. Laureano López Rodó
Madrid

Mi querido amigo:

El día en que le escribí la última carta, recibí al Embajador Rocheta que me hizo la entrega de los tres volúmenes de los *Estudios*[180] publicados en su honor por los amigos y discípulos.

Confieso mi profundo sentimiento de pena por no figurar entre los colaboradores. La invitación me encontró imposibilitado de preparar un estudio nuevo, y sin materia inédita que pudiera ceder. Pero lamento no haberme acordado de proponer a los organizadores una especie de prefacio sobre el homenajeado, que ése sí podría yo haberlo escrito sin las dificultades y los problemas de un estudio científico.

Me alegra mucho el justo homenaje que le es prestado. Su caso es el de un profesor que supo trasladar a la práctica las enseñanzas de la teoría y extraer la teoría desde la práctica.

La España moderna le debe mucho.

Le abraza su muy amigo, siempre dedicado y agradecido

Marcello Caetano

---

180. *Estudios en homenaje al profesor López Rodó*, Santiago de Compostela: Universidad de Santiago de Compostela, 1972.

Castellana, 3

PRESIDENCIA DEL GOBIERNO
El Ministro y Comisario del Plan
de Desarrollo Económico y Social

Madrid, 26 de julio de 1972

Excmo. Sr.
Prof. Dr. Marcello Caetano
Lisboa

Mi querido amigo:

Reciba mi más cordial enhorabuena por dos importantes acontecimientos de la política portuguesa: la reelección del Almirante Américo Thomaz para la Presidencia de la República y el Acuerdo de Portugal con el Mercado Común. Constituyen dos nuevas pruebas de la inteligente política que está Ud. llevando a cabo en el plano interno e internacional.

La política española sigue su curso previsto. La ley del 18 de julio por virtud de la cual el Vicepresidente del Gobierno queda nombrado Presidente en el momento de producirse la vacante en la Jefatura del Estado si antes no se hubiera designado un Presidente del Gobierno, es otra nueva cautela para que la sucesión se produzca en toda normalidad, sin dejar el más leve resquicio a la incertidumbre. Esta prudente decisión del Caudillo ha sido muy bien recibida por la opinión pública española.

Las próximas reuniones ministeriales (Comisión Delegada y Pleno del Consejo de Ministros) se celebrarán en La Coruña del 15 al 18 de agosto. Vamos a tener, pues, unos días de descanso hasta entonces. ¿Podría Ud. hacer un hueco en esa primera quincena de agosto para descansar unos días en España: Costa del Sol, Costa Brava, Mallorca, Galicia…?

Ya sabe Ud. que para mí sería un gran placer disfrutar de su compañía.

Con el afecto de siempre, le envía un fuerte abrazo su buen amigo

L. López Rodó

Presidencia del Consejo

3 de agosto de 1972

Querido amigo:

Muchas gracias por su carta del 26 de julio y por sus felicitaciones por el buen éxito de las negociaciones portuguesas con la CEE[181]. Ahora tenemos que trabajar deprisa en la celebración del acuerdo de zona de libre cambio luso-española: ya del lado portugués todo se prepara para ese efecto y sólo deseamos saber qué vía prefiere el gobierno español: ¿adhesión a la mini-EFTA?[182] ¿O acuerdo bilateral?

La elección del Almirante Tomaz[183] transcurrió muy bien.

Infelizmente no puedo pensar en descansar este mes. Tengo de ir a Brasil al comienzo de septiembre: ¡un maratón de tres días con una decena de discursos! ¡Auténticos juegos olímpicos, que me obligarán a «entrenar» todo el mes de agosto!

Le abraza su amigo muy dedicado y afectuoso

Marcello Caetano

181. Comunidad Económica Europea.

182. Asociación Europea de Libre Comercio (European Free Trade Association).

183. Se refiere a la reelección de Américo Thomaz como presidente de la República Portuguesa.

Castellana, 3

PRESIDENCIA DEL GOBIERNO
El Ministro y Comisario del Plan
de Desarrollo Económico y Social

La Coruña, 17 de agosto de 1972

Excmo. Sr.
Prof. Dr. Marcello Caetano
Lisboa

Mi querido amigo:

Muchas gracias por su amable carta del día 3 de los corrientes. Me hago cargo de que la preparación de su próximo viaje al Brasil le retenga en Lisboa. Mucho celebraría que a la vuelta de sus «juegos olímpicos» pudiera tomarse unos días de descanso en la segunda quincena de septiembre. Reciba por anticipado mi felicitación por el indudable éxito de su nueva visita a las tierras brasileñas.

En cuanto a la zona de libre cambio luso-española, ya sabe Ud. que por parte de España existe el mejor deseo de que pueda llegarse a un acuerdo en el plazo más breve posible. Respecto de la doble vía a que Ud. alude: la adhesión a la mini-EFTA o el acuerdo bilateral, ¿se refiere Ud. tan sólo al acuerdo bilateral con Portugal o a un acuerdo bilateral con cada uno de los países de la mini-EFTA a semejanza del procedimiento seguido por estos con los países de la CEE? Me gustaría aclarar este extremo para hablar con López-Bravo y poder fijar la postura del Gobierno español sobre el camino a seguir, sin dilaciones.

Anteayer estuve en Santiago y se reavivaron mis recuerdos de sus visitas a esa querida ciudad, especialmente la última en que fue Ud. investido del doctorado *honoris causa* en la Universidad compostelana. Ojalá se presente pronto la ocasión de verle nuevamente unos días en España.

He leído en la prensa que el próximo mes de septiembre irá a Madrid el nuevo Ministro de Economía Cotta Días para inaugurar una exposición permanente de productos portugueses. Si a Ud. le parece oportuno podríamos cursarle una invitación oficial y aprovechar su visita para tratar el acuerdo sobre la zona de libre cambio luso-española.

Deseándole un feliz viaje al Brasil, le envía un cordial saludo, su buen amigo

L. López Rodó

Queluz, 24 de agosto de 1972

Querido amigo:

Recibí su carta del 17 que mucho agradezco. Infelizmente este verano no tendré descanso. ¡Paciencia!

Respecto a su pregunta relativa a la zona de libre cambio peninsular: la ventaja de la adhesión de España a la mini-EFTA estaría en ingresar en una organización ya montada, con reglas asentadas y experimentadas que serían extendidas a la península, ahorrando a nuestros dos gobiernos negociaciones de acuerdo bilaterales y el contencioso de su ejecución.

En el caso de que España no quiera o no pueda adherir, tendremos entonces de negociar, nosotros, España y Portugal, un acuerdo bilateral para constituir la zona peninsular. Como le dije atrás, ese acuerdo implicaría, por mucho que hiciéramos, una confrontación de intereses y resistencias internas, y después sería posible que implicara dificultades de ejecución. Estos son los inconvenientes que según me parece podrían ser alejados en el marco de la EFTA.

La noticia de la ida a España de nuestro Ministro de Economía[184] no tiene fundamento. El nuevo ministro es un hombre inteligente y hábil. Aunque Dias Rosas[185] fuera un gran amigo mío y altamente competente, creo que tendré en este un excelente colaborador.

Estoy preparando el viaje a Brasil, con inmenso trabajo. ¡Hasta la vuelta!

Le abraza el amigo muy dedicado y afectuoso

Marcello Caetano

Su Excelencia
D. Laureano López Rodó
Ministro y Comisario del Plan de Desarrollo
La Coruña (ESPAÑA)

184. Manuel Cotta Dias (n. 1929), ministro de Hacienda de 1972 a 1974.
185. João Dias Rosas (n. 1921), ministro de Hacienda de 1968 a 1972.

Castellana, 3

Presidencia del Gobierno
El Ministro y Comisario del
Plan de Desarrollo Económico y Social

16 de septiembre de 1972

Excmo. Sr.
Profesor Dr. Marcello Caetano
Presidente del Consejo de Ministros
Lisboa (Portugal)

Mi querido amigo:

Ante todo, mi más cordial enhorabuena por el éxito de su reciente viaje a Brasil. Una vez más se ha puesto de relieve la proyección
internacional de su figura de estadista y los fuertes lazos que unen a
la Comunidad luso-brasileña.

En contestación a su carta de 24 de agosto, tengo el gusto de
comunicarle que con el fin de ganar tiempo, y dado que existen an-
tecedentes recientes y el terreno está explorado con resultados positivos, piensa López-Bravo que lo mejor sería negociar cuanto antes
un acuerdo de Asociación de España con la mini-EFTA, y perfeccio-
narlo en el ámbito luso-español posteriormente, si fuera preciso, para
potenciar al máximo la cooperación económica peninsular.

En el Consejo de Ministros celebrado ayer en San Sebastián, fue
nombrado Presidente del Instituto de España, cargo que implica la
condición de Consejero del Reino, nuestro común amigo D. Manuel
Lora-Tamayo, ex-Ministro de Educación y Ciencia y antiguo Presidente del Consejo Superior de Investigaciones Científicas[186].

186. Manuel Lora-Tamayo Martín (1904-2002) fue ministro de Educación y Ciencia (1962-1968), y presidente del Consejo Superior de Investigaciones Científicas (1967-1971) y del Instituto de España (1972-1978).

Con mis mejores saludos y reiterándole mi enhorabuena, le envía un cordial saludo, su buen amigo,

Laureano López Rodó

Laureano López Rodó

Madrid, 4 de noviembre de 1972

Mi querido amigo:

Hoy salgo para Brasil, Venezuela y Colombia en viaje oficial pero antes quiero agradecerle el envío de su libro *Progresso em Paz*[187], que amablemente me ha dedicado. Es una nueva prueba de su infatigable labor de estadista y constituye una brillante antología de discursos muy ricos en ideas.

Con mi más cordial enhorabuena, reciba un fuerte abrazo de su buen amigo

L. López Rodó

187. CAETANO, M., *Progresso em Paz*, Lisboa: Verbo, 1972.

Castellana, 3

PRESIDENCIA DEL GOBIERNO
El Ministro y Comisario del Plan
de Desarrollo Económico y Social

19 de diciembre de 1972

Excmo. Sr.
Prof. Dr. Marcello Caetano
Lisboa

Mi querido amigo:

Reciba, ante todo, mi más cordial felicitación en estas fechas entrañables de la Navidad y el Año Nuevo. Le deseo toda suerte de aventuras personales y los mayores aciertos en la ingente tarea de regir los destinos de la gran nación portuguesa en esta hora del mundo, difícil y turbulenta.

Fue grata para mí la conversación sostenida con Alexandre Vaz Pinto. Me causó la mejor impresión y creo que su reciente viaje a Madrid contribuirá al mejoramiento de las relaciones económicas entre Portugal y España. Sigo pensando que debería arbitrarse una fórmula que permitiera hacer realidad en breve plazo el deseo de ambos gobiernos de establecer una zona de libre comercio peninsular, sin la cual difícilmente podrá superarse la casuística en que se ven aprisionados nuestros intercambios. Las negociaciones españolas para llegar a un acuerdo con la mini-EFTA parece que van a exigir un periodo de tiempo excesivamente dilatado durante el cual se irán produciendo una serie de transformaciones en la economía española, especialmente en su sector más dinámico que es el industrial, que adolecerán del defecto de falta de coordinación con la industria portuguesa.

En la última semana del próximo mes de mayo se celebrará en Madrid, patrocinado por la CEPAL[188], una reunión de Ministros de Planificación y de Desarrollo económico de los países iberoamericanos. Asistirá, como es lógico, el Ministro Reis Velloso[189] del Brasil y espero que acepten también la invitación que les he dirigido el Ministro de Economía y el Secretario de Estado de Planeamiento de Portugal. Tanto el temario de las sesiones de trabajo como la calidad de las personas que han anunciado su asistencia permiten augurar los mejores resultados de dicha reunión.

Pienso tomarme unos días de descanso durante la primera semana de enero, posiblemente en Canarias. Excuso decirle cuanto me alegraría que Ud. pudiera descansar también viniendo acompañado de las personas que desee.

Reiterándole la felicitación navideña, le envía un cordial saludo su buen amigo

L. López Rodó

188. Comisión Económica para América Latina y el Caribe.
189. João Paulo dos Reis Velloso (1931-2019) fue «Ministro do Planejamento» de Brasil de 1969 a 1979.

Presidencia del Consejo

Lisboa, 5 de enero de 1973

Mi querido amigo:

Recibí su carta del 19 de diciembre a la que no he podido aún responder por el mucho trabajo que se acumula al final de un año agravado por una gripe que tuve de soportar de pie y me causó enorme malestar.

¡Cómo me habría agradado ir hasta Canarias en su compañía! Pero no fue posible pensar en ello a estas alturas.

Alexandre Vaz Pinto[190] me contó sus impresiones de la visita a Madrid y del placer que tuvo en conversar con usted.

Realmente hay que hacer alguna cosa de positivo y decisivo en las relaciones económicas luso-españolas. Al buen entendimiento de los gobiernos no corresponde la buena voluntad de las administraciones. A cada paso los exportadores portugueses se quejan de las dificultades levantadas por los servicios españoles.

Pero un acuerdo bilateral no me parece fácil. Ni la EFTA ni la propia CEE consentirían ese acuerdo sin una gran resistencia y sin condiciones. Y el acuerdo acabaría por llevar tanto tiempo para negociar entre los dos países, como el que prevemos de España con la EFTA –si es que no llevaría más–.

¿No sería posible continuar conversaciones entre los dos países, que fueran preparando la zona de comercio libre y hasta allanando dificultades concretas?

¿Por qué motivo nunca se ha conseguido nada en los intentos anteriores?

Disculpe, mi querido amigo, hablarle con tal franqueza, pero las quejas que constantemente me llegan me dejan triste y desanimado.

---

190. Alexandre Vaz Pinto (n. 1939) era secretario de Estado del Comercio.

Plazca a Dios que el año de 1973 vea mayor progreso en nuestras relaciones económicas y mayor comprensión del pueblo español hacia los problemas portugueses –que no son egoístamente nacionales–. La caída de África Austral en la esfera de influencia comunista será una catástrofe para Occidente. ¿No lo comprenden los padres misioneros, o es que realmente lo desean en su mal entendido progresismo? De cualquier modo, los horizontes de Europa no son en este momento risueños. ¿Habrá quién sepa y quiera defender sus verdaderos intereses e ideales?

Le abraza su amigo, muy dedicado, con votos de las mayores felicidades en el Año Nuevo

Marcello Caetano

Excmo. Sr.
D. Laureano López Rodó
Ministro y Comisario del
Plan de Desarrollo Económico y Social
Madrid

Castellana, 3

Presidencia del Gobierno
El Ministro y Comisario del
Plan de Desarrollo Económico y Social

Madrid, 27 de enero de 1973

Excmo. Sr.
D. Marcello Caetano
Presidente del Consejo de Ministros
Lisboa (Portugal)

Mi querido amigo:

He tenido unos días de extraordinario agobio que me han impedido contestar puntualmente su amable carta de 5 de enero.

Primero fue una reunión con el Consejo Nacional de Trabajadores, luego, el lunes, una sesión de Cortes sobre la ejecución del III Plan de Desarrollo y, por último, la visita del Ministro del Plan de Desarrollo de Arabia Saudita, que llegó el martes y termina hoy su estancia oficial en España. Perdón, pues, por mi retraso.

Abrigo todavía la esperanza de que la próxima Semana Santa o en la de Pascua de Resurrección, pueda Ud. hacer un hueco para pasar unos días de descanso en las Canarias. Me daría una gran alegría poder acompañarle.

Respecto al futuro de nuestras relaciones económicas, coincido totalmente con el punto de vista expresado en su carta. No parece fácil, ni aconsejable, que el tema de un progresivo acercamiento, que lleve a un cierto grado de integración, se realice a través de un acuerdo bilateral.

Siguiendo los consejos de Ud. y de otros Gobiernos de la EFTA, hemos pensado en la conveniencia de presentar a dicha Asociación nuestra solicitud de iniciar negociaciones para una vinculación con la misma. Hace solamente unos días hemos terminado las conversaciones bilaterales oficiosas con la totalidad de los países que integran la EFTA, con objeto de tener una visión anticipada de su actitud ante una eventual petición española de acercarse a dicha Asociación. El resultado ha sido positivo, pese a algunas reticencias de Suecia, que no afectan al fondo del problema, sino más bien al calendario de las negociaciones.

Como consecuencia de estas gestiones bilaterales, vamos a mantener a fin de mes una conversación con el Secretario General de la EFTA en Ginebra, para estudiar conjuntamente la carta que, con toda probabilidad, le dirigiremos el próximo mes solicitando la apertura de negociaciones.

Contamos para el buen fin de esta solicitud y de las negociaciones que le seguirán con la inestimable ayuda de Portugal, que en diversas ocasiones nos ha sido generosamente ofrecida. Esta ayuda tendrá en esta oportunidad una importancia especial, debido a que Portugal ostenta la presidencia de la EFTA en el periodo comprendido entre enero y junio del corriente año.

Con respecto a su pregunta sobre la posibilidad de que vayan preparándose ideas para la constitución de una zona de libre cambio, me parece acertada e incluso le agradecería si por parte de Portugal se nos pudieran mandar una serie de ideas y proyectos sobre lo que podría ser el Acuerdo para la creación de la zona de libre cambio.

Un fuerte abrazo de su buen amigo,

Laureano López Rodó

Presidencia del Consejo

Lisboa, 23 de abril de 1973

Mi querido amigo:

Le escribo sin demora, al regresar a Lisboa, para decirle cuánto he apreciado estos días de vacaciones, que me han parecido tan cortos y me han hecho tanto bien. Hace mucho tiempo que no gozaba un descanso tan despreocupado: y la buena disposición, y en algunos momentos la alegría con la que estuve sería una sorpresa para cuantos, en la vida corriente, me ven constantemente absorto por los cuidados de todo el orden, que no me faltan.

Este milagro lo debo a Ud. primeramente: a su buena amistad, su bondad constante, las atenciones de que Ud. me rodeó. Y después a la tierra de España, siempre tan rica de tesoros, de color y de hidalguía, y a cuantos, en ella, queriendo honrar a su ilustre Ministro de Estado, han distinguido también al huésped que le acompañaba.

No quiero olvidar a nuestro buen amigo Gaspar Ariño[191], siempre tan atento y bien dispuesto, que fue un compañero admirable estos días.

¡Cuatro días sin despacho y sin papeles! ¡Qué maravilla! Los papeles, vine a encontrarlos todos… Pero con fuerza renovada para enfrentarlos. Crea, mi querido amigo, que le está profundamente reconocido una vez más el que se subscribe, su muy dedicado, afectuosamente muy agradecido

Marcello Caetano

Excmo. Sr. Don Laureano López Rodó
Ministro y Comisario del Plan de
Desarrollo Económico y Social
Madrid

191. Se refiere probablemente a Gaspar Ariño Ortiz (1936-2023), catedrático de Derecho Adminstrativo desde 1978.

Castellana, 3

PRESIDENCIA DEL GOBIERNO
El Ministro y Comisario del Plan
de Desarrollo Económico y Social

Madrid, 26 de abril de 1973

Excmo. Sr.
Prof. Dr. Marcello Caetano
Lisboa

Mi querido amigo:

Recibí llegado de una visita oficial a Sevilla, Córdoba y La Carolina me apresuro a contestar a su amable carta del día 23 que me causó mucha alegría.

Una vez más he podido disfrutar del privilegio de su amistad y del cariño de sus palabras. A mí se me hicieron muy cortos esos cuatro días de nuestras correrías por tierras leonesas, andaluzas y extremeñas. Y tengo el remordimiento de que le sometí a Ud. a un ajetreo excesivo. Otra vez le organizaré un viaje más reposado siguiendo, si a Ud. le parece bien, la «ruta de los cortijos» o algún otro itinerario más campestre.

En Sevilla me entregaron anteayer un recuerdo para Ud. que le hago llegar, junto con esta carta, a través de la Embajada de Portugal en Madrid. También le envío los restantes volúmenes de la colección de provincias españolas para que pueda Ud. ir preparando sus próximas jornadas de descanso.

Muy agradecido por sus afectuosas frases, le envía un cordial saludo, su buen amigo

L. López Rodó

Presidencia del Consejo

19 de mayo de 1973

Mi querido amigo:

El Ministro de Estado, Dr. João Mota de Campos[192], que va a tomar parte en la reunión de los ministros de planificación, hace el favor de ser portador de esta carta y de un ejemplar de *Os Lusíadas* de la más apreciada edición del siglo XIX (la del Morgado de Mateus) ahora reimpresa[193]. Es un simple mensaje de amistad.

Recuerdo con *saudade* los días de Semana Santa pasados en su compañía: y con gratitud todas las atenciones recibidas, de usted y de las autoridades con las que nos hemos encontrado. ¡Han sido mis mejores vacaciones de estos últimos tiempos!

Espero que no olvide mi invitación para visitar Angola: le doy la mayor importancia a este proyecto, pues solamente viéndolo, mi querido amigo, podrá hacerse Ud. una idea de lo que es el problema de África portuguesa. Dígame cuándo quiere ir.

Haciendo votos para que la reunión de los ministros de Planificación sea un éxito, reciba un fuerte abrazo de su amigo muy dedicado, admirador muy agradecido,

Marcello Caetano

192. João Mota de Campos (n. 1927) fue ministro de Estado y del Plano de 1971 a 1973 y ministro de la Agricultura y Comercio hasta la revolución de 1974.

193. El año de 1972 se conmemoró el IV Centenario de la primera edición del poema nacional portugués, *Os Lusíadas*, de Luis de Camoens. La «edición monumental» del Morgado de Mateus fue impresa en París, en las oficinas de Firmin Didot, el año de 1817, en una tirada muy lujosa y limitada (210 ejemplares). La reimpresión mencionada es probablemente la de Lisboa: Livraria Sam Carlos, 1972.

Castellana, 3

PRESIDENCIA DEL GOBIERNO
El Ministro y Comisario del Plan
de Desarrollo Económico y Social

1 de junio de 1973

Excmo. Sr.
Prof. Dr. Marcello Caetano
Lisboa

Mi querido amigo:

Mil gracias por ese magnífico ejemplar de *Os Lusíadas* que me trajo, de parte de Ud., el Ministro Mota de Campos. Una nueva prueba de sus constantes atenciones para conmigo. Me ha gustado muchísimo. Ocupará un lugar de honor en mi biblioteca.

El Dr. João Mota de Campos me produjo una excelente impresión. Su intervención en la Conferencia fue una de las mejores. Celebro haber tenido la oportunidad de conocerle. Creo que hemos simpatizado mutuamente.

He quedado contento de la Conferencia del Ministro de Planeamiento. Hicimos un buen acopio de documentación; expusimos las respectivas experiencias y dialogamos especialmente sobre el tema del desarrollo regional. El Acta Final de la Conferencia no es sólo protocolaria sino bastante sustanciosa. Creo que podremos dar nuevos pasos para incrementar las relaciones económicas entre todos los países iberoamericanos: empresas multinacionales, coproducciones, cooperación en materia de agencias informativas y transporte aéreo, etc.

En cuanto a su amable invitación para ir a Angola, pienso que la mejor oportunidad sería en el mes de octubre con ocasión de la Feria de Muestras que se celebrará del 5 al 20 y en la que participará España. Si a Ud. le parece bien, haría la oportuna consulta a D. Luis

298 Cartas entre laureano lópez rodó y marcello caetano: una amistad para la historia

Carrero[194] y al Generalísimo. Por mi parte, tengo gran interés en conocer el África Portuguesa y poder dar fe por mí mismo de cuanto allí se ha hecho.

Reciba un cordial saludo de su siempre buen amigo

L. López Rodó

---

194. Luis Carrero Blanco (1904-1973), presidente del Gobierno de España del 9 de junio al 20 de diciembre de 1973, fecha en la que fue asesinado por ETA.

Castellana, 3

El Ministro de Asuntos Exteriores

Madrid, 30 de octubre de 1973

Excmo. Sr.
Profesor Dr. Marcello Caetano
Presidente del Consejo de Ministros
Lisboa

Mi querido Presidente y amigo:

Con gran satisfacción leo las noticias que me llegan sobre el resultado de las elecciones que tuvieron lugar en Portugal el pasado domingo y quiero felicitarle, muy sinceramente, tanto a título personal como en nombre del Gobierno español por el brillante éxito obtenido en el que su actuación como Presidente del Consejo ha tenido tan gran participación.

La fina sensibilidad política y patriótica del pueblo portugués, con el apoyo entusiasta y masivo que ha prestado a su Gobierno, ha sabido darle un respaldo amplio y positivo, no dando oído a la propaganda con que el Partido Comunista, apoyado por los compañeros de viaje de siempre, pretendía desvirtuar la gran acción política desarrollada por mi querido amigo a lo largo de estos años.

El Gobierno español se congratula de este éxito y hace votos, a los que uno los míos personales, por el futuro de la nación hermana que bajo su sabia dirección sabrá proseguir por el camino de la paz, la dignidad y el progreso.

Al reiterarle mi felicitación, me es particularmente grato, señor Presidente, expresarle una vez más, las seguridades de mi más alta consideración y amistad,

Laureano López Rodó

TELEGRAMA

23 de noviembre de 1973

Excmo. Señor Don Laureano López Rodó
Ministro de Asuntos Exteriores
Madrid

La visita de Vuestra Excelencia a Portugal acrecentó la admiración y el respeto que los portugueses hace mucho tienen por el catedrático ilustre y político eminente cuya carrera ha sido una brillante sucesión de éxitos. Como viejo amigo, mucho me congratulo con el éxito, y de corazón saludo al nuevo Doctor de Coímbra ahora aún más vinculado a mi Patria.

Marcello Caetano, Presidente del Consejo de Ministros

Castellana, 3

El Ministro de Asuntos Exteriores

Madrid, 24 de noviembre de 1973

Excmo. Sr.
Profesor Dr. Marcello Caetano
Presidente del Consejo
Lisboa

Mi querido Presidente y amigo:

No sé cómo agradecerle sus delicadas atenciones con motivo de mi reciente visita oficial a Portugal. Conservo un grato recuerdo de mi conversación con Ud., que me supo a poco y del agradable almuerzo en el Palacio de San Bento. El anillo doctoral, símbolo de la amistad según el ceremonial de Coímbra, es el rico testimonio de la amistad con que Ud. me distingue y a la que correspondo con la mía más sincera. La amistad, como el buen vino se avalora con el tiempo. A lo largo de casi tres décadas –se cumplirán a fines de marzo próximo– ha ido creciendo en mí el afecto hasta Ud. y la admiración por sus altas calidades intelectuales, morales y políticas. Desde el primer día vi en Ud., además del Profesor y del amigo, al estadista. Siempre vaticiné –y son muchas las personas que me lo han oído– que Ud. sería el sucesor de Salazar. Para mí no había duda. Su designación para el alto puesto que ahora ocupa al frente de los destinos de la gran nación portuguesa no me causó sorpresa alguna, pero sí una inmensa alegría: era la garantía de que el timón de la nave lusitana estaba en buenas manos. Los hechos lo han confirmado. Más de un lustro de labor de gobierno, en momentos muy difíciles, han impulsado la prosperidad de ese querido país y, sobre todo, han hecho resplandecer la dignidad nacional frente a tantas incomprensiones e injustos ataques.

Tenga la seguridad, querido Presidente, de que España estará siempre con Portugal. Creo que las conversaciones de estos días con

Rui Patricio han sido muy provechosas y nos ofrecen un dilatado horizonte a la colaboración peninsular.

Como Ud. muy bien dice, mi nueva condición de Doctor *honoris causa* por la Universidad de Coímbra es un nuevo lazo que me liga a Portugal, del que me siento orgulloso y vivamente agradecido.

Con mis mejores saludos, reciba un fuerte abrazo con todo el afecto de su buen amigo

Laureano López Rodó

Presidencia del Consejo

Lisboa, 29 de noviembre de 1973

Mi querido amigo:

Mucho me alegró su carta del 24, ayer recibida. Fue para mí motivo de gran placer verle en Lisboa, aunque yo estuviera en el principio de una enfermedad de la que aún ahora no me he restablecido. Los bronquios me han molestado mucho hasta reducir mi actividad. Y ya en el día del almuerzo no me encontraba con salud. Por eso no pude recibirlo como desearía.

He sabido que la ceremonia en Coímbra transcurrió muy bien, lo que me alegró profundamente. Solamente tuve pena de no haber podido asistir, como Ud. asistió a las inolvidables ceremonias de mis doctorados en Madrid y Santiago.

En los días de hoy gobernar un país es siempre fuente de cuidados y preocupaciones: pero en las circunstancias en que se encuentra mi país, objeto de una campaña odiosa en el mundo entero, el gobierno es una constante amargura. En esta hora se aprecian más que nunca los amigos. Calculará Ud. por eso cuánto le agradezco sus palabras tan cariñosas y firmes y el bálsamo que para mí han constituido.

Con los deseos de las mayores venturas en su vida personal y en su acción ministerial, créame su fiel amigo y admirador devoto

Marcello Caetano

Excmo. Sr.
Don Laureano López Rodó
Ilustre Ministro de Asuntos Exteriores de España

4 de enero de 1974

Presidencia del Consejo
Gabinete del Presidente

Mi querido amigo:

La constitución del nuevo Gobierno español fue una sorpresa en muchos aspectos y nunca pensé que Ud. fuera excluido de la cartera que tan distinguidamente estaba desempeñando.

Con mi abrazo afectuoso, quiero decirle que, si Ud. desea descansar unos días, en este cambio de vida, sería para mí un enorme placer tenerlo en Portugal como mi invitado. El clima de Estoril está muy ameno y es propicio al reposo físico y moral.

Disponga siempre de su amigo cierto y fiel

Marcello Caetano

Laureano López Rodó
Catedrático de Derecho Administrativo

Madrid, 9 de enero de 1974

Excmo. Sr.
Profesor Dr. Marcello Caetano
Lisboa

Mi querido amigo:

No sabe cuánto le agradezco su cariñosa carta del día 4. Conociéndole como lo conozco, no esperaba menos de Ud. En estas ocasiones es cuando se aprecian más que nunca las calidades de los amigos de verdad.

Desde el 20 de diciembre en que fue asesinado el Almirante Carrero Blanco he pasado unos días muy amargos[195]. Ante todo, por el gran afecto que yo profesaba a un caballero como él, con quien había colaborado a sus órdenes inmediatas durante más de 17 años. Son tantos los recuerdos que se agolpan en mi mente que no puedo sustraerme al dolor producido por su muerte trágica. Tan sólo las muchas pruebas de amistad que recibo, entre las que destaco las de Ud. –nunca olvidaré ese gesto tan significativo de acudir al entierro del Presidente, que me permitió tener el placer de conversar con Ud. aunque fuera brevemente– alivian mi dolor.

Soy también especialmente sensible a su amable invitación de ir a Portugal. Ya puede Ud. suponer cuánto se lo agradezco y lo mucho que me gustará tener una nueva ocasión de verle a Ud. y darle un abrazo. Pero en estas primeras semanas me encuentro muy agobiado de trabajo y con múltiples compromisos. Hoy mismo, sin ir más lejos, he tenido una larga conversación privada con el Jefe de Estado, otra con el nuevo Presidente del Gobierno, otra con mi sucesor en

195. Como ya hemos señalado, Luis Carrero Blanco fue asesinado por ETA el 20 de diciembre de 1973.

Asuntos Exteriores y otra con el Presidente del Consejo de Estado, por no citar sino las más salientes. Centenares de cartas tengo pendientes de contestación. He de resolver también una serie de asuntos personales: mi reingreso en la cátedra de la Facultad de Derecho de Madrid, atar los últimos flecos de gestiones en curso en el Ministerio de Asuntos Exteriores, ordenar los papeles de mi archivo particular, etc.

Más adelante, y en la fecha que a Ud. le resulte más conveniente y posiblemente con un tiempo menos frío, acudiré con mucho gusto a Portugal. Me agradará también comentar con Ud. una serie de temas, cambiar impresiones y pedirle consejo.

Reciba el emocionado saludo de su siempre buen amigo

Laureano López Rodó

Laureano López Rodó

Madrid, 20 de febrero de 1974

Excmo. Sr.
Prof. Dr. Marcello Caetano

Mi querido amigo:

Al regreso de un viaje a Méjico que acabo de realizar con motivo de la inauguración del Instituto Mejicano del Desarrollo, me encuentro con el libro que recoge los hechos más significativos del 5.º año de gobierno bajo la presidencia de Ud.[196]. Tanto las coordenadas de acción como la labor legislativa y las realizaciones conseguidas en el período 72-73 constituyen una nueva prueba de su talla de gran estadista. Le felicito muy de veras por esa obra ingente al servicio de Portugal.

Reciba un fuerte abrazo de su buen amigo

L. López Rodó

---

196. *Quinto Ano do Governo de Marcello Caetano*, Lisboa: Secretaria de Estado da Informação e Turismo 1973.

Laureano López Rodó

Madrid, 9 de marzo de 1974

Excmo. Sr.
Prof. Dr. Marcello Caetano

Mi querido amigo:

Ayer me envió el Embajador Rocheta la edición castellana del discurso que Ud. pronunció el 16 de febrero en la sesión de clausura de la conferencia anual de la Acción Nacional Popular[197]. Lo he leído con el mayor interés y quiero felicitarle por la claridad de los conceptos y la firmeza de la política que en el mismo se define. Pero aún he de redoblar mi felicitación por su magnífico discurso ante la Asamblea Nacional recientemente pronunciado y del que me gustaría tener el texto íntegro. Por las referencias publicadas en la prensa española no dudo en calificarlo de transcendental y tengo la seguridad de que obtendrá el máximo respaldo de dicha Asamblea.

Enhorabuena, pues, por este señalado éxito.

Reciba un cordial saludo de su buen amigo

L. López Rodó

---

197. «Acção Nacional Popular», la organización de apoyo al régimen del Estado Nuevo, inicialmente denominada «União Nacional». En 1970, poco después de haber sucedido a Antonio de Oliveira Salazar, Marcello Caetano le cambió el nombre.

Presidencia del Consejo

Lisboa, 20 de marzo de 1974

Mi querido amigo:

Me dio una gran alegría su tarjeta del 9 del corriente, por el apoyo moral que traduce y por ver cómo Ud. continúa atento a lo que pasa en Portugal.

He vivido días difíciles, pero gracias al apoyo del pueblo portugués y a la fidelidad de las fuerzas armadas los he ido venciendo. En la grave situación internacional que Ud. conoce bien, estas discusiones internas son criminales. ¡Pero lo que más falta a los hombres es el sentido común!

Junto le envío el texto completo del discurso del día 5. Muchas gracias por su interés.

Sigue en pie la invitación para que Ud. venga a descansar unos días en Portugal. ¿Cuándo se resuelve?

Un gran abrazo de su amigo muy dedicado y agradecido

Marcello Caetano

Excmo. Sr.
D. Laureano López Rodó
MADRID

Carta de D. Laureano al general Franco:

Laureano López-Rodó

Alcalá, 73
Madrid – 9

25-III-74

Excelencia

El sábado recibí carta de Caetano. Como me consta el interés con que Vuestra Excelencia sigue los acontecimientos portugueses, me permito acompañarle fotocopia de dicha carta.

El hecho de que Caetano me reitere ahora la invitación que me hizo en enero, a raíz de mi salida del Gobierno, para pasar unos días de descanso en Portugal, parece indicar que se siente afianzado y que domina la situación.

Reciba, mi General, el respetuoso y cordial saludo de su afmo. (afectísimo) s. s. (seguro servidor) que queda, como siempre, a sus órdenes

Laureano López Rodó

Laureano López Rodó

Alcalá, 73
Madrid – 9

30 de marzo de 1974

Excmo. Sr.
Prof. Dr. Marcello Caetano
Lisboa

Mi querido amigo:

Después de pasar unos días en Barcelona, al regresar a Madrid me encuentro con su amable carta del día 20. Muchas gracias por el texto de su memorable discurso en la Asamblea Nacional. Es una pieza maestra. También me ha gustado mucho su reciente «charla familiar» ante la televisión.

He seguido muy de cerca los acontecimientos del último mes en Portugal. Coincido plenamente con los puntos de vista de Ud. y deseo que, superada esta crisis, siga adelante su política con el rumbo que Ud. ha trazado.

Me hace mucha ilusión ir de nuevo a Portugal aceptando su invitación tan delicada. Por mi parte podría ir cualquier fin de semana o algunos días de la Semana Santa. Ud. me dirá las fechas que sean más oportunas. Me hago cargo del intenso trabajo y de las graves responsabilidades que pesan sobre Ud. y no quisiera perturbarle. Vea pues, *con entera libertad*, si es buena ocasión el mes de abril o si sería mejor dejarlo para más adelante.

Reciba un fuerte abrazo de su incondicional amigo

L. López Rodó

Laureano López Rodó

Alcalá, 73
Madrid – 9

16 de abril de 1974

Excmo. Sr.
Prof. Dr. Marcello Caetano
Lisboa

Mi querido amigo

Recién llegado de Barcelona donde he pasado con mi familia los días de Pascua quiero agradecerle una vez más todas las atenciones para conmigo durante mi estancia en Portugal en Semana Santa, invitado por Ud. Mis padres me encargan que le transmita sus saludos y su gratitud.

Pocas veces he gozado de unos días tan gratos de verdadero descanso. Bussaco es un lugar de maravilla. Guardo también un excelente recuerdo de todos los lugares que recorrimos: Caldas da Rainha, Alcobaça, Batalha, Viseu, Lamego, Coímbra, Leiria, con sus esplendidos monumentos y museos. Y por encima de todo, nunca olvidaré las agradables charlas y el calor de la amistad de Ud.

Nuevamente he podido apreciar la hidalguía y la hospitalidad del pueblo portugués y la fervorosa adhesión a la persona de su Presidente. Un pueblo tan sano y noble logrará superar todas las dificultades.

Abrigo desde ahora la esperanza y la ilusión de que en la próxima Semana Santa tendré el gusto de recibirle en Mallorca o en cualquier otro lugar de España que Ud. elija para pasar sus vacaciones.

Con mis mejores deseos, reciba un fuerte abrazo de su buen amigo

L. López Rodó

Presidencia del Consejo

22 de abril de 1974

Mi querido amigo:

Recibí su carta del día 16 y me dio un gran placer saber que su estancia en Portugal le dejó un buen recuerdo. Para mí su compañía es siempre gratísima y no podía haber pasado mejor los días de Semana Santa. Dios permita que por muchos años podamos continuar encontrándonos de vez en cuando para volver a vernos e intercambiar nuestras impresiones.

Cuando llegué a Lisboa encontré el pedido de *agrément* para el nuevo Embajador de España[198]. Es un señor totalmente desconocido aquí, antiguo catedrático de Derecho Internacional Público en Santiago de Compostela y ahora Presidente del Consejo Superior del Ministerio y subdirector del Instituto de Centros Políticos. Usted seguramente le conocerá bien: pero para mí fue una sorpresa la designación y no sé ni qué pensar.

Me alegro de que haya encontrado a sus padres de buena salud. Tiene de traerlos a Portugal.

Un abrazo afectuosísimo, de su muy amigo

Marcello Caetano

---

198. Antonio Poch Gutiérrez de Caviedes (1912-2004).

Laureano López Rodó

Alcalá, 73
Madrid – 9

27 de abril de 1974

Excmo. Sr.
Prof. Dr. Marcello Caetano

Mi muy querido amigo:

Estoy con el ánimo desolado. Los acontecimientos de Portugal y la suerte que Ud. corre me han conmovido profundamente.

Anteayer por la noche, ante el rumor de su venida a Madrid, estuve esperando para acudir a recibirle en Barajas o en Getafe. No hace falta que le diga que cuenta Ud. en mí con un amigo incondicional que desearía hallarse a su lado en estos momentos trágicos.

Imagino su amargura ante unos hechos que amenazan con sumir a su país en la anarquía y a comprometer su futuro como nación. Parece que un viento de insania se ha apoderado del ánimo de algunos portugueses. Quiera Dios abreviar este tiempo de prueba y que vuelvan las aguas a sus cauces y Ud. pueda retornar pronto a Lisboa.

No deje de darme noticias suyas. Me gustaría que tuviera Ud. la posibilidad de venir a descansar en España.

Reiterándole mi sincera amistad y con los mejores deseos para Ud. y para su Patria, le envía un fuerte abrazo

L. López Rodó

Laureano López Rodó

Alcalá, 73
Madrid – 9

21 de mayo de 1974

Excmo. Sr.
Prof. Dr. Marcello Caetano

Mi querido amigo:

Acabo de enterarme de que ha llegado Ud. a São Paulo y me apresuro a ponerle estas letras de saludo y adhesión.

El 26 de abril le escribí una carta que entregué al Embajador Rocheta para que tratara de hacérsela llegar a Funchal. Al no haber tenido respuesta, me temo que no haya llegado a manos de Ud. ¡Para que luego hablen de libertad!

Excuso decirle lo apenado que estoy con la injusticia que se ha cometido con Ud. y lo que me preocupan los acontecimientos de Portugal. Se ha visto truncada una ingente labor de gobierno que la Historia juzgará en forma altamente positiva cuando se escriba sin pasión partidista. La nación portuguesa para mí tan querida está atravesando unos momentos muy críticos que ponen en peligro su propia existencia. Quiera Dios que esta locura colectiva pase pronto y que brille sobre el cielo de Portugal un rayo de esperanza.

Espero con impaciencia noticias de Ud. Me imagino lo mucho que habrá sufrido. Quisiera de algún modo, poder aliviarle. Ya sabe Ud. que me tiene a su entera disposición. ¿Cuáles son sus proyectos inmediatos? Me alegraría mucho poderle ver y conversar con Ud.

Reciba un fuerte abrazo de su amigo de siempre

L. López Rodó

Madrid, 3 de junio de 1974

Excmo. Sr.
Marcelo Caetano
Río de Janeiro (Brasil)

Mi querido amigo:

El Presidente de la Editorial Planeta, de Barcelona, me ha escrito la carta que me permito acompañarle.

No sé hasta qué punto tiene interés para Ud. este ofrecimiento pero, en cualquier caso, me considero obligado a darle traslado del ruego que me hace el Sr. Lara.

Con el afecto de siempre y esperando tener pronto noticias de Ud., le envía cordial saludo su buen amigo

L. López Rodó

Mosteiro de S. Bento
Río de Janeiro

Río de Janeiro, 6 de junio de 1974

Mi querido amigo:

No imagina Ud. cuánto he apreciado su carta del 27 de abril y los mensajes transmitidos por intermedio del Embajador de Portugal[199]. La presencia de su amistad en las horas sombrías vino a dar grandes consuelos. Me gustaría inmensamente conversar con usted para que sacáramos la lección de los acontecimientos, pero ahora el Océano se interpone entre nosotros. Después de varias vicisitudes, vine hasta Río y me acogí temporalmente bajo la sombra protectora de S. Benito[200]. ¡Y aquí voy a intentar recomenzar la vida a los 68 años! He tardado en escribirle, primero porque lo iba posponiendo en la esperanza de decirle ya mi dirección definitiva, después porque quería escribirle una larga carta. Ni una ni otra cosa puede ser, aún hoy. ¿Se acuerda de que le dije en Buçaco que la crisis militar no estaba terminada, porque las Fuerzas Armadas no querían combatir más en África y los cuadros jóvenes estaban infiltrados por la izquierda? Pues ahí lo tiene: la revolución fue la victoria de los movimientos africanos de liberación aliados a los partidos de izquierda. ¿Para dónde irá ahora mi país?
Un gran abrazo de su mayor amigo

Marcello Caetano

199. El representante de Portugal en Brasil era en ese momento António Manuel da Veiga e Meneses Cordeiro.
200. El histórico Monasterio de San Benito (Mosteiro de São Bento), en Río de Janeiro, cobijó a Marcello Caetano en los primeros tiempos de su exilio en Brasil.

Prof. Marcelo Caetano

Río, 8 de agosto de 1974

Mi querido amigo:

Recibí su carta del 31 de julio que mucho le agradezco. Quedé inquieto con las noticias de salud de su padre pero espero que las mejoras se confirmen y ensanchen las esperanzas.

Tomo nota del deseo de la Editorial Planeta de Lara[201]. ¿Conoce Ud. los propietarios? ¿Son serios? Convendría mucho que el traductor del libro al español residiera en Río de Janeiro para que yo pudiera acompañar la traducción.

He salido ya en junio del Monasterio de San Benito donde fui acogido y tratado con primores de amistad. ¡Aún quedan cristianos en este mundo demoníaco! Al final encontrará Ud. mi nueva morada en Río.

Espero que haya sido de su agrado el nombramiento para Viena. No quedará *au dessus de la mêlée*: hoy la *mêlée* es tan vasta y dramática que nadie le escapa[202]. Y lo que se va a pasar en España será decisivo para los destinos de la península, de Europa y quién sabe si del mundo.

Aquí voy trabajando, en mi Instituto de Derecho Comparado y con muchos amigos. Pero lo que pasa en Portugal no me deja tener alegría: ¡qué vergüenza! y ¡qué catástrofe!

Un abrazo muy afectuoso y agradecido

Marcello Caetano

R. Cruz Lima 8 / 702
20.000 – Río de Janeiro 2C – 01

---

201. José Manuel Lara Hernández (1914-2003), fundador de la Editorial Planeta.

202. La expresión en cursiva, con el significado de 'por encima de una lucha confusa de muchos', se encuentra en francés en el original.

Laureano López Rodó

Alcalá, 73
Madrid – 9

9 de septiembre de 1974

Excmo. Sr.
Prof. Dr. Marcello Caetano
Río de Janeiro

Mi querido amigo

A la vuelta de unas vacaciones en Cataluña me encuentro con su amable carta del 8 de agosto que mucho le agradezco. La salud de mi padre sigue quebrantada; el mes pasado hubo de someterse a una nueva operación quirúrgica de serología que le retuvo durante tres semanas en una clínica. Ahora está de nuevo en San Feliu convaleciente. Quiera Dios que se recupere totalmente.

Franco, en cambio, está completamente bien. Mañana me recibe en audiencia en el Palacio de El Pardo. Voy a despedirme antes de marchar para Viena. Saldré el 27 de este mes. A partir de esa fecha puede dirigirme la correspondencia a la Embajada de España en Austria (Argentinierstrasse, 34. Viena 4). Desde allí seguiré muy atentamente la política española y volveré en cuanto haga falta.

La situación portuguesa se deteriora de día en día y comprendo su amargura. Parece increíble que pueda llegarse a esos extremos.

Me gustaría tener un ejemplar con una dedicatoria de Ud. de su reciente libro que el público español espera con avidez. Le envío una nota de la Editorial Planeta de Barcelona. Creo que es una de las más importantes casas editoras españolas.

Celebro la puesta en marcha de su Instituto de Derecho Comparado y tengo la seguridad de que llevará a cabo una fecunda labor.

Reciba un fuerte abrazo de su buen amigo

L. López Rodó

El Embajador de España

14 de noviembre de 1974

Excmo. Sr.
Prof. Dr. Marcello Caetano
Río de Janeiro

Mi querido amigo

Muchas gracias por el envío de su libro *Depoimento*[203] y su amable dedicatoria.

Me ha gustado mucho y me ha emocionado su lectura. Es, a la vez, un documento para la Historia y un relato impregnado de calor humano y de los más nobles ideales. Su epílogo es una joya literaria. Creo, como Ud., que los males de este mundo sólo podrán remediarse mediante el perfeccionamiento del hombre y que éste necesita el soplo del Espíritu para renovar la faz de la Tierra.

Enhorabuena, pues, por su magnífica obra que tendrá sin duda una gran repercusión y que resulta muy aleccionadora sobre todo para nosotros los españoles.

Cuénteme qué es de su vida en Río y qué noticias tiene Ud. de sus hijos y de sus nietos.

Ya sabe Ud. que le aprecia y le recuerda constantemente su buen amigo

L. López Rodó

---

203. CAETANO, M., *Depoimento*, Rio de Janeiro: Record, 1974.

D. Laureano López Rodó
Sr. Embajador de España en
Viena de Austria

Río, 27 de mayo de 1975

Mi querido amigo:

El Sr. Luís Filipe de Oliveira e Castro[204] que, como tantos otros tuvo de dejar el Portugal comunista, se marcha a España para trabajar en el comercio con representación de varias firmas comerciales e industriales de Brasil. Si Ud. pudiera abrirle algunos caminos, le quedo muy agradecido.

¡Cuántas veces me he acordado de usted!, y ¡cuánto me gustaría que conversáramos!

Un abrazo muy afectuoso

Marcello Caetano

204. Luís Filipe de Oliveira e Castro (n. 1932), autor de amplia bibliografía sobre el Ultramar portugués.

Río, 25 de junio de 1975

Querido amigo:

Acabo de recibir su carta del 21 y me apresuro a agradecerla. Cuando aquí llegó su tarjeta postal de Macao, apenas puede imaginar la conmoción que sentí. En el frenesí de entrega que reina en los pseudogobernantes de Lisboa, la resistencia de Macao y de Timor a la «descolonización» causa accesos de furor. Y si el caso de Macao tan sólo traduce el interés de China, en Timor son los nativos que no quieren dejar de ser portugueses. La tragedia de Portugal y de Angola, de Mozambique y de la Guinea, muestra cuánta razón tenía yo en la política que estaba siguiendo en medio de la incomprensión y hostilidad universales. La independencia de las provincias ultramarinas, sin la intromisión calamitosa de la ONU, se habría procesado en paz y sin perjuicio para el Occidente: así fue una derrota más sufrida por el llamado «mundo libre» y el inicio de la infección en el mismo occidente europeo. El pueblo portugués no es comunista, ni siquiera socialista, y son conmovedores los testimonios que cotidianamente recibo de su fidelidad y amistad. Han sido sus Fuerzas Armadas las que le traicionaron abyectamente. Hoy Portugal está entregado a una banda de locos e inconscientes. ¡Qué gran alegría que Ud. me daría si, viniendo a México, pudiera dar un salto a Río! En esa esperanza quedo.

Un abrazo afectuosísimo de

Marcello Caetano

Río, 18 de abril de 1977

Querido amigo:

Me dio una gran alegría su carta de Jerez de la Frontera. Pero se le olvidó decirme cual su *actual dirección postal en Madrid*. Escribo para la antigua, para experimentar y, en el caso de que esta carta llegue a sus manos, dígame para donde podré pasar a escribirle, conversando como, hace tanto, deseo hacer con usted. ¡Tantas veces pienso en usted! Infelizmente no puedo salir de Brasil.

Quedo a la espera de *luz verde* para escribir.

Un gran abrazo de

Marcello Caetano

Laureano López Rodó

Alcalá, 73
Madrid – 9

Abril 1977

Excmo. Sr.
Prof. Dr. Marcello Caetano
Río de Janeiro

Mi querido amigo:

Me han dado mucha alegría sus letras que acabo de recibir. La dirección de mi despacho en Madrid sigue siendo la misma y puede Ud. dirigirme aquí la correspondencia. Voy a estar a caballo entre Madrid y Barcelona porque pienso presentarme candidato a diputado por la provincia de Barcelona y las elecciones ya han sido convocadas: se celebrarán el 15 de junio. Me esperan cincuenta días de trabajo muy intenso.

Con el deseo de recibir amplias noticias de Ud., le envía un fuerte abrazo su buen amigo

L. López Rodó

Río, 1 de mayo de 1977

Querido amigo:

Puedo entonces recomenzar la conversación que interrumpimos hace tres años en Buçaco... ¡lo que se pasó entonces en Portugal y en España, Santo Dios! En Portugal, un ejército de cobardes y traidores infiltrado por el marxismo destruyó la Patria desde los cementos: destrucción territorial, económica, financiera, social y moral. Va a ser dificilísimo reconstruir el país con un sistema democrático y una constitución marxista, bajo un gobierno socialista. Creo que Ud. tendrá informes precisos sobre la situación.

¿Y España? Veo la izquierda y los biempensantes regocijándose con la evolución... Por cierto, siempre estuve convencido de que D. Juan Carlos después de la muerte de Franco no resistiría a la presión para mostrar que el Rey tenía personalidad y que la monarquía traería a España alguna cosa de diferente de lo que estaba. Pero no creí que destruyera al edificio franquista tan deprisa y fuera tan lejos en la audacia de la democratización. La democracia de los partidos en la península, en mi opinión, a días de hoy, conduce inevitablemente al caos. Aunque las elecciones vayan bien y los primeros tiempos de funcionamiento parlamentario parezcan normales, no tardará que el ciento y medio de tendencias políticas reveladas —entre las cuales tantas de extrema izquierda— hiervan en violencia y subversión. O España dejaría de ser lo que es...

A esas alturas, ni el Rey ni las Fuerzas Armadas conseguirán frenar el proceso revolucionario. El Rey porque no querrá estropear su imagen de soberano liberal y connivente con el Partido Comunista, ni desagradar al Padre, a la familia griega y a Chaban-Delmas, digo, a Valéry d'Estaing...[205]. Las Fuerzas Armadas porque, una vez

---

205. Jacques Chaban-Delmas (1915-2000) era entonces presidente de la Asamblea Nacional francesa; Valéry Giscard d'Estaing (n. 1926) era el presidente de la República, elegido en segunda vuelta contra el candidato socialista

endiosada la democracia, quedarán paralizadas por el temor de acusación mundial de dictadura, coronelismo, etc. Ojalá me esté equivocando: pero España ha resbalado hacia un plano inclinado que la conducirá rápidamente al socialismo y...

En este panorama admiro y aplaudo el esfuerzo de Alianza Popular y el coraje de sus dirigentes. Fraga[206] ha estado muy bien. Sería admirable si ganaran las elecciones o, por lo menos, si consiguieran constituir una fuerte minoría en el Parlamento. Pero me temo que el pueblo español esté seducido, como el resto de Europa, por el espejismo socialista. Y ni el ejemplo portugués, donde el socialismo representa el más estruendoso fracaso, abrirá los ojos de los aludidos.

Aquí voy viviendo, melancólicamente, trabajando. Perdí todo cuanto tenía en Portugal. Acabo de publicar dos libros –unos *Principios Fundamentales de Derecho Administrativo* y un *Derecho Constitucional*–[207]. Y dentro de pocos meses espero que salga *Minhas memorias de Salazar*, en las que Ud. es citado más de una vez[208].

Me dispenso de decirle con cuanto interés acompaño la campaña electoral en España y el ardiente deseo que tengo en ver su triunfo en Barcelona. ¡Que Dios le ayude! ¿Pero será que Dios aún estará dispuesto a ayudar a la llamada 'derecha'?

Un abrazo del muy amigo

Marcello Caetano

(François Mitterrand) despúes de haber ganado en primera vuelta al que era inicialmente el favorito de la derecha: el mencionado Jacques Chaban-Delmas.

206. Manuel Fraga Iribarne (1922-2012), fundador de Alianza Popular y su candidato a presidente del Gobierno en las elecciones generales de España del 15 de junio de 1977.

207. CAETANO, M., *Princípios fundamentais do direito administrativo*, Rio de Janeiro: Forense, 1977; ID., *Direito Constitucional*, Rio de Janeiro: Forense, 1977.

208. CAETANO, M., *Minhas memórias de Salazar*, Lisboa: Verbo, 1977.

Madrid, 24 de junio de 1977

Prof. Marcelo Caetano
Río de Janeiro (Brasil)

Mi querido amigo:

Me produjo un gran consuelo su carta del 1.º de mayo. Tenía ganas de reanudar las conversaciones con Ud. interrumpidas desde hacía tres años, en Buçaco.

Su visión de la situación en Portugal y en España es muy lúcida y comparto plenamente sus puntos de vista.

No he contestado antes su carta porque he estado absorbido por la campaña electoral, que ha sido muy dura y por las incidencias del escrutinio. Hasta esta tarde no he sido proclamado oficialmente diputado por Barcelona.

Alianza Popular ha sufrido un verdadero descalabro en estas elecciones: sólo hemos sacado 16 diputados (entre 350) y dos senadores (entre 206). Como Ud. presentía, el país se ha encandilado con el socialismo y el partido socialista es el que ha obtenido mayor número de votos. El sistema electoral no ha reflejado exactamente el espectro político. Así, Alianza Popular con más de un millón y medio de votos (entre los dieciocho millones de votantes) debió tener en estricta proporcionalidad 30 escaños en el Congreso en vez de 16.

De todos modos, nuestra derrota es evidente. Pero seguiremos luchando. Ayer constituimos nuestro grupo parlamentario para preparar los próximos debates sobre la reforma constitucional, autonomías regionales, etc. Del grupo forman parte, entre otros, Fraga, López-Bravo, Silva,[209] Fernández de la Mora, Carro[210] y yo, es decir, seis exministros de Franco. Y estamos decididos a defender los temas más fundamentales: familia, enseñanza, economía social de mercado, etc.

209. Federico Silva Muñoz (1923-1997).
210. Antonio Carro Martínez (1923-2020).

Ayer estuve con el Rey para entregarle un ejemplar de mi libro *La larga marcha hacia la Monarquía*[211] (que le he enviado a Ud. por correo aparte) y estuve conversando con él durante una hora. En el orden personal estuvo, como siempre, extraordinariamente cordial. En materia política, vi una vez más confirmados los temores de Ud.… Estamos, en efecto, resbalando por un plano inclinado que, si Dios no lo remedia, nos llevará al socialismo y al caos.

Otro problema grave es el de las autonomías regionales. Acaba de constituirse la Asamblea de parlamentarios vascos, presidida por Irujo[212], exministro de la República que ha sido elegido por Navarra. Y esta misma semana se constituirá la Asamblea de parlamentarios catalanes (de la que yo, como es natural, formo parte) para pedir el restablecimiento del Estatuto de autonomía y de la Generalidad de Cataluña y la vuelta de su Presidente en exilio Sr. Tarradellas[213]. Todo esto sería bufo si no fuera trágico. Habiendo obtenido los marxistas en Cataluña el 80% de los votos, un Gobierno autónomo en esta región la convertiría automáticamente en un país del Este. Me veo luchando «solo ante el peligro». Vamos a ver si conseguimos que prevalezca la razón frente a esta racha de locura colectiva.

Mucho me temo que el nuevo gobierno de Suárez será claudicante y no sabrá oponerse a la demagogia ni a la presión marxista. Ojalá me equivoque.

Me alegro de que siga Ud. publicando nuevos libros. Estoy seguro de que sus memorias de Salazar tendrán el mayor interés y constituirán un *bestseller*.

Reciba un fuerte abrazo de su buen amigo

L. López Rodó

---

211. LÓPEZ RODÓ, L., *La larga marcha hacia la Monarquía*, Barcelona: Noguer, 1977.

212. Manuel de Irujo Ollo (1891-1981).

213. Josep Tarradellas Joan (1899-1988).

Río, 11 de julio de 1977

Querido amigo:

Recibí hoy su carta del 24 de junio y estaba ya ansioso por saber sus impresiones sobre las elecciones. Tan sólo hace días tuve conocimiento de que Ud. ha sido el único diputado de Alianza Popular elegido por Cataluña, lo que, siendo muy honroso para Ud., es decepcionante como señal de la situación regional. Los resultados de las elecciones no me han sorprendido y, contrariamente a la prensa mundial e incluso a muchos amigos portugueses, no me ilusiono con la apariencia pacífica, cordial y hasta festiva de la jornada electoral, porque me acuerdo del clima fraternalmente entusiástico de la proclamación de la República en 1931... El Rey y el Gobierno han entrado en el camino de las cesiones y de las transigencias, que es un plano inclinado. Pronto volverá España a ser un Estado regional, casi federal, con todas las tensiones centrífugas llevadas al extremo pero pretendiendo incluir a Portugal en la Unión de las Repúblicas Socialistas Ibéricas. El coqueteo de la izquierda con el Rey terminará en el Parlamento, donde el Frente de las izquierdas ganará cada día más audacia y más fuerza. Las Fuerzas Armadas despertarán (si es que despiertan...) ya tarde. Siempre respondo a los que me elogian el proceso de transición español (oponiéndolo al que yo he seguido) pidiendo que esperen tres años más. Pero quizá ni sea necesario tanto. Claro que en las próximas elecciones Alianza Popular tendrá más votos –si es que puede llegar hasta allá–. Confío, no obstante, en la inteligencia y valentía de sus *leaders*: es un grupo magnífico. Pero los tiempos son de catástrofe. No quería ser pesimista, yo que toda la vida creí en la virtud del esfuerzo humano en la Historia y en la curabilidad de las naciones. ¡Tengamos ánimo!

Un gran abrazo de

Marcello Caetano

Río, 29 de agosto de 1977

Querido amigo:

Hace días recibí su libro, que debe haberse cruzado con el ejemplar de *Mis memorias de Salazar* que encargué al editor de Lisboa que le enviara como oferta mía. Dígame por favor si lo ha recibido para que, en caso negativo, pueda tomar providencias.

He leído ya enteramente *La larga marcha hacia la Monarquía*. Es un relato minucioso y documentado de lo que fue el esfuerzo de unos cuantos para que a Franco le sucediera el Rey D. Juan Carlos I. Y fui testigo del entusiasmo, de la persistencia, de la inteligencia, de la insistencia con la que usted actuó en ese sentido. En Portugal yo le dije más de una vez al Dr. Salazar que no acreditaba que la monarquía se resignara a ser la continuadora del «Estado Nuevo» y la depositaria de su doctrina y de sus instituciones porque, una vez proclamada, procuraría demostrar que poseía virtudes propias, otras ideas, y ser capaz de nuevos rumbos. Por eso, mi posición en Portugal fue diferente de la suya en España. Pero como se vio, no han importado educación, amistades, compromisos, juramentos... al Rey, cuando se trató de poner en marcha la monarquía. Además (es el espíritu del tiempo) la presión de las casas reinantes, todas fluctuando sobre regímenes democráticos, junto a la influencia de Don Juan y sus amigos, deben haber influido para el rápido desmantelamiento de todo cuanto el franquismo dejara a España como lección de la experiencia y escudo de defensa. España volvió a 1931 bajo las apariencias de un espíritu pacífico de concordia cívica. Y vamos a ver qué se sigue.

No dudo de la sinceridad de D. Juan Carlos a lo largo de estos años todos en los que, conversando con el Caudillo o con Ud., mostraba su adhesión a las Leyes Fundamentales que juró. Pero al ceñir la Corona, todavía más después de la desgraciada revolución portuguesa, encontró un país donde dominaba el espíritu de cambio, la aspiración de la democracia y más aún el espejismo socialista. En los primeros pasos, gracias a transigencias sucesivas, ha conseguido equilibrarse, ganando el favor de la opinión mundial y los aplausos de cuantos se regocijan con todas las abdicaciones o debilitación de autoridad. Pero el *Partido Socialista* es republicano y no esconde que tan sólo tolera transitoriamente la monarquía. Y el futuro, infelizmente, le pertenece, salvo si los «biempensantes» del Centro consiguen reaccionar, y en elecciones futuras refuerza su posición la Alianza Popular. Sería óptimo: pero hoy en día a los hombres «biempensantes» les gusta no parecer adversarios de las tesis socialistas.

Su libro es una excelente contribución para la Historia Contemporánea de España. Y provee muchos temas de meditación política. ¿Qué efecto causará su lectura en la conciencia del Rey?

Un abrazo afectuoso de

Marcello Caetano

Laureano López Rodó

Alcalá 73

Madrid – 9

2 de noviembre de 1977

Mi querido amigo

He recibido sus cartas de 11 de julio y de 29 de agosto así como su magnífico libro *Minhas memorias de Salazar* que mucho le agradezco. Es una obra importante, muy inteligentemente escrita, que pone de evidencia la hipocresía política de tantos. La anécdota que Ud. refiere en el prólogo, del retrato de Afonso Costa[214] prueba efectivamente que hay quienes en su sitio dan el grito y en otro ponen el huevo.

Me han emocionado las amables alusiones que Ud. me dedica en su libro: una prueba más de su afecto y amistad. Recuerdo perfectamente mi grata estancia en San Martinho do Porto en el verano de 1944 y la cordial acogida que Ud., su mujer y sus hijos me dispensaran. Muchas gracias por su cariñosa evocación en las páginas de *Minhas memorias…* Resultó muy divertida la famosa anécdota de la Gran Cruz de Isabel la Católica. Ha sido un placer para mí la lectura de su interesantísimo libro.

Compartió sus reflexiones a propósito de *La larga marcha hacia la Monarquía* Carmen Franco[215], la hija del Caudillo, en unas letras que me escribió, me decía también que constituye un tema de meditación. Cuando aún no han transcurrido dos años desde la muerte de Franco poco queda de las «provisiones sucesorias», como él solía decir, y los hechos demuestran que de poco sirvió haber querido dejarlo todo «atado y bien atado». En política los testamentos no se cumplen

---

214. Afonso Costa (1871-1937) fue en la Primera República portuguesa (1910-1926) jefe del Partido Democrático y tres veces presidente del Gobierno.
215. María del Carmen Franco y Polo (1926-2017).

y la dinámica de la historia salta por encima de las barreras que se hayan colocado. Lo cual no quiera decir que yo aplauda la evolución que se ha producido y, menos aún, la actuación claudicante del Gobierno. Creo, como Ud., que el deterioro del principio de autoridad, las concesiones sin contrapartida y la política de transigencias sucesivas nos pueden conducir, si Dios no lo remedia, al socialismo, a la República y al caos.

Confío en que se produzca una secesión en el país a la vista de los desastrosos resultados de la política que se está siguiendo. El desgaste del gobierno de Suárez crece progresivamente y en su partido −La Unión del Centro Democrático− aparecen síntomas de desunión cada vez más evidentes. Los sectores más solventes del país −empresarios, profesionales, etc.− se han desengañado de Suárez y están viniendo a Alianza Popular. No obstante, la reacción será lenta y hay que prever una etapa inmediata nada tranquilizadora.

En Cataluña la situación es muy preocupante pues so capa de la autonomía regional que muchos deseamos, va tomando cuerpo el movimiento separatista.

Seguiré exprimiéndole en cartas sucesivas mis puntos de vista sobre la evolución de los acontecimientos en España. No deje de darme a conocer las suyas que me resultan del mayor interés.

Reciba un fuerte abrazo de su buen amigo

L. López Rodó

Río, 29 de diciembre de 1977

Querido amigo:

Estaba para escribirle esta carta cuando recibí su bella tarjeta de felicitaciones por el Año Nuevo.

¡Qué enigma ese 1978! ¡Y cómo necesitamos todos que la Providencia no nos desampare y no deje resbalar el resto de equilibrio, salud moral, de sentido común, en el plano inclinado en el que todos los valores que creíamos perennes han desaparecido!

A usted, querido amigo, envuelto en una batalla decisiva en la que es Capitán, le deseo de todo el corazón que no le falte salud y suerte: porque su ánimo sé yo que es fuerte, y su coraje que no tambalea.

¿Cuál es la situación en Cataluña restituida a la *Generalitat*?

¿Ha usted trabajado en la nueva Constitución?

Deme noticias tan pronto como pueda.

Un abrazo muy amigo,

Marcello Caetano

Institut International
Des Sciences administratives

Le Président

Madrid , 7 de febrero de 1978

Mi querido amigo

Me dieron mucha alegría sus letras del 29 de diciembre, que le agradezco muy de veras.

El nuevo año va a ser más importante para la política española, entre otras cosas, porque va a ser el año de la Constitución, de las elecciones municipales y quizá de nuevas elecciones legislativas.

El anteproyecto de Constitución me parece muy deficiente. Se lo envío a Ud. por correo aparte por si le interesa conocerlo. No obstante no es un proyecto sectario como el de la Constitución republicana del 31 ni un texto revolucionario como la nueva constitución portuguesa. Yo le he formulado 73 enmiendas a otros tantos artículos del proyecto constitucional. Lo más grave del proyecto es que admite la existencia de varias «nacionalidades» en España lo cual atenta evidentemente contra la unidad nacional. La República no se atrevió a tanto, pues sólo admitió la existencia de «regiones autónomas». Alianza Popular ha formulado un voto particular contra la constitucionalización de las pretendidas «nacionalidades» Es el único partido que lo ha hecho. El partido gubernamental (la Unión de Centro Democrático) las ha aceptado. Este tema dará lugar a los más vivos debates constitucionales. No lo considero batalla perdida: haremos todo lo posible para ganarla.

La discusión en el seno de la Comisión Constitucional comenzará probablemente en la semana de Pascua de Resurrección y en el Pleno del Congreso en el mes de mayo. En junio pasará al Senado. No creo, por tanto, que antes de julio pueda someterse a referéndum.

La situación en Cataluña no es nada agradable, el orden público se ha degradado extraordinariamente después de haber soltado a los delincuentes; no es de extrañar que los delitos se multipliquen: hay inseguridad en la calle y desasosiego en las personas. La crisis económica persiste y el paro aumenta. Los empresarios han perdido la confianza en el Gobierno: ha habido dos importantes concentraciones de empresarios en Barcelona y Madrid con millares de asistentes para expresar su protesta.

La nueva *Generalitat* es, por lo tanto, un cascarón vacío: no se ha hecho todavía el traspaso de competencias. Tan sólo se ha nombrado una comisión mixta para estudiar este tema. Pasarán bastantes meses antes de que la comisión termine sus trabajos.

El 14 de enero se celebró el Congreso regional de Alianza Popular de Cataluña que me reeligió Presidente. Los días 28, 29 de enero tuvo lugar el II Congreso Nacional que eligió a Silva[216] como Presidente; Fernández de la Mora y a mí, Vicepresidentes; y a Fraga, Secretario General. Se han incorporado hombres jóvenes a la nueva Junta Directiva y estamos trabajando intensivamente en el afianzamiento y expansión del partido.

La semana pasada estuve en Bruselas para presidir la reunión del Comité Ejecutivo del IISA y aproveché mi estancia en la capital belga para entrevistarme con Leo Tindemans y otros políticos de aquel país.

Termino la carta porque he de asistir a la sesión semanal de la Academia de Ciencias Morales y Políticas.

En espera de sus noticias, le envío un fuerte abrazo su buen amigo

L. López Rodó

P.S. Muchas gracias por el envío de su libro *O 25 de Abril e o Ultramar*[217]. Es muy interesante.

---

216. Federico Silva Muñoz (1923-1997).

217. CAETANO, C., *O 25 de Abril e o Ultramar. Tres entrevistas e alguns documentos*, Lisboa: Verbo, 1977.

Río, 5 de marzo de 1978

Querido amigo:

Recibí su carta del 7 de febrero y el anteproyecto de la Constitución que he leído con atención e interés. Como Ud. dice, no es sectario, está técnicamente bien concebido, traduciendo la inevitable transacción entre las diversas corrientes con asiento en el Parlamento. Pero en las alturas de la vida en que estoy, ya no me impresiona mucho la corrección jurídica de los textos constitucionales: la práctica es lo que vale. Creo que ya le comenté mi temor de que la cuestión de las autonomías regionales venga a ser para el nuevo régimen español lo que el Ultramar fue para el régimen portugués como señal de contradicción interna y fuente de conflictos y violencias que inevitablemente obligarán al Gobierno a usar su autoridad. España dispone de dos poderosos factores de unidad nacional: la Corona y las Fuerzas Armadas. El destino de la monarquía está ligado al del Partido Socialista. Y si, como supongo, Europa Occidental va a quedar presa de la Internacional Socialista (más tarde o más temprano), el Rey terminará teniendo de ceder el lugar a un Presidente y España se convertirá en una República Federativa. Respecto a las Fuerzas Armadas, pasada la última generación de Generales y Coroneles formada en el culto de España –«Una, libre, grande»– las generaciones nuevas reflejarán la dominante opinión popular. Es cierto que en Portugal la juventud está reaccionando vigorosa y sorprendentemente contra el desorden de la partidocracia y la destrucción de la Patria. ¿Pero esa señal de un cambio de mentalidad a medio plazo prevalecerá sobre la socialización de Europa y la respectiva institucionalización en la Comunidad Europea, camino también de la Federación? (España adhirió, con la bendición masónica, al Consejo de Europa cuyos diputados pasaron a ser designados por sufragio directo…).

Si la burguesía de nuestro tiempo no fuera tan estúpidamente suicida… ¡Pero es verla, temblando de miedo de que le llamen fascista, apoyando todo cuanto pueda conducir a la destrucción de sus valores, dando vivas a la Libertad! El espectáculo aquí en Brasil, en ese campo, es desolador. Todos quieren ser más liberales que los vecinos. Y con eso caminan para la destrucción de las libertades...

Ojalá que Alianza Popular consiga despertar la consciencia de los no-socialistas y ensanchar sus bases, aumentando sus votos. Me alegro de ver que Ud. continúa desempeñando en el Partido un lugar de liderazgo al lado de un doctrinador político tan inteligente y esclarecido como Gonzalo F. de la Mora[218], y habiendo como ejecutivo ese valientísimo Fraga.

Cuando en 1968 sucedí al Dr. Salazar, yo no era optimista: pero accedí a ocupar la jefatura del Gobierno pensando en la frase célebre: «Dios nos manda luchar, no nos manda vencer». Luché y mantuve el régimen durante cinco años y medio contra viento y marea, sin sacrificar nada esencial. Y si no fuera por la cuestión ultramarina, creo que más tiempo duraría. Recuerdo esto para decirle que Alianza Popular debe mantener bien vivo el sentimiento de la esperanza. Cuando todo parece perdido, hay, a veces, en la Historia, transformaciones inesperadas y sensacionales.

¿Qué resultará de las elecciones francesas?

Un abrazo muy afectuoso y agradecido,

Marcello Caetano

---

218. Gonzalo Fernández de la Mora (924-2002).

Laureano López Rodó

Alcalá 73
Madrid – 9

18 de diciembre de 1978

Mi querido amigo:

Ante todo quiero expresarle mis mejores deseos para las próximas fiestas de Navidad. Son un paréntesis de paz y serenidad en medio de la lucha y la turbulencia en la época que nos ha tocado vivir. Pido al Niño Dios que le colme de sus bendiciones.

He tardado mucho en contestar su carta del 5 de marzo porque quería esperar el desenlace del proceso constituyente. Considero su citada carta como un verdadero documento histórico por la clarividencia de sus juicios sobre la evolución política española. Creo, como Ud., que en donde se encierra el mayor peligro de la nueva Constitución es en el tema de las autonomías. Si Dios no lo remedia, por ahí puede estallar el nuevo régimen político. Por si el texto constitucional no fuera suficientemente alarmante, su desarrollo en dos proyectos de Estatutos autonómicos pone aún más de manifiesto sus peligros. Anteayer terminó de elaborarse por los parlamentarios catalanes el proyecto de Estatuto de Cataluña que va a ser presentado a la Comisión Constitucional del Congreso y luego, sometido a referéndum. Me he quedado solo en la lucha frente a los marxistas y a los nacionalistas catalanes. Esta vez que el partido del gobierno no dio la batalla. El proyecto de Estatuto va incluso más allá de la Constitución y configura la Generalidad de Cataluña como un casi Estado. Lo peor es que este Estatuto va a servir de pauta a los de las otras «Comunidades Autónomas» (14) y ninguna de ellas querrá ser menos que Cataluña; por el contrario, pedirá un poco más. Sólo me queda la esperanza de que las Cortes recorten el Estatuto para reducirlo a sus justos límites; pero esto va a ser difícil dada la actitud claudicante del Gobierno.

En los sucesivos debates constitucionales en el Congreso y en el Senado, en Comisión y en el Pleno, el grupo parlamentario de Alianza Popular luchó duramente en defensa de sus numerosas enmiendas, pero muy pocas fueron aceptadas. Prevaleció la política de «consenso» entre los partidos marxistas (socialista y comunista) y el partido del gobierno. El famoso «consenso» ha dado lugar a una Constitución en muchos puntos ambiguos, en la que se adviertan, además, claras concesiones a la izquierda, sin contrapartida. Ante el texto definitivo se nos planteó a los parlamentarios de Alianza Popular el problema de cual debiera ser nuestra actitud en la votación final y ante el referéndum. Fernández de la Mora y Silva optaron por el *NO*; Fraga, López-Bravo y yo nos inclinamos por el *OUI, MAIS*; es decir, por el voto afirmativo con la expresa reserva de nuestra disconformidad en media docena de puntos esenciales que desde ahora anunciamos habrá de ser objeto, en su día, de una reforma constitucional.

La discrepancia surgida en torno a la Constitución ha hecho que los partidos de Fernández de la Mora (UNE[219]) y de Silva (ADE[220]) se hayan separado de la federación de Alianza Popular aunque ellos siguen formando parte del grupo parlamentario y nuestras relaciones personales siguen siendo muy cordiales. El tiempo nos dirá cuál de las dos posturas ha sido la acertada. Si la Constitución hace ingobernable el país y produce la ruptura de la unidad de España, habrán acertado ellos. Si, por el contrario, las cosas no llegan a tal extremo y la situación evoluciona favorablemente, habremos acertado nosotros, evitando que Alianza Popular se automarginara de las nuevas reglas del juego.

De otra parte, Alianza Popular está promoviendo la constitución de una amplia coalición de fuerzas políticas de la derecha moderada a la que ya se han incorporado el partido de Areilza[221] (Acción Ciu-

---

219. Unión Nacional Española.
220. Acción Democrática Española.
221. José María de Areilza y Martínez de Rodas (1909-1998).

dadana Liberal) y el de Alfonso Osorio[222], que fue Vicepresidente del primer gobierno de Adolfo Suárez (Partido Demócrata Progresista). Esperamos atraer a esta coalición al ala derecha de UCD[223], que está disconforme con la *apertura a sinistra*[224] de Adolfo Suárez, y a buena parte del electorado que se ha abstenido en el reciente referéndum como muestra de su disgusto por la política claudicante del «consenso».

El Ejército sigue sano y disciplinado. No le concedo importancia a la ridícula «Operación Galaxia»[225]. Sólo en el caso de una abierta secesión en el País Vasco o de un estallido revolucionario, entraría el Ejército en acción.

Tengo la esperanza de que la derecha reaccione. Existen algunos indicios de ello. Si se celebran elecciones generales, probablemente el partido del gobierno perderá fuerza en beneficio de esa coalición derechista en la que estaría integrada Alianza Popular que es más consecuente con su programa y que no decepciona a sus electores. De todos modos, las elecciones son siempre una incógnita y las circunstancias del momento de su celebración habrán de influir decisivamente. Que Dios nos asista.

Reiterándole mi felicitación navideña, le envía un fuerte abrazo su buen amigo

L. López Rodó

P.S. Por correo aparte le envío el texto de la nueva Constitución.

222. Alfonso Osorio García (1923-2018).
223. Unión de Centro Democrático.
224. 'Apertura a la izquierda', en italiano en el original.
225. Nombre de una conspiración golpista en el tercer trimestre de 1978.

Río, 8 de enero de 1979

Querido amigo:

Su carta del 18 de diciembre solamente llegó aquí hace cuatro días y el texto de la Constitución no fue entregado aún. Muchas gracias por sus votos de felicidades en 1979 que de corazón retribuyo. Usted bien necesita felicidad en su vida privada y en su vida política. España va a atravesar los días más difíciles de la transición para el nuevo régimen. Y la «partidocracia» tan bien descrita y analizada por Gonzalo Fernández de la Mora es la enfermedad mortal de las democracias modernas. Porque el individualismo, o el *fulanismo* del que se reía Unamuno, no son extirpables de los países latinos. Y provocando la pluralidad de los grupos traen consigo la debilidad de las coaliciones. En el gobierno o en la oposición, la coalición es la inestabilidad institucional y la precariedad doctrinal. En la medida en que la derecha recurre a coaliciones acentúa su flaqueza. En Portugal la situación es aún agravada por la internacionalización de las corrientes políticas: el PC[226] depende de la III Internacional; el PS[227] de la 11.ª, los democristianos ya tienen la suya, y además hay la Internacional de los acreedores representada por el FMI[228]. Sin hablar de las Internacionales Sindicales… La política portuguesa es trazada en Moscú, en Bonn, en Washington, en Praga, en Londres… en todas partes menos en Portugal, donde sólo hay *marionettes*[229]. ¡Malos tiempos para la península! Que Dios nos asista.

Y esas autonomías…

Pero con el nuevo año han de nacer nuevas esperanzas. Que esta carta se cierre con una palabra de optimismo. Y un abrazo afectuoso de su muy amigo

Marcello Caetano

226. Partido Comunista.
227. Partido Socialista.
228. Fondo Monetario Internacional.
229. 'Marionetas', en francés en el original.

Río, 11 de abril de 1979

Querido amigo:

Estaba en la intención de escribirle cuando recibí su discurso de recepción en la Academia de Ciencias Económicas y Financieras. El tema es actualísimo y voy a leer el discurso donde está, por lo que veo, tratado con la habitual maestría hasta la exhaustividad.

Se aproxima la Pascua de Resurrección y por eso, conociendo sus sentimientos cristianos, le mando un abrazo. Yo perdí la fe. Paciencia.

Veo que la situación política en España transcurrió por un camino que en las condiciones actuales del mundo es lo mejor que se puede desear: el gobierno por un centro equilibrado bajo la égida de una monarquía prestigiada. *Pourvu que ça dure...*[230].

¿Fue Ud. reelegido en las últimas elecciones?

¿Qué influencia tendrá en el futuro la ascensión de tantos comunistas y socialistas a los ayuntamientos de las ciudades?

Voy viviendo y trabajando, ahora preferentemente en la Historia del Derecho[231]. Es una evasión.

Le abraza afectuosamente el viejo amigo

Marcello Caetano

---

230. Está en el original la expresión francesa, con cierta esperanza no exenta de escepticismo (en el sentido de '¡Ojalá pueda durar...!').

231. *História do Direito Português*, Lisboa: Verbo, 1980. Marcello Caetano dejó inacabada esta obra, publicada póstumamente. Asimismo, se trata de un volumen de casi seiscientas páginas enfocado en las fuentes y el derecho público, que, más allá de cuestiones metodológicas y afines, cubre dos periodos: la formación del Estado Portugués (1140-1248) y su consolidación (1248-1495).

Laureano López Rodó

Alcalá 73
Madrid – 9

20 de abril de 1979

Mi querido amigo:

Acabo de recibir su carta del 11 que he apreciado mucho, como todas las suyas. Siempre en Semana Santa recuerdo con agrado y «saudade» las que pasamos juntos, en Portugal o en España. Hace ya cinco años que no nos vemos y estoy desando que se presente la oportunidad de vernos de nuevo. Me ha impresionado su parte lacónico «*eu perdi a fé*» y no dejo de rezar para que vuelva a encontrarla. Creo que más bien que perdida, la tendrá escondida y habrá que buscarla. El itinerario de García Morente hasta el reencuentro con la fe es muy esperanzador.

El resultado de las elecciones legislativas del 1 de marzo fue, efectivamente, el mejor que cabía esperar. Yo quedé contento porque voté UCD. Tres meses antes me había dado de baja en Alianza Popular por discrepancias con Fraga: es un hombre con grandes cualidades pero muy impulsivo y esto le hace cometer graves errores. La coalición electoral con Areilza y Osorio era disparatada y así le fue: perdió la tercera parte de los votos que había obtenido en junio de 77 y en vez de 16 diputados sólo sacó 9. La famosa «Coalición democrática» fracasó en toda la línea. Yo me salvé de la guerra porque no quise participar en esa coalición y no me presenté a las elecciones. Actualmente no estoy afiliado a ningún partido y me mantengo en una posición de entera independencia.

Las elecciones municipales han dado la victoria a la izquierda en la mayoría de las grandes poblaciones y capitales de provincia. Desde ayer, más del 70% de la población española está regida por ayuntamientos marxistas. Los socialistas y los comunistas, que durante la campaña electoral fingieron ser enemigos irreconciliables, a la hora de la verdad, se quitaron la careta y constituyeron un nuevo Frente Popular. La lucha política se presenta pues muy dura.

Con todo, el problema más grave que tenemos es el del País Vasco al que no se le ve fácil solución. Antonio Fontán[232] acaba de ser nombrado Ministro de Administración Territorial y va a tener que lidiar ese toro.

Esperando sus noticias, le envía un fuerte abrazo su buen amigo

L. López Rodó

---

232. Antonio Fontán Pérez (1923-2010) fue ministro de Administración Territorial entre 1979 y 1980.

Laureano López Rodó

25 de abril de 1979

Mi querido amigo:

No me resisto a la tentación de enviarle el relato que escribió García Morente sobre su vuelta a la fe. Es el análisis penetrante de un proceso intelectual del mayor interés. Espero que pueda ayudarle.

No puedo enviarle el libro donde se publica el relato porque está agotado.

Con mis mejores deseos, le envía un fuerte abrazo

L. López Rodó

Río, 6 de mayo de 1979

Querido amigo:

He recibido de usted muchas pruebas de amistad. La mayor, quizá, fue esta de haberse inquietado tanto con lo que le dije, de paso, respecto a la pérdida de la fe, enviándome el texto de García Morente y el libro de Frossard[233].

Infelizmente, el proceso de esa pérdida fue lento y doloroso; y largo tiempo he ocultado lo que sentía, por un lado por respeto humano, por otro para seguir el consejo de los teólogos: insistir, en la práctica, en la esperanza de que sea pasajera la duda. Perdí la fe y no hay nada que hacer. La fe, dice el catecismo, es una virtud sobrenatural. No basta el esfuerzo de la naturaleza o de la razón. Porque la adhesión intuitiva o emocional a un hecho que experimentalmente no puede ser conocido, la creencia, resulta de una energía interior que no puede fácilmente suplirse cuando desaparece. Ni creo en Dios ni en la inexistencia de Dios: reconozco que hay un dominio que no consigo penetrar y me paro ante la puerta suya con respeto. ¿Agnosticismo? Sí, si Ud. quiere. Fruto, sincero, de una incapacidad de ir más allá de ciertos límites de comprensión. Los sentidos son deficientes para abarcar el sobrenatural: *praestet fides supplementum sensuum defectui*[234]. Si le falta la fe...

García Morente fue un *miraculado*. Tuvo, según creyó, la experiencia de lo sobrenatural. Yo no la tengo ni espero tenerla. Recibí una extensa y sólida educación religiosa, con cultura que va de la liturgia a la ascética. De ahí nada más espero. Y nada me convence.

---

233. Se refiere a «El hecho extraordinario», de Manuel García Morente (1886-1942), y a *Dios existe, yo me Lo encontré* ['*Dieu existe, je L'ai rencontré*'], de André Frossard (1915-1995).

234. Expresión en latín en el original, sacada del himno eucarístico *Pange lingua*, de Santo Tomás de Aquino, y significa: 'Que la fe supla la incapacidad de los sentidos'.

Entre las razones que me han llevado a ocultar largos años mi crisis estaba el *terror* –digo bien: el *terror*– de influenciar a alguien en el mismo sentido. No desearía sacudir la fe de nadie, mucho menos destruirla, y por eso evito, aún hoy, las discusiones.

Solamente una palabra más.

Debo mucho de mi formación y personalidad a la cultura católica y desearía que el hecho de perder la fe no implicase el desamor o siquiera la falta de respeto por la Iglesia.

Infelizmente, eso no sucede. El oportunismo de la Iglesia Católica en los últimos años hizo que dejase de ser respetable. Me habían dicho que estaba construida sobre una roca que no se tambalea: y en vez de roca apareció la arena. Las enseñanzas recibidas en mi juventud, sobre las cuales construí la vida moral, la concepción social, la visión política, todo cambió. Hace cincuenta años sabía que donde estaba un católico, estaba un hermano de fe que pensaba como yo; hoy habría la gran probabilidad de encontrar a un encarnizado enemigo. Yo perdí la fe y con eso no quiero engañar a nadie; pero aquí en Brasil hay cardenales que visiblemente la han perdido y continúan como pastores de almas.

Mis contactos políticos con la Santa Sede me han revelado que muchos de los dirigentes de la Iglesia son políticos y diplomáticos, pero sólo son sacerdotes por conveniencia profesional.

Lamento haber perdido la fe; no lamento que por ese motivo no pueda llamarme católico o cristiano. Sobre todo católico.

Esto no quiere decir que no conserve mis amistades en el seno de la Iglesia. Continúo visitando el Monasterio de S. Benito en Río de Janeiro. Y sé separar a las personas de mis problemas de conciencia.

Querido Laureano, perdóneme si le doy algún disgusto. Y acepte el abrazo amigo y agradecido de

Marcello Caetano

Laureano López Rodó

Alcalá 73
Madrid – 9

17 de mayo de 1979

Mi querido amigo:

Ud. sí que me ha dado una gran prueba de amistad al abrirme
su alma y contarme el proceso de su crisis religiosa. Me hago perfecto cargo de su situación por la que siento un enorme respeto. No
quisiera en modo algún perturbar su conciencia, antes al contrario,
quisiera aliviarla. Y para ello lo más que se me ocurre es rezar. Tenga
la seguridad de que lo vengo haciendo y no dejaré de hacerlo.

Y, en prueba de sinceridad, le diré también las reflexiones que me
hice al leer su carta. Recordé que según la doctrina teológica común
la fe no se pierde sin culpa. Y esto no es evidentemente su caso. Su
honestidad de vida y su honradez intelectual demuestran su buena
voluntad y por ello pienso que Ud. sigue teniendo la virtud sobrenatural de la fe aunque se haya eclipsado su brillo. Es una prueba dura
que, con la ayuda de Dios y de la Virgen, Ud. superará algún día.

Creo que su crisis se explica principalmente por el largo período
de prueba que está atravesando la Iglesia en el cual no pocos eclesiásticos han sembrado la confusión y han puesto en duda los fundamentos mismos del dogma y de la moral. Pero las aguas volverán a su
cauce. Tengo mucha confianza en Juan Pablo II[235] que sabrá poner
fin a esta prueba.

El lunes de esta semana ha fallecido José Camón Aznar[236] a quien
seguramente Ud. conoce personalmente o a través de su ingente obra
filosófica, literaria, histórica y artística. Pocos días antes de morir

---

235. Karol Józef Wojtyła (1920-2005), papa San Juan Pablo II desde
1978 hasta su muerte.
236. José Camón Aznar (1898-1979).

había publicado en ABC unos breves pensamientos entre los que se me quedó grabado éste: «Pienso, luego Dios existe».

Reciba un fortísimo abrazo de su buen amigo

L. López Rodó

Le Président

Madrid , 17 de diciembre de 1979

Mi querido amigo

Al acercarse la Navidad se acrecienta el afecto que siento por mis amigos entre los que ocupa Ud. un lugar preferente. Le deseo muchas felicidades en estas fiestas entrañables y abrigo la esperanza de que pueda celebrarlas en su Patria, con los suyos. Las elecciones del día 2 y las de ayer en Portugal marcan, a mi juicio, un giro de 180º en la vida política de su país. Siempre pensé que las aguas tendrían que volver a su cauce y que la fiebre revolucionaria sería pasajera. Ojalá ello le permita volver a su cátedra de Lisboa.

En la Academia de Ciencias Morales y Políticas se le recuerda a Ud. con afecto. D. Luis Jordana de Pozas, D. Carlos Ruiz del Castillo y Gonzalo Fernández de la Mora me pidieron su dirección para escribirle.

Del 30 de junio al 4 de julio de 1980 se celebrará en Madrid el XVIII Congreso de Ciencias Administrativas coincidiendo con el año jubilar de nuestro Instituto que se fundó en esta misma Villa el año 1930. Jordana de Pozas y Álvarez-Gendín asistieron al congreso fundacional. El congreso del cincuentenario será presidido por D. Juan Carlos I y contamos con la asistencia de personalidades de los principales países. Mucho me alegraría que pudiera Ud. honrarnos con su presencia. Nunca olvidaré que mi primer contacto con el Instituto fue con ocasión de la Mesa Redonda que Ud. presidió en Lisboa en 1949. Recuerdo también la Mesa Redonda en Lisboa de 1961. Mucho debemos en el Instituto a Ud.

Reiterándole mis mejores deseos de paz y alegría, le envío un fuerte abrazo,

L. López Rodó

Río, día de Navidad, 25 de diciembre de 1979

Querido amigo:

Llegó ayer su carta del 17 y aquí estoy, en la mañana del 25, retribuyendo sus votos de buenas fiestas y de felicidades en el nuevo año que va a iniciar nueva década casi al final del siglo XX. Realmente necesitamos todos que los malos augurios acumulados sobre la Humanidad en este momento sean disipados y pueda rayar una esperanza que nos anime a vivir. Para Ud., querido amigo, van los deseos de los mayores éxitos y venturas en su vida.

Las elecciones portuguesas demostraron elocuentemente lo que el pueblo portugués piensa de la revolución de los claveles y del socialismo que ella quiso imponerle. Pero el personal político, que va a gobernar, está afectado de «sinistrosis» y no sé cómo se comportará. Quedo a la expectativa. De cualquier modo, no tengo la intención de regresar a Portugal.

Recuerdo con *saudade* los amigos de quien me habla: D. Carlos, D. Luis, Gonzalo F. de Mora… un abrazo para ellos.

Sería para mí un privilegio regresar a la convivencia del Instituto Internacional de Ciencias Administrativas bajo su presidencia, y volver a ver Madrid. Pero no me siento con disposición para viajar. He dejado de trabajar en Derecho Administrativo y hoy solamente trabajo en Historia del Derecho. La reunión del 50.º aniversario del Instituto será un gran acontecimiento por el que desde ya le felicito a Ud. y a nuestros amigos españoles. Recuerdo una vez más a Gascón y Marín, que tuvo un papel tan importante en la fundación del Instituto.

Un abrazo muy afectuoso y agradecido de

Marcello Caetano

Río, 20 de enero de 1980

Querido amigo:

Fue una buena sorpresa, el libro de Recuero, *Alfonso VII, Emperador*, que usted tuvo la gentileza de enviarme[237]. Ya lo he leído, con mucho interés. El autor debe ser un joven y el texto habría ganado con una revisión más del original, que cuidara mejor las notas y la bibliografía. De la literatura portuguesa moderna sobre el periodo tratado no conoce prácticamente nada, se quedó en Herculano[238]. Asimismo, es un libro útil y le agradezco inmensamente que se acordara de enviármelo.

He tenido buena salud. La situación internacional está en una inestabilidad tal que solamente por milagro escaparemos a la guerra. Sólo el «equilibrio del terror» nos puede salvar. Guerra en Oriente, en que la URSS[239] se colocaría en la defensiva en Europa, donde la OTAN[240] no se atrevería a atacar. Pero con efectos mundiales. Los Estados Unidos alcanzaron el punto más bajo de su desprestigio, revelando impresionantemente su impotencia democrática. A largo plazo el Occidente está condenado –salvo si los países socialistas adoptaran en sus gobiernos la democracia pluralista y liberal, en lo que no creo–.

Aquí en Brasil la situación política evoluciona. Pero este es un país *sui generis*. Lo peor es la crisis económica. ¡Dios *super omnia*!

Un abrazo muy afectuoso y agradecido del amigo de siempre

Marcello Caetano

237. RECUERO ASTRAY, M., *Alfonso VII, Emperador: el Imperio Hispánico en el siglo XII*, León: Centro de Estudios e Investigación «San Isidoro», 1979.
238. Se refiere a Alexandre Herculano (1810-1877) y su importante obra histórica.
239. Unión de las Repúblicas Socialistas Soviéticas.
240. Organización del Tratado del Atlántico Norte.

Laureano López Rodó

Alcalá 73
Madrid – 9

5 de mayo de 1980

Mi querido amigo:

Habrá Ud. echado de menos mi felicitación en la Pascua. Perdóneme. Le tuve muy presente durante la Semana Santa y vinieron a mi mente los recuerdos de los años en que tuve la dicha de estar en su compañía. Pero estaba agobiado de trabajo: tenía que preparar un curso de conferencias que he dado del 14 al 18 de abril en la Universidad de Estrasburgo y otras dos conferencias que he pronunciado en la Universidad de Upsala, y tenía que ultimar un libro que va a publicarse a mediados del presente mes, antes de la Feria del libro. Ayer terminé de corregir las pruebas de imprenta y no he querido dejar pasar un día más sin escribirle: ¡aún tengo pendiente de contestación su carta del 20 de enero!

Ante todo he de comunicarle una triste noticia: el pasado viernes día 2 falleció Don Luis Legaz Lacambra. Estuvo en el hospital desde el mes de octubre en que tuvo una hemiplejia. Yo le visitaba con frecuencia; la última vez, la víspera de su muerte. Llevó la enfermedad con verdadera resignación cristiana: no salió de su boca una sola queja. Su esposa, Carmiña, estuvo dándole alientos hasta el último momento: es una mujer de gran temple. Ayer, domingo, tuvo lugar el entierro y mañana se celebrará el funeral en la parroquia de la Ciudad Universitaria. Hemos perdido un gran jurista y, sobre todo, un gran amigo.

A mi paso por París, camino de Estrasburgo, estuve en casa de Marcel Waline y cené con Paul Marie Gaudemet a quien Ud. me presentó durante la Mesa Redonda en Lisboa de 1949. Me preguntó por Ud. con gran interés y afecto. Me traje de París unos cuantos libros recién publicados, entre ellos *L'art de croire* de André Frossard[241] que me ha gustado mucho. Se lo envío por correo aparte. Sigo pidiendo todos los días a Dios que le devuelva la fe y estoy seguro de que la encontrará de nuevo.

En cuanto salga de la imprenta, le enviaré también mi libro titulado *Las Autonomías, encrucijada en España*[242]. Estudio a fondo la regulación constitucional y estatutaria del proceso autonómico que es, a mi juicio, el principal problema que tenemos planteado. Corremos el riesgo de volver a los Reinos de Taifas.

La situación internacional me preocupa enormemente. Dios quiera que no nos veamos envueltos en una tercera guerra mundial. La falta de estadistas de talla es la causa de que Occidente vaya a la deriva.

Con mis mejores deseos reciba un fuerte abrazo de su buen amigo

L. López Rodó

---

241. FROSSARD, A., *L'art de croire*, Paris: Grasset, 1979.

242. LÓPEZ RODÓ, L., *Las autonomías, encrucijada de España*, Madrid: Aguilar, 1980.

Rio, 18 de mayo de 1980

Querido amigo:

Muchas gracias por su carta del 5 y por el libro que me mandó.
Tuve pena de Luis Legaz. Era un hombre de bien, buen filósofo,
buen jurista. No me admira que Carmiña (la Rectora...) haya una
vez más mostrado su valor[243]. Le pido que cuando esté con ella le
transmita mis condolencias.

Veo que está Ud. en plena actividad, con viajes, conferencias,
libros... Quedo esperando con interés su obra sobre las autonomías.
Es una enfermedad del tiempo: hasta en Portugal, las Azores y Madeira tienen parlamentos y gobiernos autónomos... y las Taifas todavía tenían unos príncipes absolutos a los que obedecían: ahora, con
las democracias...

Waline[244] debe de estar viejito. A Gaudamet[245] lo conocí al comienzo de la carrera y recién casado. He visto referencias a estudios
histórico-jurídicos suyos. Yo continúo trabajando en mi Historia del
Derecho portugués.

El libro de André Frossard que me mandó es lo que se puede
llamar un libro hermoso y me conmovió sobre todo su preocupación, tan amiga, por mi crisis de fe. Creo que lo mejor es no tocar en
el asunto. He adoptado una posición agnóstica después de muchos
años de duda, y ahora, cuando se me presentan problemas religiosos,
de pronto surgen los argumentos y posiciones contrarias. Además,
¿será creer un arte (natural y al alcance de la voluntad humana) o
una virtud (sobrenatural) en que la voluntad ha de ser ayudada por
la gracia? Yo creo que el catecismo enseñaba así. La neutralidad del
agnosticismo evita la religión del ateísmo...

---

243. Referencia a María del Carmen López Niño, viuda de Luis Legaz
Lacambra.

244. Se refiere al jurista francés Marcel Waline (1900-1982).

245. Se refiere Jean Gaudemet (1908-2001), francés, historiador del derecho.

La situación internacional no puede dejar de preocupar a todos los hombres conscientes. Por más que se piense, demostrada una vez más la inutilidad de los procedimientos jurídicos imaginados para resolver conflictos entre naciones y mantener la paz, mirando las perspectivas futuras, no puede dejar de admitirse que la guerra es una hipótesis bien verosímil. ¿Y si las superpotencias guerrean, se resistirán a emplear las armas atómicas?

¿Pero si la situación internacional es crítica, qué diremos de Portugal y de España? En Portugal, la coalición de centro-derecha ganó unas elecciones precarias y solamente en noviembre se verá si consolida o no su victoria. Si la consolida, podrá alterar la Constitución y dar un nuevo rumbo a la política. Si no, será el Frente Popular.

Lo peor es que después de las elecciones legislativas vienen las presidenciales y en ésas es muy posible que, por equivocadísima política de Sá Carneiro[246], éste pierda la partida.

De España, los españoles que pasan aquí en Río tampoco traen impresiones optimistas. Huye mucho dinero desde ahí...

Renovando mis agradecimientos por el libro y en la esperanza de verle alguna vez en Brasil, le abraza afectuosamente, el amigo muy dedicado

Marcello Caetano

---

246. Francisco de Sá Carneiro (1934-1980), muy conocido por Marcello Caetano, era entonces, y desde el 3 de enero de 1980, primer ministro de Portugal, después de haber ganado las elecciones generales encabezando la coalición de centroderecha «Aliança Democrática». Marcello Caetano hace referencia a la apuesta arriesgada de Sá Carneiro de presentar un candidato propio a las elecciones para la Jefatura del Estado, frente al general António Ramalho Eanes (que pretendía ser reelegido como presidente de la República). Las elecciones presidenciales se celebraron el 7 de diciembre, resultando victorioso Ramalho Eanes. Francisco Sá Carneiro murió trágicamente el 4 de diciembre, en las vísperas de estas elecciones, en un desastre aéreo que, cuarenta años después, permanece sin aclarar.

Laureano López Rodó

Alcalá 73
Madrid – 9

2 de agosto de 1980

Mi querido amigo

Después de unas cortas vacaciones he regresado a Madrid donde pienso dedicar el mes de agosto –el más tranquilo del año porque la capital se queda casi vacía– a trabajar en la preparación de un *Manual de Derecho Administrativo*.

El Congreso de las Bodas de Oro del Instituto resultó muy bien. Acudimos 1200 participantes: ha sido la mayor concentración de administrativistas hasta ahora conocida. En cuanto aparezca el volumen que recoja las Actas del Congreso tendré mucho gusto en enviarlo.

¿Ha recibido Ud. mi libro *Las autonomías, encrucijada de España*? Lo deposité en el correo a fines de mayo. Los correos andan ahora muy mal, como otras muchas cosas.

Entre todos los problemas que tenemos planteados en España, el más grave a mi juicio es el de las autonomías. Aunque el terrorismo sigue golpeando fuerte –ayer asesinaron a los Marqueses de Urquijo[247]– espero que algún día se logre erradicarlo. La crisis económica también tiene arreglo, si se aplican las medidas oportunas. Pero mucho me temo que el proceso autonómico sea irreversible y este proceso conducirá a la desintegración de España, si Dios no lo remedia.

En octubre pienso ir a Méjico para participar en un Encuentro de Ciencias Sociales que versará precisamente sobre la autonomía y el federalismo.

---

247. Se refiere al asesinato el 1 de agosto de 1980 de María Lourdes de Urquijo y Morenés y su marido Manuel de la Sierra y Torres.

La viuda de Legaz agradeció mucho el pésame que Ud. me encargó le transmitiera.

Tengo muchas ganas de recibir noticias de Ud.

Reciba un fuerte abrazo de su buen amigo

L. López Rodó

Río, 9 de agosto de 1980

Mi querido amigo:

Ha sido con una gran alegría que recibí su carta del día 2. Le felicito por el éxito del Congreso del Instituto y no tengo dudas de que este, bajo su prestigiosa y dinámica presidencia, está pasando una de las fases más brillantes de existencia. Quedo a la espera de las Actas del Congreso con mucho interés.

He recibido su libro sobre las Autonomías y estoy seguro de que he acusado el recibo y le dije en la carta lo que pensaba sobre el asunto, comparando el problema español en ese punto al que Portugal vivió respecto al Ultramar. ¿No habrá recibido mi carta?

El mundo está todo convulso. Es el terrorismo en los hechos y el desorden en las ideas. Aquí en Brasil es impresionante cómo en poco tiempo muchos que juraban *azul* quieren hoy ser integralmente *rojos*. La falta de carácter es una enfermedad que acometió a la humanidad y sobre todo a los políticos. En Portugal la situación es inestable y todo depende de la elección de octubre sobre cuyo resultado es difícil hacer pronósticos[248]. No soy optimista. Y mantengo la resolución de no volver a mi país salvo en caso de extrema necesidad. Además, la salud no es buena. Este año fue malo para mí: me sacudió mucho el estado general y me hizo envejecer. Hasta el gusto por el trabajo se ha debilitado…

¡Qué pena que, viniendo a México, no pueda pasar por Río en el regreso! Sería un gran placer verlo y abrazarlo.

Mientras no pueda hacerlo personalmente, por esta vía va el abrazo afectuoso de la vieja amistad

Marcello Caetano

---

248. Las elecciones se realizaron el 5 de octubre de 1980 y la coalición liderada por Sá Carneiro reforzó su mayoría absoluta en el parlamento.

Río, 29 de agosto de 1980

Querido amigo:

Cuando hace semanas respondí a su carta del 2 del corriente, le dije que ya había recibido su libro sobre «Las Autonomías». Como en el apartamento donde resido falta espacio, mi biblioteca, traída desde de Portugal, fue donada a la Universidad Gama Filho donde trabajo, y los libros que voy recibiendo también van para allá. Al escribirle al comienzo de este mes no fui primero a mirar en la biblioteca si estaba allá el libro y confié en la reminiscencia de mi memoria de 74 años. Días después de mi carta ¡llegó su libro! Y entonces vi que por primera vez lo tenía entre mis manos. No pude leerlo de inmediato porque este mes fue el de mi aniversario y aquí estuvo mucha gente venida de varios puntos de Brasil y hasta de Portugal. Por eso, solamente ahora puedo pedirle disculpa de mi error y agradecer su precioso libro. Es un tratado jurídico, con preciosos datos y documentos, pero es además el grito de alarma del político y del patriota que ojalá sea escuchado por los españoles. Los mapas insertos al final elucidan lo que las autonomías con sus excesos centrífugos representan para la disolución de la España de Fernando e Isabel. ¡Y hasta Ceuta y Melilla serán autónomas! Es un delirio, pero que puede costar muy caro al pueblo español.

Infelizmente, en Portugal, las Azores y Madeira no han querido quedarse atrás de las regiones españolas y ¡también han reivindicado sus estatutos de autonomía cuya actividad no pueden sufragar! Y entonces, los derechos son de los archipiélagos pero quien paga los gastos son los portugueses del continente.

Cuando Ud. regrese de México, ¿no conseguirá hacer una escala en Río? ¡Cuánto me gustaría abrazarle!

Un afectuoso abrazo,

Marcello Caetano

Laureano López Rodó

Alcalá 73
Madrid – 9

29 de octubre de 1980

Sres. Hijos del Prof. Marcello Caetano
Lisboa

Mis queridos amigos:

No pueden Uds. imaginarse cuánto he sentido el fallecimiento de su buen padre. Fue para mí un gran maestro y un excelente amigo, al que siempre admiré y quise entrañablemente.

La noticia de su muerte me llegó cuando tenía sobre la mesa, pendiente de contestación, una carta suya. Nuestro contacto epistolar era muy frecuente y conservo como un tesoro las muchas cartas que de él he recibido desde el año 1944 en que tuve el honor de conocerle.

En cuanto supe que había fallecido redacté apresuradamente unas líneas en su memoria para el diario *Ya*, que me permito adjuntarles.

Los muchos amigos que tenía en España hemos llorado su muerte con profundo pesar. Ayer, en la Real Academia de Ciencias Morales y Políticas, tres expresaron su condolencia por la desaparición de un Académico correspondiente.

Reciban mis queridos amigos mi más sincero pésame y la seguridad de que jamás olvidaré a ese insigne patriota y grande amigo que fue su malogrado padre.

Su afmo.,

L. López Rodó

Artículo en el diario *Ya*, 28 de octubre de 1980

La última vez que estuve con el profesor Caetano fue en la primavera de 1974, pocos días antes de la «revolución de los claveles». Pasé con él las vacaciones de Semana Santa en el hotel de Buçaco y desde allí hicimos, de riguroso incógnito, varias giras por distintas ciudades portuguesas: Caldas da Rainha, Coímbra, Viseu, etc. Recuerdo que al ser reconocido Caetano en la Plaza Mayor de Viseu, el día de Jueves Santo, se agolpó una gran multitud que le aclamaba al grito de «*Viva o nosso presidente*». Mas Caetano sabía perfectamente lo tornadizas que son las masas y me comentó: «No hay que olvidar que después del Domingo de Ramos vino el Viernes Santo». Sin duda presentía el golpe de Estado que había de derrocarle.

Desde su exilio mantuve con él frecuente correspondencia. En carta de 1 de mayo de 1977 me escribe desde Río de Janeiro: «Aquí voy viviendo melancólicamente y trabajando. Perdí todo cuanto tenía en Portugal. Acabo de publicar dos libros: unos «Principios fundamentales de derecho administrativo» y un «Derecho constitucional». Y dentro de pocos meses espero que salga *Minhas memorias de Salazar*. Efectivamente, en julio de aquel año se imprimió en Viseu esta obra, de cerca de 600 páginas, en la que narra sus recuerdos de Salazar desde 1929, en el que le conoció personalmente y fue llamado a colaborar con él en el Ministerio de Hacienda, hasta que cesó como Ministro de la Presidencia en 1958. Tras esos casi treinta años de colaboración con Salazar en distintos cargos −Comisario de la Mocedad Portuguesa en 1940; Ministro de Ultramar en 1944; Presidente de la Comisión Ejecutiva de la Unión Nacional en 1947; Presidente de la Cámara Corporativa en 1950 y Ministro de la Presidencia desde 1955 hasta 1958− estuvo durante diez años apartado de la política activa, hasta que en septiembre de 1968 fue nombrado Presidente del Gobierno para suceder a Salazar, que se hallaba gravemente enfermo e impedido de ejercer sus funciones.

En carta de 5 de marzo de 1978 me decía: «Cuando en 1968 sucedí al Doctor Salazar, yo no era optimista, pero accedí a ocupar la jefatura del Gobierno pensando en la frase célebre: "Dios nos manda luchar, no nos manda vencer". Luché y mantuve el régimen durante cinco años y medio contra viento y marea, sin sacrificar nada esencial». El 25 de diciembre de 1979 me escribía: «Las elecciones portuguesas demostraron elocuentemente lo que el pueblo portugués piensa de la revolución de los claveles y del socialismo que ella quiso imponerle».

Sus cinco años y medio al frente del Gobierno de Portugal fueron de un trabajo intenso y de una dedicación completa al país. Trató de llevar a cabo una evolución del régimen, que los sectores ultras hicieron abortar. En su discurso de toma de posesión de la presidencia dijo: «Continuar implica una idea de movimiento, de secuencia y de adaptación». Y añadió: «No quiero ver a los portugueses divididos entre sí como enemigos y me gustaría que se fuera generalizando un espíritu de convivencia en que la recíproca tolerancia de las ideas deshiciese odios y malquerencias».

No quiso la fortuna que esos buenos deseos de Caetano llegaran a cuajar y su vida política se vio truncada por un estallido revolucionario y penalizada con el exilio. Los desaciertos que haya podido cometer han tenido, pues, la más dura sanción. Confío en que la Historia sabrá hacer justicia a sus desvelos por la Patria, a su honestidad, a su clara inteligencia y a los muchos aspectos positivos de su labor de gobernante.

Pero Caetano era, ante todo, un universitario de larga y brillante ejecutoria. En 1933, a la edad de veintiséis años, obtuvo la cátedra de Derecho Administrativo de la Universidad de Lisboa, de la que llegó a asumir la suprema jerarquía académica de rector en 1957. La madurez y amplitud de su formación se revela a través de sus valiosas obras científicas –más de un centenar de títulos publicados en varios idiomas–. Sus estudios de ciencia política, sus reflexiones sobre la sociedad y el Estado y sobre todo, sus trabajos de derecho y ciencias administrativas son hoy obligada lectura para todos aquellos que se sientan llamados hacia el derecho público.

No puedo dejar de recordar su presencia de antiguo en la vida cultural española: como miembro correspondiente de la Real Academia de Ciencias Morales y políticas desde 1949; consejero de número de Investigaciones Científicas desde 1953; doctor *honoris causa* por la Universidad de Madrid desde 1960 y de Santiago de Compostela desde 1970 y académico honorario de Legislación y Jurisprudencia desde 1970.

Marcelo Caetano nos ha dejado escritas páginas llenas de comprensión, de apertura de espíritu, de visión positiva y esperanzada y, al mismo tiempo, también de firmes convicciones.

Hay en Caetano la firme adhesión a un humanismo no perecedero. El hombre, como protagonista de la Historia, emerge constantemente: «Atravesamos un grave momento de la Historia», «tendremos que insistir en que la sensación de haber pasado de un mundo viejo a un mundo nuevo corresponde a la realidad y no es una mera figura retórica», afirma en diversas ocasiones. La respuesta a esta llamada de nuestro tiempo se encuentra en los propios hombres: «No hay, no puede haber progreso de la Humanidad sin que los hombres sean individualmente mejores». Este progreso tiene que resultar de la elevación de lo más noble que el hombre tiene: «Es para mí una verdad axiomática —dice Caetano— que el mundo de mañana o será el mundo de la supremacía del espíritu o será el caos».

Laureano López Rodó

Recuerdos de una amistad
Marcello Caetano / Laureano López Rodó
por Miguel Caetano, hijo de Marcello

Desde muy pequeños nos habíamos acostumbrado a ver a López Rodó como un amigo de nuestra familia.

En agosto de 1944, estábamos pasando nuestras vacaciones en São Martinho do Porto, en un piso pequeño, sin habitación para invitados, cuando al despertar nos encontramos con un joven con bigote, que había dormido en el sofá del salón y estaba terminando de arreglarse. Después supimos que era un jurista y que iba a traducir al español un libro de Derecho Administrativo del que mi padre era el autor. No permaneció allí más de un par de días, pero pronto fue uno más de la familia Caetano. Laureano tenía 23 años y yo 9, pero nunca olvidé este episodio.

En los años siguientes siempre mantuvimos contactos esporádicos, no siempre regulares: cuando venía a Lisboa, Laureano López-Rodó, ya entonces profesor de Derecho Administrativo, cenaba en nuestra casa. Estaba muy vinculado a la Iglesia (después supimos que era miembro del Opus Dei) y a mi madre le gustaba mucho hablar con él. Siempre interactuó con los más jóvenes de la familia con amabilidad y jovialidad.

Me fui enterando de su vida. En 1961 me encargaron la realización de un estudio sobre el desarrollo de la región del Alentejo. Yo sabía que Rodó era «Secretario General Técnico de la Presidencia de Gobierno», con responsabilidades en el campo del desarrollo económico. Le escribí para preguntarle si podría facilitarme los estudios realizados sobre la provincia de Badajoz, de cuyo Plan se hablaba mucho. Pasadas unas semanas, recibí una tarjeta postal de la Aduana diciéndome que tenía un aviso para recoger en el aeropuerto de Lisboa; fui allí y me entregaron gran paquete con los programas de desarrollo para todas las provincias de España.

Pasaron los años y, como ya no vivía en casa de mis padres, no me encontraba con López Rodó. Sabía que era Ministro Comisario del Plan de Desarrollo y que sus contactos con mi padre, Presidente del Consejo [de Ministros de Portugal] desde 1968, se habían intensificado, pero sólo cuando murió mi madre, en enero de 1971, volví a estar con él. El mismo día del fallecimiento, López Rodó [se enteró y] envió un telegrama oficial de condolencia a mi padre, diciéndole –y ésta era su posición como Ministro– que no vendría a Portugal, por el deseo de la familia de sólo hacer pública la noticia después del entierro; no obstante, al día siguiente Laureano se unió a nosotros, asistiendo al funeral.

Sucedió el 25 de abril y mi padre partió hacia su exilio brasileño. Yo sabía que habían mantenido correspondencia, pero sólo cuando recibimos de Brasil el archivo de mi padre me di cuenta de la profundidad de la relación que los unió hasta la muerte.

Pasaron otros años más y, en los años 90, cuando me enteré de que [Laureano] estaba enfermo en Madrid, sentí que me gustaría estar con él y se lo comenté a mis hermanos. De inmediato, João y Ana Maria manifestaron su deseo de participar también en el viaje a Madrid. Llamé por teléfono a Laureano, acordamos un fin de semana que le era conveniente –seguía activo como abogado– y nos invitó a almorzar.

Y allí fuimos a su encuentro. Almuerzo de recuerdos, con la intimidad de quien nunca se había alejado. Cuando salíamos, me di cuenta de que no tenía coche: era un domingo, seguía viviendo en una residencia del Opus Dei, con la misma actitud de austeridad que siempre le había caracterizado. Vehículo, sólo para sus cargos. Lo dejé en «su» residencia. Era el año 1997.

Murió en marzo de 2000.

Sintra, febrero de 2014.
Miguel Caetano

Agradecimientos

Un libro como este, de investigación documental sobre dos personajes que desempeñaron una relevante actividad pública a lo largo del siglo XX y con abundante material escrito sobre ellos mismos, requiere escuchar a muchas personas que aclaren detalles y aspectos poco conocidos. Queremos manifestar nuestro reconocimiento a quienes nos ayudaron a descubrir la documentación que permanecía olvidada y también a tantos amigos que, con sugerencias y comentarios, facilitaron la continuación del trabajo cuando estaba estancado.

A Miguel Caetano, hijo de Marcello Caetano, agradecemos su confianza y la autorización para consultar y publicar las cartas que se encuentran en el archivo de su familia depositado en el ANTT. Le agradecemos, además, varias conversaciones que fueron de gran utilidad para una mejor comprensión de las circunstancias en las que su familia conoció a Laureano López Rodó y del contexto de la época. En este terreno agradecemos también al sacerdote Hugo de Azevedo, que conoció personalmente a López Rodó y que nos facilitó consultar la correspondencia con él, en la que recuerdan las visitas a Portugal del académico y político español. Asimismo, agradecemos a la periodista e investigadora Manuela Goucha Soares todas sus sugerencias sobre el texto original.

En el ANTT queremos destacar las atenciones recibidas del Dr. Paulo Tremoceiro; y en el AGUN (Pamplona) todo el apoyo recibido de su directora, Dra. Yolanda Cagigas, de Inés Irurita, de Ainara Galindo y de la Dra. Gema Pérez Herrera que nos apoyó con su experiencia investigadora. Muchas gracias también a Manuel Vieira da Cruz que, durante la labor de adaptación de este libro al idioma castellano, ayudó muy generosamente a superar problemas lingüísticos y propuso numerosas notas aclaratorias que han enriquecido la presente edición.

Finalmente, agradecemos a Zita Seabra, de la editorial lisboeta Aletheia, su interés por la publicación de la edición portuguesa de este libro, en 2014; transcurrida una década, agradecemos a Javier Balibrea, de la editorial universitaria Eunsa, por hacer posible la presente edición española.

Bibliografía

ÁLVAREZ MORALES, M. (coord.), *Gregório López-Bravo visto por sus amigos*, Madrid: Laredo, 1988.

BAYOD, Á. (ed)., *Franco visto por sus ministros*, Barcelona: Planeta, 1981.

CAETANO, M., *Depoimento*, Rio de Janeiro: Record, 1974.

CAETANO, M., *Minhas Memórias de Salazar*, Rio de Janeiro: Record, 1977.

DÍAZ HERNÁNDEZ, O., DE MEER LECHA-MARZO, F., *Rafael Calvo Serer: la búsqueda de la libertad (1954-1988)*, Madrid: Rialp, 2010.

DÍAZ HERNÁNDEZ, O., *Expansión. El desarrollo del Opus Dei entre los años 1940 y 1945*, Madrid: Rialp, 2020.

DÍAZ HERNÁNDEZ, O., *Rafael Calvo Serer y el grupo Arbor*, Valencia: Publicacions de la Universitat de València, 2008.

EQUIPO MUNDO, *Los 90 ministros de Franco*, Barcelona: Dopesa, 1970.

FERNÁNDEZ RODRÍGUEZ, F.(coord.), *El espíritu de la Rábida: el legado cultural de Vicente Rodríguez Casado*, Madrid: Unión Editorial, 1995.

FRANCO SALGADO-ARAUJO, F., *Mis conversaciones privadas con Franco*, Barcelona: Planeta, 1976.

GIL PECHARROMÁN, J., *El Movimiento nacional (1937-1977)*, Barcelona: Planeta, 2013.

HISPÁN IGLESIAS DE USSEL, P., *La política en el régimen de Franco entre 1957 y 1961: proyectos, conflictos y luchas por el poder*, Madrid: Centro de Estudios Políticos y Constitucionales, 2006.

LEITÃO, L. M., *Marcello Caetano – um destino*, Lisboa: Quetzal editores, 2014.

LÓPEZ RODÓ, L., *Años decisivos. Memorias II*, Barcelona: Plaza & Janés, 1991.

LÓPEZ RODÓ, L., *Claves de la Transición. Memorias IV*, Barcelona: Plaza & Janés, 1993.

LÓPEZ RODÓ, L., *El principio del fin. Memorias III*, Barcelona: Plaza & Janés, 1992.

LÓPEZ RODÓ, L., *Memorias I*, Barcelona: Plaza & Janés, 1990.

LÓPEZ RODÓ, L., *La larga marcha hacia la Monarquía*, Barcelona: Noguer, 1977.

LÓPEZ RODÓ, L., *Las autonomías, encrucijada de España*, Madrid: Aguilar, 1980.

LÓPEZ RODÓ, L., *Política y desarrollo*, Madrid: Aguilar, 1970.

MARTINS, P. M., *Cartas entre Marcello Caetano e Laureano López Rodó. Uma amizade com História*, Lisboa: Alêtheia, 2014.

MENESES, F. R. de., *Salazar, biografía política*, Lisboa: Dom Quixote, 2010.

MOLINERO, C., YSÀS, P., *La anatomía del franquismo: de la supervivencia a la agonía, 1945-1977*, Barcelona: Crítica, 2008.

ORELLA MARTÍNEZ, J. L., *La España del desarrollo: el almirante Carrero Blanco y sus hombres*, Valladolid: Galland Books, 2014.

PÁNIKER, S., *Conversaciones en Madrid*, Barcelona: Kairós, 1969.

PÉREZ LÓPEZ, P., «Franco y los españoles», en *Qué cosas vimos con Franco. Cine, prensa y televisión de 1936 a 1975*, F. Gil Gascón, J. Mateos-Pérez (eds.), Madrid: Rialp, 2012, pp. 13-38.

RAMOS, R., MONTEIRO, N. G., SOUSA, B. V., *História de Portugal*, Lisboa: A Esfera dos Livros, 2012.

REDONDO, G., *Política, cultura y sociedad en la España de Franco (1939-1975). 1. Configuración del Estado español, nacional y católico (1939-1947)*, Pamplona: EUNSA, 1999.

REDONDO, G., *Política, cultura y sociedad en la España de Franco (1939-1975). 2.1. Los intentos de las minorías dirigentes de modernizar el Estado tradicional español (1947-1956)*, Pamplona: EUNSA, 2005.

REDONDO, G., *Política, cultura y sociedad en la España de Franco (1939-1975). 2.2. Los intentos de las minorías dirigentes de modernizar el Estado tradicional español (1947-1956)*, Pamplona: EUNSA, 2009.

SAZ, I., *Las caras del franquismo*, Granada: Comares, 2013.

SERRÃO, J. V., *Confidências no Exílio*, Lisboa: Verbo, 1985.

SERRÃO, J. V., *Correspondência com Marcello Caetano*, Lisboa: Bertrand, 1994.

SOARES, M. G., *Marcello Caetano. O homem que perdeu a Fé*, Lisboa: A Esfera dos Livros, 2009.

SOTO CARMONA, Á., ¿Atado y bien atado?: institucionalización y crisis del franquismo, Madrid: Biblioteca Nueva, 2005.

TUSELL, J., *Carrero: la eminencia gris del régimen de Franco*, Madrid: Temas de Hoy, 1993.

VALENTE, V. P., *Marcello Caetano. As Desventuras da Razão*, Algés: Gótica, 2002.

VELO DE ANTELO, J. M., *De ayer a hoy: los orígenes del Partido Popular*, Valladolid: Galland Books, 2010.

VIEIRA, J., *Fotobiografia. Marcello Caetano*, Lisboa: Círculo de Leitores, 2002.